中國學術思想

研究輯刊

十二編

林慶彰 主編

第 55 冊

《太平經》思想研究（下）

段致成 著

花木蘭文化出版社

國家圖書館出版品預行編目資料

《太平經》思想研究（下）／段致成 著 — 初版 — 新北市：花
木蘭文化出版社，2011〔民100〕
目 4+264 面；19×26 公分
（中國學術思想研究輯刊 十二編：第 55 冊）
ISBN：978-986-254-695-6（精裝）
1. 太平經　2. 研究考訂
030.8　　　　　　　　　　　　　　　　　100016221

ISBN-978-986-254-695-6

中國學術思想研究輯刊

十二編　第五五冊　　　　　　　　ISBN：978-986-254-695-6

《太平經》思想研究（下）

作　　者　段致成
主　　編　林慶彰
總 編 輯　杜潔祥
出　　版　花木蘭文化出版社
發 行 所　花木蘭文化出版社
發 行 人　高小娟
聯絡地址　新北市永和區中正路五九五號七樓
　　　　　電話：02-2923-1455／傳眞：02-2923-1452
網　　址　http://www.huamulan.tw 信箱 sut81518@gmail.com
印　　刷　普羅文化出版廣告事業
封面設計　劉開工作室
初　　版　2011 年 9 月
定　　價　十二編 55 冊（精裝）新台幣 90,000 元

《太平經》思想研究（下）

段致成　著

目次

上　冊

第五章　宇宙論思想研究
——「三合相通」的宇宙論思想

　　「宇宙論」（cosmology），是對宇宙的總體看法的具體化，具體至「宇宙起源」、「宇宙演化」、「宇宙結構」、「宇宙系統」等各方面。換言之，「宇宙論」則是思想家們憑著經驗與智慧所想像出來的關於宇宙的起源、演化、結構及系統的各種理論說法〔註1〕。而在《太平經》中所呈現出的「宇宙論」思想，則是所謂天人一體的「宇宙系統論」。而所謂「宇宙系統論」，係指宇宙間存在的一切事物，無論是自然現象或者人為現象，儘管在類別、形體、狀態上

〔註1〕 「宇宙論」（cosmology），是討論與我們相接近的存有，也就是把存有當作整體來討論。「宇宙論」可以分為兩種模式，一種是科學的，屬於天文觀察所得出的事實；另外一種是屬於哲學的。自然科學的「宇宙論」是零零碎碎的討論宇宙的每一部份，然後從這零碎的部份來構成整體。換句話說，科學的「宇宙論」大部份停留在宇宙的起源、現況以及未來的發展（從星雲、太陽系到地球）。哲學的「宇宙論」是以一個整體的方式討論存有所呈現出來的存在。換言之，即不問宇宙是什麼東西，而是問宇宙為什麼是這樣。也就是在宇宙為什麼是這樣的問題上，從因果的法則所導引出來的是宇宙的起源如何，以及問及宇宙是否有目的（以上說法見於：鄔昆如，《哲學概論》，台北：五南圖書公司，1995年2月，頁308～311。類似的說法尚見於：(1)唐君毅，《哲學概論（上）》，台灣學生書局，1991年10月，頁98；(2)周桂鈿，《中國傳統哲學》，北京師範大學出版社，1991年3月，頁52）。由上述，本論文所討論的「宇宙論」，是定位在所謂「哲學的宇宙論」上，而展開論述。另外，關於「宇宙」一詞的解釋，見於：(1)張岱年，《中國古典哲學概念範疇要論》，北京：中國社會科學出版社，1989年12月，頁60～62；《中國哲學大綱》，北京：中國社會科學出版社，1997年4月，頁1～5。(2)韋政通，《中國哲學辭典》，台北：水牛出版社，1994年3月，頁289～293。

有著差異存在，但卻具有統一的結構和作用關係，因而可以按照一定的法則歸入一個統一的模式，形成一個穩定的整體或系統。易言之，「宇宙系統論」是把天地萬物和人一起編入一個宇宙體系中，探討宇宙萬物之間關係的一種系統化、整體化的理論。〔註2〕

第一節　宇宙系統論的基本範疇之內容

　　由於用來作爲組成系統論的基本內容（範疇）有所不同，便會產生不同組成要素的「宇宙系統論」。因而在探討《太平經》中的「宇宙系統論」前，對於「基本範疇」的討論，便成爲一個必須先進行的步驟。

　　「基本範疇」，是構成宇宙系統論的基礎。在系統論中，凡在一定程度上被賦予絕對性、主宰性、統一性，並被當作「宇宙系統論」的理論依據之範疇，皆可稱之「基本範疇」。因此，在《太平經》中，構成「宇宙系統論」的「基本範疇」計有：「天」、「道」、「氣」、「一」、「陰陽」、「五行」這六大範疇。〔註3〕

〔註2〕「宇宙系統論」，它的特色是天人合一說。由於用來作爲組成系統論的基本內容（範疇）有所不同，便會產生不同組成要素的宇宙系統論。如：《管子》一書中可以看到以「四時」和「五行」爲框架的宇宙系統論，而在《呂氏春秋》中是以「四季」爲框架、《黃帝內經》中則以「五行」爲框架、《淮南子》中是以「方位」爲框架；另外，還有《周易》的「八卦」系統、董仲舒的「天有十瑞」的結構模式和揚雄的「太玄」系統等宇宙系統論。（以上說法的詳細論述，見於：(1)周桂鈿，《中國傳統哲學》，北京師範大學出版社，1991 年 3 月，頁 55～62。(2)劉長林，《中國系統思維》，北京：中國社會科學出版社，1997 年 4 月，頁 1～129、143～147）

〔註3〕張岱年先生在討論中國古代哲學範疇體系時，曾將中國古代哲學範疇（單一範疇）分爲三類：「最高範疇」、「虛位範疇」、「定名範疇」。其中「最高範疇」是指思想家建立其哲學體系時所設定的表示世界本原或最高實體的範疇，如：天、道、氣、玄、虛等。「虛位範疇」指各家通用而可以加上不同規定的範疇，如：體、用、德、善、美、眞等。「定名範疇」則指具有確定內涵的範疇，如：陰陽、五行、無、自然、宇宙、樸、器、象等（以上說法見於：張岱年，《中國古典哲學概念範疇要論》，北京：中國社會科學出版社，1989 年 12 月，頁 12～13）。張先生的分類，顯然係從範疇之內容著眼，故不同類別的範疇之間區別甚大。但，《太平經》中「基本範疇」的確認則著重於其在「宇宙系統論」中扮演組成份子（框架）的角色。因而，不管這些「基本範疇」（天、道、氣、一、陰陽、五行），就其性質而言分屬：「最高範疇」（天、道、氣、一）與「定名範疇」（陰陽、五行），皆可列爲「基本範疇」的內容，而加以分析、研究。

一、天

　　「天」這個範疇，在《太平經》中通常與「神」相互解釋，如：「神者，上與天同形合理，故天稱神，能使神。」（頁221）「神也者，皇天之吏也。神人者，皇天第一心也。」（頁221）「夫神者，乃天之正吏。」（頁377）「神者，天之使也。」（頁377）「天者，爲神主神靈之長也。」（頁371）《太平經》中的「神」，是具有意志、情感的「人格神」（Personal God）。因而，上述的「天」，其性質極類似於人格神「天君」的地位，可以使神，爲神之長。因此，在《太平經》中「天」是具有人格神「天君」的意味存在。

（一）「天」之性質

　　卷十八至三十四〈名爲神訣書〉：「天之照人，與鏡無異。」（頁18）

　　卷五十〈天文記訣〉：「天道有常運，不以故人也。故順之則吉昌，逆之則危亡。」（頁178）

　　卷五十六至六十四〈闕題〉：「天乃無不覆，無不生，無大無小，皆受命生焉，故爲天。」（頁219）「天者，至道之眞也，不欺人也，萬物所當親愛，其用心意，當積誠且信，但常欲利不害，不負一物，故爲天也。」（頁219）

　　卷九十七〈妒道不傳處士助化訣〉：「天道無私，但當獨爲誰生乎？」（頁430）

　　卷一〇〇〈東壁圖〉：「天道無私，但行之所致。」（頁456）

　　卷一〇一〈西壁圖〉：「天道無私，乃有自然，故不失法也，其事若神。」（頁458）

　　卷一一二〈有過死謫作河梁誡〉：「天佑善人，不與惡子。各自加愼，勿相怨咎。各爲身計，行宜人人有知，無有過負於天，……惡逆之人，天不佑也。」（頁577）

　　卷一一五至一一六〈闕題〉：「天者好生興物，物不樂，不肯生。」（頁650）

　　卷一一七〈天咎四人辱道誡〉：「天乃貴重傳相生，故四時受天道教，傳相生成，無有窮已也，以興長凡物類。」（頁658）「天者名生稱

父，地者名養稱母。因六甲十二子八卦之氣以為紀，更相生轉相使，
故天道得常在不毀敗，是常行施化之功。」（頁 658）「夫皇天，乃
凡事之長，人之父母也，天下聖賢所取象也。」（頁 658）又「今上
皇天之為性也，常欲施為，故主施主與，主生主長。」（頁 661）「天
主善，主清明，不樂欲見淹汙辱。」（頁 661）

由上之引文，可知「天」之性質有：「公平」、「公正」、「無私」、「好善」以及
「好施養生化」等。此處所謂的「天」，是具有情感與好惡的，其性質極類似
於人格神「天君」的角色。《太平經》中的「天」，雖有「自然之天」與「人
格神之天」的區別，但經中所側重的還是以具有「人格化的最高主宰」性質
的「天」為主。這個具有人格神化的「天」，其性質極類似於「天君」；或者
可說，具有「人格化最高主宰」性質的「天」其實就是「天君」的異稱。以
下試舉數例以證之：

卷四十〈分解本末法〉：「夫地為天使，人為地使，故天悅喜，則使
今年地上萬物大善。天不悅喜，地雖欲養也，使其物惡。」（頁 75）

卷四十九〈急學真法〉：「夫天地，乃萬物之父母，凡事君長；故常
導之以善，不敢開昌導，教之以凶惡之路，……人者天之子也，當
象天為行。」（頁 164）

卷六十九〈天讖支干相配法〉：「夫皇天迺以四時為枝，厚地以五行
為體，枝主衰盛，體主規矩。部此九神，周流天下，上下洞極，變
化難睹。為天地重寶，為眾神門戶。」（頁 262）

卷九十二〈萬二千國始火始氣訣〉：「天者，為神主神靈之長，故使
精神鬼殺人。」（頁 371）

卷九十八〈為道敗成戒〉：「天之為象法也，乃尊無上，反卑無下，
大無外，反小無內，包養萬二千物，善惡大小，皆利祐之，授以元
氣而生之，終之不害傷也。故能為天，最稱神也，最名無（天）上
之君也。」（頁 445）

卷一一二〈七十二色死尸誡〉：「天知其惡，故使凶神精鬼物待之，
入人身中。」（頁 570）

卷一一四〈不孝不可久生誡〉：「天遣候神，居其左右，入其身內。」

（頁 598）

卷一一七〈天咎四人辱道誡〉：「夫皇天，乃凡事之長，人之父母也，天下聖賢所取象也。」（頁 658）

卷一一八〈天神考過拘校三合訣〉：「自今以往，天乃興用群神，使行考治人。」（頁 673）

上述的「天」，當其悅喜時則天地萬物皆爲善，但當其不悅時，便使天地萬物皆爲惡；且「天」爲神主、神靈之長，而可遣使諸神來監視人及入人身中司過，因而此處的「天」其性質就如同「天君」一般。

（二）「天」之功能

既然，具有「人格化最高主宰」的「天」就是「天君」的異稱。因此，此處的「天」就具有與天君相同的功能：

1. 天能決定人的生死與壽命長短

卷十八至三十四〈解承負訣〉：「夫壽命，天之重寶也。所以私有德，不可僞致。欲知其寶，乃天地六合八遠萬物，都得無所冤結，悉大喜，乃得增壽也。一事不悅，輒有傷死亡者。」（頁 22）又「天威一發，不可禁也。獲罪于天，令人夭死。」（頁 23）

卷四十五〈起土出書訣〉：「天者養人命，地者養人形。」（頁 114）「人命在天地，天地常悅喜，乃理致太平，壽爲後，是以吾居天地之間，常駭恣天地，……天地不和，不得竟吾年。」（頁 122）

卷五十〈生物方訣〉：「萬物芸芸，命繫天，根在地，用而安之者在人；得天意者壽，失天意者亡。」（頁 174）

卷八十六〈來善集三道文書訣〉：「今凡人命屬天地，天地不喜，返且害病人，則不得竟吾天年壽矣。」（頁 313）

卷一一〇〈大功益年書出歲月戒〉：「天（天君）遣神往記之，過無大小，天皆知之。簿疏善惡之籍，歲日月拘校，前後除算減年；其惡不止，便見鬼門。」（頁 526）

卷一一一〈善仁人自貴年在壽曹訣〉：「人命有短長，春秋冬夏，更有生死無常。故使相主，移轉相問，壽算增減，轉相付授。故言四

時五行日月星宿皆持命，善者增加，惡者自退去，計過大小，自有
法常。案法如行，有何脫者？天上地下，相承如表裏，復置諸神并
相使。故言天君敕命曹，各各相移，更爲直符，不得小私，從上占
下，何得有失。」（頁552）

卷一一二〈貪財色災及胞中誡〉：「天減人命，得疾有病，不須求助，
煩醫苦巫，錄籍當斷，何所復疑。」（頁566）

卷一一四〈不用書言命不全訣〉：「天稟人壽，不可再得，作惡年減，
何有相益時乎？」（頁615）

「天」主宰人的壽命長短及生死問題，並且派遣諸神司人功過。當人有功過
時，便由司命之神加以通報而「簿疏善惡之籍」；作惡年減，爲善年加，壽算
增減，全由人的行爲善惡所決定。

2. 天能審察人的行為善惡

卷六十七〈六罪十治訣〉：「天居上視人」（頁256）

卷九十二〈萬二千國始火始氣訣〉：「天地睹人有道德爲善，則大喜；
見人爲惡，則大怒忿忿。」（頁374）

卷一一二〈七十二色死尸誡〉：「天知其惡，故使凶神精鬼物待之，
入人身中。」（頁570）

卷一一四〈不孝不可久生誡〉：「天遣候神，居其左右，入其身內。」
（頁598）又〈病歸天有費訣〉：「天常爲其上，司人是非，使神往
來，知人所爲，善惡輒白，何有失者。」（頁619）

卷一一八〈天神考過拘校三合訣〉：「自今以往，天乃興用群神，使
行考治人。天上亦三道集行文書以記過，神亦三道集行文書以記過，
故人亦三道集行文書以記過。」（頁673）

「天」遣諸神司人功過，並使「身中神」入人身中，考察功過，上報於天。
當人有道德爲善時，則天便大喜；而當人爲惡時，天便大怒忿忿。

3. 天為人事法則，是帝王教令的指導者

卷四十四〈案書明刑德法〉：「天乃爲人垂象作法，爲帝王立教令，
可儀以治，萬不失一也。」（頁108）又「天法神哉神哉！是故夫古
者神人眞人大聖所以能深制法度，爲帝王作規矩者，皆見天文之要，

乃獨內明於陰陽之意，乃後隨天地可爲以治，與神明合其心，觀視
其可爲也，故其治萬不失一也。」（頁108～109）

卷四十八〈三合相通訣〉：「天之爲法，名各各自字各自定，凡天下
事皆如此矣。故聖人制法，皆象天之心意也。」（頁147）

卷六十七〈六罪十治訣〉：「夫天治法，化人爲善。」（頁253）

卷九十二〈萬二千國始火始氣訣〉：「夫天命帝王治，故覺德君。……
夫天命帝王治國之法。」（頁373）

「天」爲人垂象作法，特別是「帝王」。天爲帝王立教令，並遣使神人、眞人、
大聖人爲帝王深制法度、作規矩。帝王只要順天法而行，其治必能合天心而
萬不失一。

綜合上述，《太平經》中的「天」，雖有「自然之天」與「人格神之天」
的區別，但經中所側重的還是以具有「人格化的最高主宰」性質的「天」爲
主。這個具有人格神化的「天」，其性質極類似於「天君」；或者可說，具有
「人格化最高主宰」性質的「天」其實就是「天君」的異稱。既然，「天」就
是「天君」的異稱。因此，此處的「天」就具有與天君相同的功能：(1)能決
定人的生死與壽命長短；(2)能審察人的行爲善惡；(3)爲人事法則，是帝王
教令的指導者。

二、道

「道」這個範疇，在《太平經》中是與「天」及「神」相結合的。而因
爲「天」在《太平經》中是具有人格神「天君」的意味存在，因此「道」這
個範疇在此處便被賦予神性，而以神道作爲最高權威。

卷十八至三十四〈錄身正神法〉：「天之使道生人也」（頁 12），〈安
樂王者法〉：「天守道而行，即稱神而無方。」（頁21）

卷三十五〈分別貧富法〉：「立行眞道者，迺天生神助其化，故天神
善物備足也。」（頁31）又「道者，乃天所案行也。」（頁32）又「古
者上君以道服人，大得天心，其治若神。」（頁32）

卷四十七〈上善臣子弟子爲君父師仙方訣〉：「常當大道而居，故得
入天。」（頁 138）〈服人以道不以威訣〉：「天以道治，故其形清，
三光白。」（頁143）

卷四十九〈急學眞法〉:「古者上皇之時,人皆學清靜,深知天地之至情,故悉學眞道,乃後得天心地意。」(頁 159)又「夫道者,乃與皇天同骨法血脈。」(頁 166)

卷五十五〈知盛衰還年壽法〉:「夫道迺深遠不可測商矣,失之者敗,得之者昌。欲自知盛衰,觀道可著,神靈可興也,内有壽證。」(頁 210)

卷五十六至六十四〈闕題〉:「夫萬二千物,各自存精神,……萬二千物精神,共天地生,共一大道而出,有大有中有小。何謂也?乃謂萬二千物有大小,其道亦有大小也。」(頁 218)

卷六十五〈興衰由人訣〉:「天尊道、用道、興行道,時道王。」(頁 232)

卷六十七〈六罪十治訣〉:「今皇天有道,以行生凡物,擾擾之屬,悉仰命焉。」(頁 243)又「夫天但好道」(頁 247),又「天之有道,樂與人共之。」(頁 248)又「天上太古洞極之道,可以化人,人一知之俱爲善,亦不復還反其惡也。上士樂生,可學其眞道。」(頁 253)

卷六十八〈戒六子訣〉:「夫道迺洞,無上無下,無表無裡,守其和氣,名爲神。」(頁 258)

卷七十〈學者得失訣〉:「身無道而不成神。」(頁 278)又「天道治天。」(頁 279)

卷七十一〈致善除邪令人受道戒文〉:「夫且得道,臨且成之時,乃與諸神交結也,與精神爲鄰里,出入相見睹。」(頁 285～286)

卷九十三〈國不可勝數訣〉:「天尚乃行道不敢止,故長生也。」(頁 394)

卷九十四至九十五〈闕題〉:「古始學道之時,神遊守柔以自全,積德不止道致仙,乘雲駕龍行天門,隨天轉易若循環。」(頁 403)

卷九十六〈守一入室知神戒〉:「夫人得道者必多見神能使之。」(頁 412)又「大賢中賢下及百姓,俱守神道而爲之,則天地四時之神悉

興，邪自消亡矣。」（頁 413）又「爲道乃到于入室，入眞道，而入室必知神。」（頁 422）〈忍辱象天地至誠與神相應大戒〉：「天者，乃道之眞，道之綱，道之信，道之所因緣而行也。」（頁 423）又「天者純爲道」（頁 424）

卷九十七〈妒道不傳處士助化訣〉：「夫天以要眞道生物，乃下及六畜禽獸。」（頁 430）又「故自天地四時五行日月星宿，共以眞道要德養萬二千物，下及六畜糞土草，皆被服其祕道要德而以得生長。」（頁 432）又「天以至道爲行。」（頁 433）

卷九十八〈神司人守本陰祐訣〉：「眞道者多善，其文乃入神，故能睹神，與神爲治。所治若神入神，則眞道也。」（頁 438）又「夫眞道而多與神交際，神道專以司人爲事。」（頁 439）〈包天裏地守氣不絕訣〉：「欲承天意，以道歸之。」（頁 451）

卷一〇一〈西壁圖〉：「天道無私，乃有自然，故不失法也，其事若神。」（頁 458）

卷一一七〈天咎四人辱道誡〉：「道者，乃皇天之所取法也。」（頁 654）又「夫道乃天也，清且明，不欲見汙辱也。」（頁 654）又「道者，乃皇天之師，天之重寶珍物也。」（頁 656）又「今天乃清且明，道乃清且白，天與道乃最居上，爲人法。」（頁 659～660）又「夫道之生天，天之有道也，乃以爲凡事之師長。」（頁 660）又「學道爲長生，純當象天也。」（頁 661）又「天乃無上，道復尚之。道乃天皇之師法也，乃高尚天。是故天與道者主修正，凡事爲其長。」（頁 662）

卷一二〇至一三六〈太平經鈔〉辛部：「天上諸學道之爲法也，人精求道也已。小合於小道見諸神，爲小得道門戶，未合於中道，乃得至於大道。至於大道，乃能致於眞神也。小合小道者致小神，合於中道者致中神，合於大道者致大神。」（頁 696）

卷一三七至一五三〈太平經鈔〉壬部：「天封人以道，……天者，以道自殊且久，故封之道，使壽。」（頁 707）

卷一五四至一七〇〈分別形容邪自消清身行法〉：「道之生人，本皆

精氣也，皆有神也。」（頁 723）〈王者無憂法〉：「道者，天之心，天之首。」（頁 726）

〈太平經佚文〉：「道者，乃天地所常行，萬物所受命而生也。」（頁 734）又「神者，道也。」（頁 734）又「神以道全，形以術延。」（頁 736）又「道包無表裏，其能生精神。」（頁 736）又「夫神者，因道而行。」（頁 737）

人格化最高主宰的「天」，具有化生、主宰萬物的功能。而當天在化生、主宰萬物時，正是以「道」作爲依循之依據，即：「天尊道、用道、興行道」、「道者，乃皇天之所取法」、「天以至道爲行」。由於「天」以「道」作爲化生、主宰之依據，因而使「道」這個範疇擁有了與「天」相同的功能。換言之，即是把「道」這個範疇人格化、神聖化而具有了神性。而這個具有神性的「道」，此處與「天」具有同等的地位，而爲人事的法則，爲人所依循、效法。即：「天與道乃最居上，爲人法」、「夫道之生天，天之有道也，乃以爲凡事之師長」。

此外，值得注意的是，在《老子》一書中原本說：「人法地，地法天，天法道，道法自然。」（二十五章）但，到了《太平經》卻變成了「天畏道，道畏自然」，其解釋如下：

夫天畏道者，天以至行也。道廢不行，則天道亂毀。天道亂毀，則危亡無復法度。故自然使天地之道守，行道不懈，陰陽相傳，相付相生也。道乃主生，道絕萬物不生，萬物不生則無世類，無可相傳，萬物不相生相傳則敗矣。何有天地乎？天地陰陽乃當相傳相生。今絕滅則滅亡，故天畏道絕而危亡。（卷一三七至一五三〈太平經鈔〉壬部，頁 701）

道畏自然者，天道不因自然，則不可成也。故萬物皆因自然乃成，非自然悉難成。（頁 701）

根據上述的這些解釋，其所謂「天畏道」，是因「天」畏「道」滅絕而不生萬物，道不生萬物，則萬物不能相互傳生，如此天地的功用便不存在了。而所謂「道畏自然」，乃是天、道、萬物皆因自然而成，「天」與「道」沒有「自然」，其功能皆無法展現。以上的說法，與《老子》的「天法道」、「道法自然」的看法，並沒太大不同。但，《太平經》把這一「法」字改成「畏」字，卻大大凸顯了它的宗教神學意味。因而「道」這個範疇，在《太平經》中已不似在老、莊中的形上、抽象意義，而具有了人格神、宗教化的涵意存在。

（一）道之性質

《太平經》中將「道」這個範疇人格化、神聖化而具有宗教神學的意涵。而如此具有神性的「道」，其性質爲何？

首先，「道」是種空洞的狀態：「夫道迺洞，無上無下，無表無裏，守其和氣，名爲神。」（卷六十八〈戒六子訣〉，頁 258）「吾爲眞人作道，其大也則洞至無表，其小也則洞達無裏，尊則極其上，卑則極其下。」（卷九十八〈爲道敗成戒〉，頁 444）空洞狀態的「道」，從空間上來看是無限的，至大無內、至小無裏，充滿了和氣。而它又能尊能悲、能上能下，故得以稱神。空洞狀態的「道」，又具有無限性及無處不在的特性：「夫道者，乃無極之經。」（卷十八至三十四〈闕題〉，頁 25）「道實大無內外」（卷七十一〈致善除邪令人受道戒文〉，頁 288）、「天道乃無有窮已也，大用之亦適足，小用之亦適足，大用亦有餘，小用亦有餘。」（卷九十三〈國不可勝數訣〉，頁 395）「道包天裏地」（卷九十八〈包天裏地守氣不絕訣〉，頁 450）、「道者，乃皇天之所取法也。最善之稱，冠無上，包無表，內無裏，出無間，入無孔，天下凡事之師也。」（卷一一七〈天咎四人辱道誡〉，頁 654）正因爲「道」的這種普遍存在性，所以道遍寓於萬物之中，萬物也因爲有道才能夠運行。「萬二千物精神，共天地生，共一大道而出，有大有中有小。何謂也？乃謂萬二千物有大小，其道亦有大小也，各自生自容而行。」（卷五十六至六十四〈闕題〉，頁 218）「夫萬二千物，各自存精神，自有君長，當共一大道而行，乃得通流。」（頁 218）

其次，「道」還具有虛無、自然無爲的特性。所謂「虛無」是說：「虛無者，乃內實外虛也，有若無也。反其胞胎，與道居也；獨存其心，縣（懸）龍慮也；遂爲神室，聚道虛也。」（卷一〇三〈虛無無爲自然圖道畢成誡〉，頁 469～470）空洞之「道」，是呈現出外虛而內實，似有若無的狀態。而所謂「無爲」是說：「無爲者，無不爲也，乃與道連；出嬰兒前，入無間也。……審知無爲，與其道最神也。」（卷一〇三〈虛無無爲自然圖道畢成誡〉，頁 470～471）「如胞中之子而無職事也，迺能得其理。吾之道悉以是爲大要。」（卷六十八〈戒六子訣〉，頁 259）空洞之「道」，所呈現的無爲狀態就如同嬰兒一樣「無職事」，但卻又無不爲。而所謂「自然」則是：「道以自然爲洞虛」（卷八十九〈八卦還精念文〉，頁 339）、「自然之法，乃與道連，守之則吉，失之有患。比若萬物生自完，一根萬枝無有神，詳思其意道自陳，俱祖混沌出妙門，無增無減守自然。」（卷一〇三〈虛無無爲自然圖道畢成誡〉，頁 472）「道已畢

備，便成自然。」（頁 472）空洞之「道」，是與自然相連、相守，而當道達至完備後便成爲自然。總之，道之「虛無」、「自然無爲」的特性，即：「道興無爲，虛無自然。」（頁 472）

綜合上述，具有宗教神學意涵的「道」，其性質是呈現空洞、虛無及自然無爲的狀態。且又具有無限性及無處不在的特性。

（二）道之功能

「道」這個範疇，在《太平經》中是與「天」及「神」相結合的。因而「道」在此處被賦予神性，有著與人格神「天君」相似的功能存在。

1. 道化生、主宰萬物

卷十八至三十四〈守一明法〉：「夫道何等也？萬物之元首，不可得名者。六極之中，無道不能變化。元氣行道，以生萬物，天地大小，無不由道而生者也。」（頁 16）〈安樂王者法〉：「道無所不能化，故元氣守道，乃行其氣，乃生天地，無柱而立，萬物無動類而生，遂及其後世相傳，言有類也。」（頁 21）

卷四十九〈急學眞法〉：「道乃能導化無前，好生無輩量。」（頁 157）

卷五十六至六十四〈闕題〉：「萬二千物精神，共天地生，共一大道而出，有大有中有小。何謂也？乃謂萬二千物有大小，其道亦有大小也，各自生自容而行。」（頁 218）又「夫道興者主生，萬物悉生。」（頁 218）

卷六十五〈興衰由人訣〉：「道者主生，故物悉生於東方。」（頁 231）

卷六十七〈六罪十治訣〉：「今皇天有道，以行生凡物，擾擾之屬，悉仰命焉。」（頁 243）又「道理人莫不共知之」（頁 251）

卷九十七〈妒道不傳處士助化訣〉：「夫天以要眞道生物，乃下及六畜禽獸。夫四時五行，乃天地之眞要道也，天地之神寶也，天地之藏氣也。六畜禽獸皆懷之以爲性，草木得之然後生長；若天不施具要道焉，安能相生長哉？」（頁 430）

卷一一七〈天咎四人辱道誡〉：「道者，乃皇天之所取法也。……生之端首，萬事之長，古今聖賢所得之長。今帝王之所以得天心，以自安民之父母，凡化之所從起也。」（頁 654）又「道爲化首」（頁

656），又「夫道者，乃大化之根，大化之師長也。故天下莫不象而生者也。」（頁662）

卷一一九〈道祐三人訣〉：「夫大道之出也，人皆蒙之恩，乃及草木，莫不化爲善，皆得其所俱，而各竟其天年。」（頁681）

卷一三七乃一五三〈太平經鈔〉壬部：「道乃主生，道絕萬物不生，萬物不生則無世類，無可相傳，萬物不相生相傳則敗矣。」（頁701）

〈太平經佚文〉：「道者，乃天地所常行，萬物所受命而生也。」（頁734）又「道無不導，道無不生。」（頁736）

具有人格神性質的「天」，在化生萬物時，是以「道」作爲化生依據。因而「道」便具有化生萬物的功能。「道」在化生萬物時，是藉由「元氣」的運用而生天地萬物；因此，「道」便是生化天地萬物的依據，而「元氣」便是天地萬物化生的執行者。而「道」因爲是天地萬物化生之依據，所以又具有主宰天地萬物的功能存在。

2. 道是天地萬物之根本及運行準則

卷十八至三十四〈合陰陽順道法〉：「道無奇辭，一陰一陽，爲其用也。得其治者昌，失其治者亂；得其治者神且明，失其治者道不可行。」（頁11）〈守一明法〉：「夫道何等也？萬物之元首，不可得名者。六極之中，無道不能變化。」（頁16）〈安樂王者法〉：「自然守道而行，萬物皆得其所矣。天守道而行，即稱神而無方。……地守道而行，五方合中央，萬物歸焉。三光守道而行，即無所不照察。雷電守道而行，故能感動天下，乘氣而往來。四時五行守道而行，故能變化萬物，使其有常也。陰陽雌雄守道而行，故能世相傳。凡事無大無小，皆守道而行，故無凶。」（頁21）〈闕題〉：「夫人失道命即絕，審知道意命可活。」（頁26）又「三綱六紀所以能長吉者，以其守道也，不失其治故常吉。」（頁27）

卷四十六〈道無價卻夷狄法〉：「道乃能上安無極之天，下能順理無極之地，八方莫不悅樂來降服，擾擾之屬者，莫不被其德化，得其所者也。」（頁127）

卷五十〈天文記訣〉：「天道有常運，不以故人也。故順之則吉昌，逆之則危亡。」（頁178）

卷五十二〈胞胎陰陽規矩正行消惡圖〉：「道乃萬物之師也，得之者明，失之者迷。」（頁193～194）

卷五十三〈分別四治法〉：「大道至重不可以私任，行之者吉，不行者疑者。」（頁200）

卷五十五〈知盛衰還年壽法〉：「夫道迺深遠不可測商，失之者敗，得之者昌。」（頁210）

卷五十六至六十四〈闕題〉：「夫萬二千物，各自存精神，自有君長，當共一大道而行，乃得通流。」（頁218）

卷九十二〈萬二千國始火始氣訣〉：「人心善守道，則常與吉；人心惡不守道，則常衰凶矣。……要道與德絕，人死亡，天地亦亂毀矣。」（頁374）

卷九十八〈為道敗成戒〉：「天乃專一，晝夜行道而不言，故能獨吉也；地乃晝夜行道而不言，愛養萬物，故能長獨安也；四時乃獨行道，晝夜不止，故能常獨興王而不止也；三光乃獨行真道而不言，故能常明，隨天運行也；五行乃獨行真道而不言，故能與天地為常也。凡天下之為道行者，象此不可勝書也。」（頁444）

卷一一七〈天咎四人辱道誡〉：「道者，乃皇天之所取法也。最善之稱，冠無上，包無表，內無裏，出無間，入無孔，天下凡事之師也。」（頁654）又「夫道之生天，天之有道也，乃以為凡事之師長。正道者，所以興善，主除惡也。是故古聖賢帝王將興，皆得師道。」（頁660）又「天乃無上，道復尚之。道乃天皇之師法也，乃高尚天。是故天與道者主修正，凡事為其長。故能和陰陽，調風雨，正晝夜，列行伍。天地之間，莫不被恩受命，各得其所者。」（頁662）

卷一一九〈道祐三人訣〉：「夫道者，乃正人之符也。」（頁680）

卷一三七至一五三〈太平經鈔〉壬部：「天道可順，不可逆，順天者昌，逆天者亡。」（頁712～713）

〈太平經佚文〉：「道者，乃天地所常行，萬物所受命而生也。」（頁734）

由於「道」爲萬二千物之元首，因而萬二千物當共一大道而行乃得流通。所以無論天、地、自然、陰陽、四時、五行、三光、雷電等俱皆守道而行，因此「道」成爲天下凡事所師法之根本。且因爲「道」是天地間運行的法則，因而得其治者昌，失其治者亂；所以帝王將興以爲治時，皆應師法「道」而行。

3. 道具至高、至善之境界

「道」既爲天地萬物之根本，並化生、主宰萬物；因而「道」便具有至高無上的涵意。「道者，乃皇天之所取法也。最善之稱，冠無上，包無表，內無裏，出無間，入無孔，天下凡事之師也。」（卷一一七〈天咎四人辱道誡〉，頁 654）又「天乃無上，道復尙之。道乃天皇之師法也，乃高尙天。」（頁 662）至高無上之「道」又與興善除惡的屬性相連，因而道便具有至善的道德境界之義。「夫有眞道，乃上善之名字。」（卷四十九〈急學眞法〉，頁 157）又「善者，乃絕洞無上，與道同稱。」（頁 158）「眞道者多善」（卷九十八〈神司人守本陰祐訣〉，頁 438）、「道者，乃皇天之所取法也，最善之稱。」（卷一一七〈天咎四人辱道誡〉，頁 654）又「正道者，所以興善，主除惡。」（頁 600）

4. 人能守道，即能通神而長生

卷十八至三十四〈調神靈法〉：「聖人能守道，清靜之時旦食，諸神皆呼與語言。」（頁 15）〈闕題〉：「學道積久，成神眞也，與眾絕殊。」（頁 26）

卷三十五〈分別貧富法〉：「力行眞道者，迺天生神助其化，故天神善物備足也。」（頁 31）

卷三十九〈解師策書訣〉：「處天地間活而已者，當學眞道也，浮華之文不能久活人也。」（頁 66）又「守眞去邪，仙可待者。」（頁 67）又「治眞道者，活人法也，故言仙可待也。」（頁 67）

卷四十〈分解本末法〉：「守道而不止，迺得仙不死；仙而不止，迺得成眞；眞而不止，迺得成神；神而不止，迺得與天比其德。」（頁 78）

卷五十二〈胞胎陰陽規矩正行消惡圖〉：「天與守道力行故長生，人不肯爲故死。」（頁 193）

卷六十七〈六罪十治訣〉:「上士樂生,可學其眞道。」(頁 253)又「求眞道以致壽」(頁 255)

卷七十一〈眞道九首得失文訣〉:「人無道之時,但人耳,得道則變易成神仙。」(頁 282)〈致善除邪令人受道戒文〉:「子好道如此,成事,得上天之階矣。……持心若此,成神戒矣。成事,乘雲駕龍,周流八極矣。大道坦坦,已得矣。命已長壽無極矣。……故古者帝王好道而學,不聽邪者,盡得萬萬歲。」(頁 288)又「道亦可學耶?」神人言:「然,有天命者,可學之必得大度,中賢學之,亦可得大壽,下愚爲之,可得小壽。」(頁 289)

卷七十三至八十五〈闕題〉:「久久自靜,萬道俱出,長存不死,與天相畢。」(頁 306)〈闕題〉:「欲壽樂久存者,思正道意,可往矣。」(頁 310)

卷九十〈冤流災求奇方訣〉:「養身以道,知用財法,故多得老壽也。」(頁 343)

卷九十二〈萬二千國始火始氣訣〉:「得眞道,因能得度世去者。」(頁 372)

卷九十八〈包天裹地守氣不絕訣〉:「故得道者,則當飛上天,亦是其去世也。」(頁 450)又「不死得道,則當上天。」(頁 450)

卷一○○〈東壁圖〉:「好道者長壽」(頁 456)

卷一○八〈要訣十九條〉:「身成道而不死者,取訣於身已成神也。」(頁 511)

卷一一二〈七十二色死尸誡〉:「務道求善,增年益壽,亦可長生。」(頁 569)

卷一一七〈天咎四人辱道誡〉:「學道爲長生」(頁 661),又「得道上天,或有尸解,或有形去。」(頁 665)

卷一二○至一三六〈太平經鈔〉辛部:「天上諸學道之爲法也,人精求道也已。小合於小道見諸神,爲小得道門户,未合於中道,乃得至於大道。至於大道,乃能致於眞神也。小合小道者致小神,合於

中道者致中神，合於大道者致大神。大神至乃得度世長存。」（頁696）又「天道廼有自然之氣，廼有消息之氣。凡在胞中，且而得氣者，是天道自然之氣也；及其已生，噓吸陰陽而氣者，是消息之氣也。人而守道力學，反自然之氣者生也，守消息之氣者死矣。故夫得眞道者，乃能內氣，外不氣也。以是內氣養其性，然後能反嬰兒，復其命也。故當習內氣以內養其形體。」（頁 699～700）

卷一五四至一七○〈分別形容邪自消清身行法〉：「道之生人，本皆精氣也，皆有神也。假相名爲人，愚人不知還全其神氣，故失道也。能還反其神氣，即終天年，或增倍者，皆高才。」（頁 723）〈賢不肖自知法〉：「夫人愚學而成賢，賢學不止成聖，聖學不止成道，道學不止成仙。」（頁 725）〈利尊上延命法〉：「道成畢生，與天地同域。」（頁 725）〈救迷輔帝王法〉：「道行，身得度世，功濟六方含生之類矣。」（頁 732）

〈太平經佚文〉：「後學得道，各有品階，至于指極，聖眞仙人。」（頁 735）

人能自靜守道，自然能與神相通。人在未得道時只是凡人，得道後則變易成神仙。而天地間存在有「自然之氣」與「消息之氣」，返還自然之氣者生，而返還消息之氣者亡。所以守道之法是返還自然之氣，而達到內氣外不氣的境界，以內氣內養自身之性命及形體，如此能返還自身之神氣，自然能終天年而長壽，進而達至長生成仙的境界。

5. 人能守道，即可治國以致太平

卷四十六〈道無價卻夷狄法〉：「夫要言大賢珍道，乃能使帝王安枕而治，大樂而致太平，除去災變，安天下。」（頁 128）

卷四十八〈三合相通訣〉：「故道爲有德君出，不敢作文，皆使還守實，求其根，保其元，廼天道可理，國自安。」（頁 155）

卷五十〈生物方訣〉：「當深知天道至要意，乃能明天道性，有益於帝王治。」（頁 174）

卷六十七〈六罪十治訣〉：「助帝王治，大凡有十法，一爲元氣治，二爲自然治，三爲道治，……人者，順承天地中和，以道治。」（頁

254）又「夫要道迺所以安君也，以治則得天心。」（頁256）

卷六十八〈戒六子訣〉：「夫道迺洞，無上無下，無表無裡，守其和氣，名爲神。子近求則大得，遠求則失矣。故古君王善爲政者，以腹中始起，眞能用道治自得矣。」（頁258）

卷六十九〈天讖支干相配法〉：「夫天法，帝王治者常當以道與德。」（頁263）

卷九十三〈敬事神十五年太平訣〉：「今上皇氣出，眞道至以治，……如不力行眞道，安得空致太平乎？……太平者，乃謂帝王以下及臣大小，案行眞道，共卻邪僞。」（頁399）

卷九十七〈妒道不傳處士助化訣〉：「夫要道祕德，乃所以承天心而順地意，可以長安國家，使帝王樂者也。」（頁433）

卷一五四至一七○〈通神度世厄法〉：「上士學道，輔佐帝王，當好生積功乃久長。中上士學道，欲度其家。下士學道，纔脫其軀。」（頁724）〈七事解迷法〉：「治身安國致太平，乃當深得其訣，御此者道也。」（頁730）

因爲眞道、要道乃是承天心、順地意的，因此君王只要案行眞道，就可以致太平、除災變而治國安天下。

綜合上述，至高、至善之「道」是天地萬物之根源，並具有化生、主宰萬物的功能，因而是一切事物所應遵行的準則。如此崇高、具有神性之道，人得之、守之不僅可以長壽而成神仙，更可以助帝王安國以致太平。

三、元　氣

「氣」在《太平經》中，可以說是一個普遍的概念，事物有什麼樣的性質，就有什麼樣性質的「氣」。氣除了有「陰」、「陽」之別外，尚有：「正」與「邪」、「刑」與「德」、「吉」與「凶」之分，如：「晝則陽氣爲暖，夜則陰氣爲潤」（卷三十六〈三急吉凶法〉，頁47）、「邪氣止休，正氣遂行」（卷一一八〈禁燒山林訣〉，頁668）、「置其德氣陽氣，乃萬物得遂生；如中有凶氣輒傷」（卷一一九〈三者爲一家陽火數五訣〉，頁676～677）、「不欲見刑惡凶氣，俱欲得見樂氣」（同上，頁677）；此外，「氣」尚有春、夏、秋、冬之別及木、火、土、金、水之異，即是有所謂「四時五行之氣」，如：「有木行，有春氣。……

有火行，有夏氣。……有土行，有四季中央之氣。……有金行，有秋氣。有水行，有冬氣。」（卷一一九〈道祐三人訣〉，頁 683）「金氣斷，則木氣得王，火氣大明，無有衰時也。……火不明則土氣日興，……金囚則水氣休。」（卷六十五〈斷金兵法〉，頁 225～226）再者，「氣」亦有帝、王、相、侯、微之等級，如：「常先動其帝氣，其次動相氣，其次動侯氣，其次動微氣。」（卷一一五至一一六〈某訣〉，頁 630～631）「氣」除了以上的性質外，還具有人格神的性質而可致太平，如：「元氣自然樂，則共生天地，悅則陰陽和合，風雨調。……元氣自然不樂分爭，不能合身和德，而共生天地也。……天氣不調……反致凶，故刑氣日興，樂者絕亡。」（卷一一五至一一六〈闕題〉，頁 647～649）「中和氣得，萬物滋生，人民和調，王治太平。」（卷十八至三十四〈和三氣興帝王法〉，頁 20）「今行太平氣至，陽德君治，當得長久。」（卷七十二〈不用大言無效訣〉，頁 298）「太平氣至，萬物皆理矣。」（卷一三七至一五三〈太平經鈔〉壬部，頁 714）

　　上述對於「氣」性質的說法，就是說明：一切事物之所以有不同的屬性，都是「氣」存在的不同狀態所表現的。每種氣有每種氣的作用，如：「王相之氣主太平也，囚廢之氣主凶年。」（卷一一五至一一六〈某訣〉，頁 637～638）所以《太平經》對「氣」所下的定義是：「夫氣者，所以通天地萬物之命也。」（卷八十六〈來善集三道文書訣〉，頁 317）而在這多種類與多性質的「氣」中，「元氣」無疑是最根本、最本源之氣。

（一）何謂「元氣」

《太平經》中給「元氣」下的定義是：

> 天地開闢貴本根，乃氣之元也。（卷十八至三十四〈修一卻邪法〉，頁 12）

> 元氣有三名，太陽、太陰、中和。（卷十八至三十四〈和三氣興帝王法〉，頁 19）

所謂「元氣」，就是「氣之元」，原始之氣。換言之，「元氣」就是最原初之氣。這種原初的「氣」具有三種基本的形態，即是：太陽、太陰、中和。它們都是「元氣」產生出來的，是「元氣」的組成部份。

（二）「元氣」的性質

「元氣」代表最原初之氣，是與「天」及「自然」相結合的。「元氣與天

持其命綱也」（卷九十八〈核文壽長訣〉，頁 448）、「天親受元氣自然」（卷一一四〈病歸天有費訣〉，頁 619）、「自然元氣，同職共行。」（卷一三七至一五三〈太平經鈔〉壬部，頁 715）而與天及自然相結合的「元氣」，是具人格神的特性而擁有好惡、喜怒的性質，而被賦予了情感意志。「元氣樂即生大昌」（卷十八至三十四〈以樂卻災法〉，頁 13）、「元氣自然樂，則合共生天地，悅則陰陽和合，風與調。風與調，則共生萬二千物。……元氣自然不樂分爭，不能合身和德，而共生天地也。」（卷一一五至一一六〈闕題〉，頁 647～648）此外，元氣尚有「無形」、「屬陽」、「主生」的性質存在。「元氣無形，以制有形。」（卷十八至三十四〈守一明法〉，頁 16）「元氣，陽也，主生。」（卷五十六至六十四〈闕題〉，頁 220）另外，「元氣」在化生萬物時，是依循著「道」而行。換言之，「道」是「元氣」在化生萬物時所遵循的準則與規律。「元氣行道，以生萬物。」（卷十八至三十四〈守一明法〉，頁 16）「元氣守道，乃行其氣，乃生天地，無柱而立，萬物無動類而生，遂及其後世相傳，言有類也。比若地上生草木，豈有類也。是元氣守道而生如此矣。」（卷十八至三十四〈安樂王者法〉，頁 21）

（三）「元氣」之功能

「元氣」除了具有「無形」、「屬陽」、「主生」、「好惡喜怒」、「遵道」等特性，以及與「天」、「自然」相結合的關係外，尚有以下的功能存在：

1.「元氣」是化生宇宙萬物的無形實體

卷十八至三十四〈名爲神訣書〉：「元氣自然，共爲天地之性也。」（頁 17）〈安樂王者法〉：「元氣守道，乃行其氣，乃生天地。」（頁 21）

卷三十六〈守三實法〉：「天下人本生受命之時，與天地分身，抱元氣於自然。」（頁 43）

卷四十〈分解本末法〉：「元氣迺包裹天地八方，莫不受其氣而生。」（頁 78）

卷四十八〈三合相通訣〉：「元氣與自然太和之氣相通，并力同心，時悅悅未有形也，三氣凝，共生天地。天地與中和相通，并力同心，共生凡物。凡物與三光相通，并力同心，共照明天地。凡物五行剛

柔與中和相通，并力同心，共成共凡物。四時氣陰陽與天地中和相通，并力同心，共興生天地之物利。孟仲季相通，并力同心，各共成一面。地高下平相通，并力同心，共出養天地之物。蠕動之屬雄雌合，迺共生和相通，并力同心，以傳其類。男女相通，并力同心共生子。三人相通，并力同心，共治一家。君臣民相通，并力同心，共成一國。此皆本之元氣自然天地授命。」（頁148～149）

卷六十六〈三五優劣訣〉：「天地人本同一元氣，分為三體。」（頁236）

卷六十七〈六罪十治訣〉：「夫物始於元氣」（頁254）

卷七十三至八十五〈闕題〉：「元氣恍惚自然，共凝成一（天），名為天（一）也；分而生陰而成地，名為二也；因為上天下地，陰陽相合施生人，名為三也。三統共生，長養凡物。」（頁305）

卷九十三〈陽尊陰卑訣〉：「陰陽男女者，本元氣之所始起。」（頁386）

卷一一二〈不忘誡長得福訣〉：「惟天地亦因始初，乃成精神，奉承自然，生成所化，莫不得榮。因有部署，日月星辰，機衡司候，并使五星，各執其方，各行其事。雲雨布施，民憂司農事，元氣歸留，諸穀草木蚑行喘息蠕動，皆含元氣，飛鳥步獸，水中生亦然。」（頁581）

卷一一四〈天報信成神訣〉：「人皆得飲食，仰天元氣，使得喘息。」（頁607）

卷一一五至一一六〈闕題〉：「元氣自然樂，則合共生天地，悅則陰陽和合，風與調。風與調，則共生萬二千物。」（頁647～648）

卷一一九〈三者為一家陽火數五訣〉：「天地人初生之始，物之根本也。初生屬陽，陽者本天地人元氣。」（頁676）

卷一二○至一三六〈太平經鈔〉辛部：「天上各異，自有自然元氣陰陽，……天上無極之光各異，自有自然元氣陰陽，……天上中居各異，自有自然元氣陰陽，……天上三光各異，自有自然元氣陰

陽，……天上雲氣各異，自有自然元氣陰陽，……天上音響雷電各
異，自有自然元氣陰陽，……天上風雲各異，自有自然元氣陰
陽，……天下居中，風雲氣各異，自有自然元氣陰陽，……地上之
人各異，自有自然元氣陰陽，……地上蚑行各異，自有自然元氣陰
陽，……地上草木各異，自有自然元氣陰陽，……地上山阜各異，
自有自然元氣陰陽，……地上川谷水澤各異，自有自然元氣陰
陽，……地下各異，自有自然元氣陰陽，……地下無極陰陽各異，
自有自然元氣陰陽，……五行各異，自有自然元氣陰陽，……四時
各異，自有自然元氣陰陽，……六甲十干各異，自有自然元氣陰
陽，……六甲十二子各異，自有自然元氣陰陽，……八方各異，自
有自然元氣陰陽，……神靈各異，自有自然元氣陰陽。」（頁 692～
694）

由上述引文，我們得知：不論是天、地、人、山谷、土阜、川流水澤、蚑
行、飛鳥步獸、諸穀草木，乃至於神靈、三光（日月星）、風、雨、雷、電、
四時、五行、六甲、八方、十天干、十二地支，皆包含「元氣」，皆為「元氣」
所化生。簡言之，世界萬物無論有生命或無生命，皆為「元氣」所化生。換
言之，「元氣」是構成世界萬物的材料。接著，我們便要問：化育有形世界萬
物的元氣，究竟是如何化生天地萬物？對於這個問題，《太平經》中有兩種解
答：其一，即是「元氣恍惚自然，共凝成一（天），名為天（一）也；分而生
陰而成地，名為二也；因為上天下地，陰陽相合施生人，名為三也。三統共
生，長養凡物。」（頁 305）這顯然是由《老子》第四十二章：「道生一，一生
二，二生三，三生萬物。」中轉化而來的，只是《太平經》把一、二、三的
內容具體化為元氣與天、地、人三者而已！其二，即是「元氣自然樂，則合
共生天地，悅則陰陽和合，風與調。風與調，則共生萬二千物。」（頁 647～
648）這是說元氣自然的喜樂對萬物的化生是十分關鍵的，只有元氣悅喜，才
有天地的產生，陰陽的和合，風雨的調順，然後「共生萬二千物」。假如「元
氣」不樂會如何？「元氣自然不樂分爭，不能合身和德，而共生天地也。天
地不樂，陰陽分事，不能合氣四時五行，調風雨，而盛生萬二千物。萬二千
物不樂爭分，多傷死，其歲大凶。」（卷一一五至一一六〈闕題〉，頁 648）「元
氣」不樂當然不會有世界萬物的化生。元氣歡喜所表現的是「和合」狀態，
不悅喜則會呈現出「紛爭」的情形，紛爭決不會導致萬物的化生，而只能導

向毀滅。

2.「元氣」是宇宙演化的開端與根源

卷三十六〈三急吉凶法〉:「眩亂於下古者,思反中古;中古亂者,思反上古;上古亂者,思反天地格法;天地格法疑者,思反自然之形;自然而惑者,思反上元靈氣(元氣)。」(頁48)

卷三十九〈解師策書訣〉:「萬物始萌,直布根以本足生也,行此道,其法迺更本元氣。」(頁64)

卷四十〈分解本末法〉:「萬物始萌於北,元氣起於子,轉而東北,布根於角,轉在東方,生出達,轉在東南,而悉生枝葉,轉在南方而茂盛,轉在西南而向盛,轉在西方而成熟,轉在西北而終。物終當更反始,故爲亥。」(頁76～77)

卷六十六〈三五優劣訣〉:「天生凡物者,陽氣因元氣,從太陰合萌生,生當出達,故茂生於東;既生當茂盛,故盛於南;既茂盛當成實,故殺成於西。天道陰陽道都周。夫物不可成實,死而已,根種實當復更生,故令陰陽俱,並入天門,合氣於乾,更以上始,此天地自然之性也。」(頁236～237)

卷七十三至八十五〈闕題〉:「元氣恍惚自然,共凝成一(天),名爲天(一)也;分而生陰而成地,名爲二也;因爲上天下地,陰陽相合施生人,名爲三也。三統共生,長養凡物。」(頁305)

卷九十三〈國不可勝數訣〉:「此十二月者,乃元氣幽冥,陰陽更建始之數也。比若萬物終死於亥,乾因建初立位於天門,始凝核於亥,懷妊於壬成形。初九於子日始還,九二於丑而陰陽運,九三於寅,天地人萬物俱欲背陰向陽,闢於寅。故萬物始布根於東北,見頭於寅。物之大者,以木爲長也,故寅爲始生木。甲最爲木之初也,故萬物見於甲寅,終死於癸亥。故木也,乃受命生於元氣太陰水中,故以甲子爲初始。」(頁390)

「萬物始萌於北」,北,坎卦之位,爲《易緯·乾鑿度》所謂四正卦之一。屬水行,極陰之地。陰極生陽,陽氣在地下滋生萬物,故此處這樣說。「元氣起於子」,子,十二地支第一位。於方位則代表北方,於時序則代表冬至所在的

十一月。《易緯‧乾鑿度》有「陽生於子」的說法。「轉而東北」，東北，艮卦之位，爲《易緯‧乾鑿度》所謂四維即四隅之一，屬土行，時值農曆十二月。「轉在東方」，東方，震卦之位，爲四正卦之一，屬水行，時值春分所在的農曆二月。「轉在東南」，東南，巽卦之位，爲四維之一，屬木行，時值農曆四月。「轉在南方」，南方，離卦之位，爲四正卦之一，屬火行，時值夏至所在的農曆五月。「轉在西南」，西南，坤卦之位，爲四維之一，屬土行，時值農曆六月。「轉在西方」，西方，兌卦之位，爲四正卦之一，屬金行，時值秋分所在的農曆八月。「轉在西北」，西北，乾卦之位，爲四維之一，屬金行，時值農曆十月。「物終當更反始，故爲亥」，亥，十二地支最末位，代表西北與立冬所在的十月。以上講「元氣」按八卦所居方位時令流轉一周和萬物在「元氣」作用下的生長過程。而「乾因建初」，乾，指乾卦。建初，《易緯‧乾鑿度》認爲，陽始於亥，乾居其位，則祖微據始，表示陽氣處於開始萌生的地位。「立位於天門」，天門，指與十月相對應的西北方。《太平經》中卷六十五〈斷金兵法〉云：「西北者，爲極陰，陰極生陽，故爲天門。」（頁 227）「懷妊於壬成形」，懷妊，指萬物胚胎。壬，天干第九位，這裡代表十一月。「初九於子」，初九，乾卦第一陽爻。其爻辭爲：「潛龍勿用」，即象徵陽氣初生。子，地支第一位，這裡代表正北方和冬至之時。「九二於丑」，九二，乾卦第二陽爻，這裡象徵陽氣形成。丑，地支第二位，這裡代表東北方與農曆十二月。「九三於寅」，九三，乾卦第三陽爻，這裡象徵陽氣躍動。寅，地支第三位，這裡代表偏東北和農曆正月。「甲最爲木之初也」，甲，天干第一位，本義爲萬物剖甲而出。「故萬物見於甲寅，終死於癸亥」，癸，天干第十位。從甲寅至癸亥，爲六十甲子的最後十位。此二句是說萬物由正月到十月的生長枯落的過程。「故木也，乃受命生於元氣太陰水中」，太陰，這裡指北方。北方屬五行中的水行，五行相生，則水生木，所以此處如此說。「故以甲子爲初始」，甲子，此處指代表天地相合的綱紀。《太平經》中卷三十九〈解師策書訣〉：「凡物生者，皆以甲爲首，子爲本。」（頁 66）〔註4〕

　　圖示如下：

〔註4〕 以上對《太平經》經文之解釋的詳細內容，見於：(1)楊寄林〈《太平經》釋讀〉（收載於：吳楓主編，《中華道學通典》，海口：南海出版公司，1994 年 4 月第一版，頁 308、452）；(2)羅熾主編《太平經注譯‧上‧中》（重慶：西南師範大學出版社，1996 年 8 月第一版，頁 135～136、669～670）。

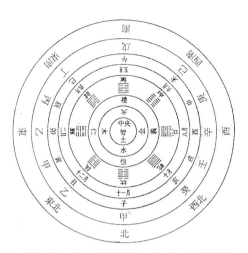

（上圖係結合「八卦方位圖」與「八卦卦氣圖」）

　　此處將「元氣」化生萬物的情形，配合「後天八卦方位」、「四時」、「五行」、「十天干」及「十二地支」，而說明元氣是萬物演化的根源及開端。此種說明「元氣」為化生萬物之根源及開端的說法，極類似於西漢京房之「八卦卦氣說」與《易緯・乾鑿度》的「八卦方位說」〔註5〕。圖示如下：

八卦卦氣圖

〔註5〕關於西漢京房之「八卦卦氣說」與《易緯・乾鑿度》的「八卦方位說」的詳細內容，見於：(1)朱伯崑，《易學哲學史・第一卷》，台北：藍燈文化，1991年9月，頁158～162、199～205；(2)張其成主編，《易學大辭典》，北京：華夏出版社，1992年2月，頁405、434～435；(3)劉玉建，《兩漢象數易學研究・上冊》，廣西教育出版社，1996年9月，頁287～289。

八卦方位圖

（上圖選自朱伯崑《易學哲學史・第一卷》）

由上述，可知《太平經》結合西漢京房之「八卦卦氣說」與《易緯・乾鑿度》的「八卦方位說」，來說明「元氣」是宇宙萬物演化的根源及開端。

3. 人能守「元氣」，即可長生而成仙

卷三十六〈守三實法〉：「天下人本生受命之時，與天地分身，抱元氣於自然，不飲不食，噓吸陰陽氣而活，不知飢渴，久久離神道遠，小小失其指意，後生者不得復知，真道空虛，日流就偽，更生飢渴，不飲不食便死。」（頁43）

卷四十〈分解本末法〉：「守道而不止，迺得仙不死；仙而不止，迺得成真；真而不止，迺得成神；神而不止，迺得與天比其德；天比不止，迺得與元氣比其德。」（頁78）

卷四十二〈九天消先王災法〉：「其無形委氣之神人，職在理元氣。」（頁88）又「無形委氣之神人與元氣相似，故理元氣。」（頁88）又「元氣不和，無形神人不來至。」（頁90）又「上士將入道，先不食有形而食氣，是且與元氣合。故當養置茅室中，使其齋戒，不睹邪惡，日練其形，毋奪其欲，能出無間去，上助仙真元氣天治也。

是爲神士，天之吏也。」（頁 90）〈四行本末訣〉：「委氣神人，迺與元氣合形并力。」（頁 96）又「凡事人神者（身中神），皆受之於天氣，天氣者受之於元氣。神者乘氣而行，故人有氣則有神，有神則有氣，神去則氣絕，氣亡則神去。故無神亦死，無氣亦死。」（頁 96）又「五行（五臟神）迺得興生於元氣，神（身中神）迺與元氣并同身并行，今五行迺入爲人藏。」（頁 96）

卷七十一〈眞道九首得失文訣〉：「元氣無爲者，念其身也，無一爲也，但思其身洞白，若委氣而無形，常以是爲法，已成則無不爲無不知也。」（頁 282）

卷一一一〈大聖上章訣〉：「惟始大聖德之人，乃承元氣自然精光相感動，乃爲大聖。悉知當所施，輒如天意，不失其元氣之志。常行上爲大神輔相，如國有公卿，心知大神之指歷文書相通，上章各有薦舉，宜得其人，使可保有言事，輒用天君以事，更明堂得書，輒下無失期，輒得朝上之恩。」（頁 544）

〈太平經佚文〉：「夫人本生混沌之氣，氣生精，精生神，神生明。本於陰陽之氣，氣轉爲精，精轉爲神，神轉爲明。欲壽者當守氣而合神，精不去其形，念此三合以爲一，久即彬彬自見，身中形漸輕，精益明，光益精，心中大安，欣然若喜，太平氣應矣。脩其內，反應於外。內以致壽，外以致理。非用筋力，自然而致太平矣。」（頁 739）

人本爲「元氣」所化生，在胞胎之中噓吸陰陽氣而活，出生後日失眞道，所以不飲不食便會死亡。因此，人欲長生而成仙，皆應還返先天「元氣」，守氣、合神、精不去其形，念此三者合爲一，自然能形漸輕而自生光，進而達至「內以致壽，外以致理」的境地。且「無形委氣之神人」與元氣相似而掌管元氣，「身中神」與「五臟神」亦皆爲「元氣」所化生，因此，人只要能守「元氣」而不失，自然能與諸神相感應，而達至長生成仙的目的。

4. 人能守「元氣」，即可治國以太平

卷十八至三十四〈修一卻邪法〉：「天地開闢貴本根，乃氣之元也。欲致太平，念本根也。」（頁 12）

卷五十六至六十四〈闕題〉：「考天地陰陽萬物，上下相愛相治，立

功成名，使心治一家，使人不復相憎惡，常樂合心同志。令太和之氣日自出，而大興平，六極同心，八方同計。所治者若人意，莫不皆響應而悅者。本天地元氣，合陰陽之位，邪惡默然消去，乖逆者皆順，明大靈之至道，神祇所好愛。」（頁216）

卷六十七〈六罪十治訣〉：「助帝王治，大凡有十法：一為元氣治，……故天使元氣治，使風氣養物。」（頁253～254）

〈太平經佚文〉：「夫人本生混沌之氣，氣生精，精生神，神生明。本於陰陽之氣，氣轉為精，精轉為神，神轉為明。欲壽者當守氣而合神，精不去其形，念此三合以為一，久即彬彬自見，身中形漸輕，精益明，光益精，心中大安，欣然若喜，太平氣應矣。脩其內，反應於外。內以致壽，外以致理。非用筋力，自然而致太平矣。」（頁739）

「元氣」化生萬物，為天地萬物之根本。君王為政欲致太平，當應以守元氣、行元氣治為首要工作。如此，方能合陰陽、六極同心，而達到天下太平的理想境地。

綜合上述，「元氣」不但是化生宇宙萬物的無形實體，更是宇宙演化的根源與開端。因此，帝王、凡民只要能守元氣、行元氣治，自然可以達至「內以致壽，外以致理」的「治身」以長生成仙及「治國」以太平的雙重目的。

四、一

「一」這個範疇，在《太平經》中是與天、道、元氣等宇宙系統論中的基本範疇一樣，被賦予絕定性、主宰性與統一性。

（一）何謂「一」

在《太平經》中對於「一」這個範疇之說明，具有三種不同的意義存在：

其一，「一」指不同事物之間所表現的統一、結合與配合之情形。「夫大神不過天與地，大明不過日與月，尚皆兩半共成一。」（卷一三七至一五三〈太平經鈔〉壬部，頁715）「分別三氣所長，還神守身。太陽天氣故稱神。形者，太陰主祇，包養萬物，故精神藏於腹中，故地神稱祇。精者，萬物中和之精。故進退無常；天地陰陽之精，共生萬物，此三統之歷也。神者主生，精者主養，形者主成。此三者乃成一神器。」（卷一五四至一七○〈還神邪自消法〉，

頁 727）「三氣共一，爲神根也。一爲精，一爲神，一爲氣。此三者，共一位也，本天地人之氣。神者受之於天，精者受之於地，氣者受之於中和，相與共爲一道。」（卷一五四至一七〇〈令人壽治平法〉，頁 728）「夫人本生混沌之氣，氣生精，精生神，神生明。本於陰陽之氣，氣轉爲精，精轉爲神，神轉爲明。欲壽者當守氣而合神，精不去其形，念此三合以爲一。」（〈太平經佚文〉，頁 739）上述說法，皆以「一」作爲不同事物之間所表現的統一、結合的情形。

　　其二，「一」指事物存在本身所呈現之混沌未分狀態。「元氣悅惚自然，共凝成一（天），名爲天（一）也。」（卷七十三至八十五〈闕題〉，頁 305）「一者，其元氣純純之時也。元氣合無理，若風無理也，故都合名爲一也。一凝成天。」（卷九十三〈國不可勝數訣〉，頁 392）「天地未分之時，積氣都爲一。」（卷一三七至一五三〈太平經鈔〉壬部，頁 708）此處所謂「一」，是指元氣本身在天地未分之前，所呈現之混沌未分的狀態。

　　其三，將「一」抽象化，直接視爲最高實體。其表現方式便是將「一」這個範疇與天、道、元氣等代表宇宙系統論的基本範疇等同起來、聯繫起來。「夫一者，乃道之根也，氣之始也，命之所繫屬，眾心之主也。」（卷十八至三十四〈修一卻邪法〉，頁 12～13）「一者，數之始也；一者，生之道也；一者，元氣所起也；一者，天之綱紀也。」（卷三十七〈五事解承負法〉，頁 60）「一者，天之紀綱，萬物之本也。」（同上，頁 60）「一日而王，日上一者，天也；天者數一，……一爲天，天亦君長也。」（卷四十八〈三合相通訣〉，頁 147）「一者，道之綱。」（卷五十〈諸樂古文是非訣〉，頁 185）「一者，心也，意也，志也。念此一身中之神也。」（卷九十二〈萬二千國始火始氣訣〉，頁 369）「夫一，乃至道之喉襟也。」（卷九十六〈守一入室知神戒〉，頁 410）「夫一者，乃數之始起。故天地未分之時，積氣都爲一。」（卷一三七至一五三〈太平經鈔〉壬部，頁 708）由上述引文，可知《太平經》從不同方面，將「一」與天、道、元氣等基本範疇聯繫起來、等同起來。由此，「一」這個範疇已被高度抽象化，而成爲與天、道、元氣一樣的最高實體。

（二）「一」之性質

　　《太平經》中「一」這個範疇，因爲具有表現不同事物之間的統一、結合情形與事物存在本身所呈現之混沌未分狀態以及具抽象化，直接視爲最高實體等意義。因而，「一」便具有四個重要性質：

1. 一與「天」相結合

「一者，天之綱紀也。」（卷三十七〈五事解承負法〉，頁 60）「一者，天之紀綱，萬物之本也。」（同上，頁 60）「一日而王，日上一者，天也；天者數一，……一爲天，天亦君長也。」（卷四十八〈三合相通訣〉，頁 147）「一者，心也，意也，志也。念此一身中之神也。」（卷九十二〈萬二千國始火始氣訣〉，頁 369）「天」這個範疇，在《太平經》中是具有「人格化的最高主宰」之性質，其性質極類似於「天君」。因此，「天」就具有與天君相同的功能：(1)能決定人的生死與壽命長短；(2)能審察人的行爲善惡；(3)爲人事法則，是帝王教令的指導者。而此處「一」這個範疇與「天」相結合、互釋，因此，「一」範疇便具有與「天」這個範疇相同的意義與功能。

2. 一與「道」相結合

「夫一者，乃道之根也。」（卷十八至三十四〈修一卻邪法〉，頁 12～13）「一者，道之綱。」（卷五十〈諸樂古文是非訣〉，頁 185）「夫一，乃至道之喉襟也。」（卷九十六〈守一入室知神戒〉，頁 410）「道」這個範疇，在《太平經》中是具有至高、至善之意，是天地萬物之根源，並具有化生、主宰萬物的功能，因而是一切事物所應遵行的準則。因此，人能守「道」，不僅可以長生成仙，更可以助帝王安國以致太平。而此處「一」這個範疇與「道」相結合、互釋，因此，「一」範疇便具有與「道」這個範疇相同的意義與功能。

3. 一與「元氣」相結合

「夫一者，乃道之根也，氣之始也。」（卷十八至三十四〈修一卻邪法〉，頁 12～13）「一者，元氣所起也。」（卷三十七〈五事解承負法〉，頁 60）「元氣怳惚自然，共凝成一（天），名爲天（一）也。」（卷七十三至八十五〈闕題〉，頁 305）「一者，其元氣純純之時也。元氣合無理，若風無理也，故都合名爲一也。一凝成天。」（卷九十三〈國不可勝數訣〉，頁 392）「天地未分之時，積氣都爲一。」（卷一三七至一五三〈太平經鈔〉壬部，頁 708）「元氣」這個範疇，在《太平經》中不但是化生宇宙萬物的無形實體，更是宇宙演化的根源與開端。因此，帝王、凡民只要能守元氣、行元氣治，自然可以達到「治身」以長生成仙及「治國」以太平的雙重目的。而此處「一」這個範疇與「元氣」相結合、互釋，因此，「一」範疇便具有與「元氣」這個範疇相同的意義與功能。

4. 一與「精、氣、神」相結合

「分別三氣所長，還神守身。太陽天氣故稱神。形者，太陰主祇，包養萬物，故精神藏於腹中，故地神稱祇。精者，萬物中和之精。故進退無常；天地陰陽之精，共生萬物，此三統之歷也。神者主生，精者主養，形者主成。此三者乃成一神器。」（卷一五四至一七○〈還神邪自消法〉，頁 727）「三氣共一，為神根也。一為精，一為神，一為氣。此三者，共一位也，本天地人之氣。神者受之於天，精者受之於地，氣者受之於中和，相與共為一道。」（卷一五四至一七○〈令人壽治平法〉，頁 728）「夫人本生混沌之氣，氣生精，精生神，神生明。本於陰陽之氣，氣轉為精，精轉為神，神轉為明。欲壽者當守氣而合神，精不去其形，念此三合以為一。」（〈太平經佚文〉，頁 739）「精、氣、神」三者是構成人生命的基本、組成要素：「神者乘氣而行，故人有氣則有神，有神則有氣，神去則氣絕，氣亡則神去。故無神亦死，無氣亦死。」（卷四十二〈四行本末訣〉，頁 96）「人氣亦輪身上下，神精乘之出入。神精有氣，如魚有水，氣絕神精散，水絕魚亡。故養生之道，安身養氣。」（卷一五四至一七○〈還神邪自消法〉，頁 727）「人不臥之時，行坐言語，分明白黑，正行住立，文辭以為法度，此人神在也。及其瞑目而臥，光景內藏，所念得之，但不言，神在內也。及其定臥，精神去遊，身不能動，口不能言，耳不能聞，與眾邪合，獨氣在，即明證也。故精神不可不常守之，守之即長壽，失之即命窮。」（卷一五四至一七○〈是神去留效道法〉，頁 731）因此，人只要守住「精、氣、神」，使其不離人身而常住人身，自然能達到長生成仙的目的。而此處「一」這個範疇與「精、氣、神」相結合、互釋，因此，「一」範疇便具有與「精、氣、神」相同的功能。換言之，人只要能守「一」，便可使「精、氣、神」三者常合為一，而達至長生成仙的境地。

綜合上述，「一」這個範疇與「天」、「道」、「元氣」及「精、氣、神」等範疇相結合、互釋。因此，「一」範疇便具有與「天」、「道」、「元氣」及「精、氣、神」等範疇相同性質與功能。

（三）守　一

既然，「一」範疇具有與「天」、「道」、「元氣」及「精、氣、神」等範疇相同的性質與功能；那麼只要單守住「一」，就可以同時發揮「天」、「道」、「元氣」與「精、氣、神」等範疇所擁有之性質與功能。因此，「守一」對於「一」

這個範疇來說，便成爲一個重要的課題。即：「一者，其道要正當以守一始起也。」（卷三十九〈解師策書訣〉，頁 64）

1. 何謂「守一」

《太平經》中指出：「古今要道，皆言守一。」（卷一三七至一五三〈太平經鈔〉壬部，頁 716）「古今守一，其文大同。」（卷九十六〈六極六竟孝順忠訣〉，頁 408）說明「守一」乃自古有之，且其文義大都相同。更進一步提出：「得古今守一者，復以類聚之。」（卷九十六〈守一入室知神戒〉，頁 409）「教示使與古今守一之文合一，以類相從，乃以相證明也。」（同上，頁 410）可見《太平經》中「守一」的論述，是類聚古今守一之文，以期能達至「相證明」的目的。而《太平經》中「守一」之意義如下：

其一，就精神層面而言，「守一」即是「守神」。「一者，心也，意也，志也。念此一身中之神也。凡天下之事，盡是所成也。」（卷九十二〈萬二千國始火始氣訣〉，頁 369）「心則五臟之王，神之本根，一身之至也。」（卷一二〇至一三六〈太平經鈔〉辛部，頁 687）「守一之法，不言其根，謹閉其門；不敢泄漏，謹守其神。」（〈太平經佚文〉，頁 741）「守一之法，內有五守，外有六候，十一之神，同一門戶。」（同上，頁 741）「守一之法，有三百六十六數。數有一精，精有一神。守一功成，此神可睹。」（同上，頁 742）「守一之法，內常專神。」（同上，頁 743）就精神層面而言，人身上的「一」，就是他的心神意念。因此，「守一」便是要守住這心神意念。換言之，「守一」則是守住「身中神」，使其不離人身而內守。「人有一身，與精神常合并也。形者乃主死，精神乃主生。常合即吉去則凶。無精神則死，有精神則生。常合即爲一，可以長存也。常患精神離散，不聚於身中，反令使隨人念而遊行也。故聖人教其守一，言當守一身也。念而不休，精神自來，莫不相應，百病自除，此即長生久視之符也。」（卷一三七至一五三〈太平經鈔〉壬部，頁 716）「守一者，真真合爲一也。人生精神，悉皆具足，而守之不散，乃至度世。」（同上，頁 716）在「守一」即是「守神」的前提下，《太平經》強調了「守神」與長壽的關係，「人不守神，身死亡。」（卷一五四至一七〇〈還神邪自消法〉，頁 727）「精神不可不常守之，守之即長壽，失之即命窮。」（卷一五四至一七〇〈是神去留效道法〉，頁 731）因此人們只要能「守神」，自然可達到長生成仙的目的。

其二，就身體層面而言，「守一」即是存念身體形骸中爲主的形軀與器官。

「頭之一者，頂也。七正之一者，目也。腹之一者，臍也。脈之一者，氣也。五藏之一者，心也。四肢之一者，手足心也。骨之一者，脊也。肉之一者，腸胃也。」（卷十八至三十四〈修一卻邪法〉，頁 13）分開來說，身體形骸各部分有各部分的核，因而就有各部分的「一」，這些都市在進行「守一」時所應著重的地方。整體來說，整個身體形軀的中心位置在腹部，因此「守一」也就變成「守腹」，「心神在人腹中，與天遙相見，音聲相聞，安得不知人民善惡乎？」（卷一一一〈大聖上章訣〉，頁 545）「守一明法，四方皆闇，腹中洞照。」（〈太平經佚文〉，頁 740）「夫欲守一，乃與神通；安臥無爲，反求腹中。」（〈太平經佚文〉，頁 741）而「腹之一」在臍，由此可推知，「守腹」就是把心神意念集中在腹部，尤其是「臍」的地方，使「精、氣、神」在此合爲一。換言之，在腹中「臍」之部位，將「精、氣、神」三者合爲一，便是所謂的「守腹」。

綜合上述，《太平經》中所謂的「守一」，就是在精神層面上的「守神」與在身體層面上的「守腹」。易言之，「守一」便是把心神意念集中在腹中「臍」的部位，將精神的「一」與身體的「一」相結合，全身的「精、氣、神」在此得到合一。

2.「守一」之方法

不論精神上之「守神」或身體上之「守腹」，皆有進行的方法。換言之，進行「守一」時，是有具體的操作方法與所應該注意的事項，即：「守一之道，養其性，在學之也。」（卷十八至三十四〈名爲神訣書〉，頁 18）

（1）須先選擇清靜場所

凡精思之道，成於幽室。（卷七十三至八十五〈闕題〉，頁 306）

守一然後且具知善惡過失處，然後能守道，入茆室精修，然後能守神。（卷九十六〈守一入室知神戒〉，頁 412）

其爲之法，當作齋室，堅其門戶，無人妄得入。（卷一五四至一七○〈分別形容邪自消清身行法〉，頁 723）

守一之法，始思居閒處，宜重牆厚壁，不聞喧譁之音。（〈太平經佚文〉，頁 740）

在進行「守一」修煉時，須先選擇一安靜之處，在不受外界的干擾下進行「守一」修煉法。

（2）姿勢為端坐與安臥

> 守一不退，無一不知；所求皆得，端坐致之。（〈太平經佚文〉，頁741）

> 子欲養老，守一為早，平床坐臥，與一相保。（同上）

> 夫欲守一，乃與神通；安臥無為，反求腹中。（同上）

強調「守一」時的姿勢有：端坐與安臥（或在平床上坐臥）兩種。而從《太平經》末附之〈東壁圖〉中的仙女九人與受戒弟子六人的坐姿來看，這種坐法當是指「盤坐」而言。

（3）個人內心必須具備的條件與要領

> 夫欲守一，喜怒為疾，不喜不怒，一乃可睹。（〈太平經佚文〉，頁741）

> 子欲大樂，與一相知，去榮辭顯，一乃相宜。（同上）

> 守一之法，安貧樂賤，常內自求；一乃相見，知非貴賤。（同上，頁742）

> 守一之法，為善，效驗可睹。今日為善清靜，神明漸光。（同上，頁743）

> 守一之法，外則行仁施惠為功，不望其報，忠孝亦同。（同上）

> 守一之法，先知天意，生化萬物，不言而理，功成不宰，道生久視。」（同上）

進行「守一」修煉時，個人內心必須具備的條件是：安貧樂賤、去榮辭顯、為善行仁、盡忠盡孝等。而修煉時的要領為：先知天意、不喜、不怒、不言、常內自求等。

（4）應各因其性、循序漸進

> 守一之法，皆從漸起；守之積久，其一百日至。（〈太平經佚文〉，頁741）

> 守一之法，無致巧意，一乃自效。（同上）

> 守一之法，老小異度，各因其性，一乃相遇。（同上，頁742）

說明「守一」是不斷實踐的過程，決不是一蹴可幾的，重點是要循序漸進、持之以恆。且又必須根據修煉者的差異，而做出適度的調整。

（5）「守一」中應注意之事項

> 身得長保，飲食以時調之，不多不少，是其自愛自養也。（卷一○二〈經文部數所應訣〉，頁466）

> 少食以通腸，亦其成道之人。（卷一三七至一五三〈太平經鈔〉壬部，頁717）

> 守一之法，少食爲根，眞神好潔，糞穢氣昏。（〈太平經佚文〉，頁742）

> 守一之法，百日爲小靜，二百日爲中靜，三百日爲大靜。（同上）

> 守一之法，皆從漸起；守之積久，其一百日至。（同上，頁741）

進行「守一」修煉法時，必須要循序漸進、持之以恆。因而，大約要持續一百天後才能有初步的成果產生（小靜）。且在進行「守一」修煉時，爲了使神明氣清，最好能「少食」，以達到淨身除穢的功效。

綜合上述，在進行「守一」修煉法時，場所的選擇，身體姿勢的要求，以至於修煉者內心所應先做好的心理建設，對於進行「守一」修煉法的修煉者來說，都是非常重要的。再加上「守一」修煉法並非一蹴可幾，而需要時間循序漸進、持之以恆方可達成。因此，在時限上最少百日，並最好在修煉中對飲食加以控制，以期能更早達到「守一」的成果。

3.「守一」之功效

當修煉者確實的按照「守一」之操作方法進行修煉，且在修煉中著重所應該注意的事項，就會有下列的功效產生：

（1）致神與通神

> 守一者，天神助之。（卷十八至三十四〈修一卻邪法〉，頁13）

> 中賢守一入道，亦且自睹神。（卷九十六〈守一入室知神戒〉，頁412）

> 聖人教其守一，言當守一身也。念而不休，精神自來。（卷一三七至一五三〈太平經鈔〉壬部，頁716）

> 守一復久，自生光明。昭然見四方，隨明而遠行，盡見身形容。群神將集，故能形化爲神。（〈太平經佚文〉，頁739）

> 守一之法，將與神遊。萬神自來，昭昭可儔。（〈太平經佚文〉，頁741）

夫欲守一，乃與神通；安臥無為，反求腹中；臥在山西，反知山東。
（同上）

子若守一，無使多知，守一不退，無一不知；所求皆得，端坐致之。
（同上）

守一之法，有三百六十六數。數有一精，精有一神。守一功成，此
神可睹。（〈太平經佚文〉，頁742）

守一之法，與天地神明同。出陰入陽，無事不通。（〈太平經佚文〉，
頁743）

守一之法，可以知萬端。萬端者，不能知一。（同上）

進行「守一」修煉法時，可以招致天地之神祇來助己修煉，並且可以因此而
見睹自己的身中神。因而，修行者便可以「形化為神」。因為可致神、見神與
形化為神，於是修煉者本身便具有預測未來及超感應的能力產生。

（2）知過、賢身、除憂與避禍

守一賢身，何害有身者。（卷九十二〈萬二千國始火始氣訣〉，頁370）

守一然後且具知善惡過失處。（卷九十六〈守一入室知神戒〉，頁
412）

子專守一，仁賢源也。（卷一〇三〈虛無無為自然圖道畢成誡〉，頁
471）

守一勿失，事且自畢，急除眾憂。（〈太平經佚文〉，頁740）

守一不窮，士子欲無憂，不可相欺，垂拱。（同上）

守一是為久遊，身常自謹，患禍去之。（同上）

守一之法，凡害不害，人各有一不相須。虎狼不視，蛟龍不升，有
毒之物皆逃形。子欲長無憂，與一相求；百神千鬼，不得相尤。守
而常專，災害不遷。（〈太平經佚文〉，頁740～741）

子欲大樂，與一相知，去榮辭顯，一乃相宜。（〈太平經佚文〉，頁
741）

守一之法，內常專神，愛之如赤子，百禍如何敢干。（〈太平經佚文〉，
頁743）

修煉者在進行「守一」修煉法後，便能明瞭自身善惡過失處，而改過遷善，因此「守一」便成爲仁賢之本源。「守一」修煉法，亦可以排除修煉者內心的憂愁，進而達到大樂的目的。更可以爲修煉者避除人間所有的患禍，而達至「凡害不害」、「百神千鬼，不得相尤」的境地。

（3）祛病延年與長生成仙

> 人之根處內，枝葉在外，令守一皆使還其外，急使治其內，追其遠，治其近。（卷十八至三十四〈修一卻邪法〉，頁 13）

> 守一者延命。（同上）

> 守一明之法，長壽之根也。萬神可祖，出光明之門。（卷十八至三十四〈守一明法〉，頁 16）

> 守一精明之時，……百病除去，守之無懈，可謂萬歲之術也。（同上）

> 守一身軀，竟其天年，守一思過，復得延期。（卷一一二〈貪財色災及胞中誡〉，頁 566）

> 古今要道，皆言守一，可長存而不老。（卷一三七至一五三〈太平經鈔〉壬部，頁 716）

> 聖人教其守一，言當守一身也。念而不休，精神自來，莫不相應，百病自除，此即長生久視之符也。（同上）

> 守一者，眞眞合爲一也。人生精神，悉皆具足，而守之不散，乃至度世。（同上）

> 守一之法，老而更少，髮白更黑，齒落更生。守一之月，增壽一年；兩月，增壽二年；以次而增之。（〈太平經佚文〉，頁 740）

> 守一之法，光通內外，身乃無害。可終其世，子得長久。（同上）

> 守一之法，當念本無形，湊液相合，一乃從生，去老反稚，可得長生。……子欲養老，守一爲早，平床坐臥，與一相保，不食而飽，不德衰老。（〈太平經佚文〉，頁 741）

> 守一之法，乃萬神本根，根深神靜，死之無門。（同上）

「守一」修煉法，可使修煉者出遊的「身中神」還返於身中，因而便可使身體中的「精、氣、神」相合爲一。如此，修煉者便可以達到祛病、延年的功

效，更可以進一步達至長生、成仙的境地。

（4）解除承負之責與助帝王、凡民治

> 欲解承負之責，莫如守一。守一久，天將憐之。（卷三十七〈五事解
> 承負法〉，頁 60）

> 守一之道，得古今守一者，復以類聚之。上賢明力為之，可得度世；
> 中賢明力為之，可為帝王良輔善吏；小人力為之，不知喜怒，天下
> 無怨咎也。（卷九十六〈守一入室知神戒〉，頁 409～410）

> 中賢守一入道，亦且自睹神，治十中九，可為王侯大臣，共辟除邪
> 惡。（同上，頁 412）

> 小賢守一，入道讀書，亦或睹神，可治十中八，可為百姓共辟邪除
> 惡也。（同上）

修煉者「守一」，可解除自身承負之責。並可成為帝王之良輔善吏，而替王侯、
大臣、凡民共辟除天地間邪惡，以達到助帝王、凡民治的效果。

綜合上述，「守一」的功效是多方面的，且「一」為萬事之本，萬事皆守
「一」而行。因此，修煉者如知「守一」，便可萬事皆完備矣！即：「子知守
一，萬事畢。」（卷九十二〈萬二千國始火始氣訣〉，頁 369）「守一之法，乃
諸神主，人善之根，除禍之法，致福之門。守一者，乃神器之主，從一神積
至萬神，同一器則得道矣。」（〈太平經佚文〉，頁 742）「夫守一者，可以度世，
可以消災，可以事君，可以不死，可以理家，可以事神明，可以不窮困，可
以理病，可以長生，可以久視。元氣之首，萬物樞機。天不守一失其清，地
不守一失其寧，日不守一失其明，月不守一失其精，星不守一失其行，山不
守一不免崩，水不守一塵土生，神不守一不生成，人不守一不活生。一之為
本，萬事皆行。子知一，萬事畢矣。」（同上，頁 743）

4.「守一」時所產生的相關問題

在進行「守一」修煉法時，由於修煉者個人的特殊性與進行的方式及境
界有所不同，因此在修煉者的身、心理中，便會有不同的「現象」產生：

（1）感覺與反應

其一，好的感覺：「若且向旦時，身為安著席。若居溫蒸中，於此時筋骨
不欲見動，口不欲言語。每屈伸者益快意，心中忻忻，有混潤之意，鼻中通
風，口中生甘，是其候也。」（卷十八至三十四〈合陰陽順道法〉，頁 11）「守

一之法，密思其要，周而復始，無端無徼；面目有光明，精神洞曉。」（〈太平經佚文〉，頁 742）修煉者在進行「守一」修煉法時，會有面目光潤、津液甘甜與精神愉悅的感覺產生。

其二，光的反應：「守一精明之時，若火始生時，急守之勿失。始正赤，終正白，久久正青。洞明絕遠復遠，還以治一，內無不明也。」（卷十八至三十四〈守一明法〉，頁16）「守一明之法，明有日出之光，日中之明。」（同上，頁16）「守一明之法，未精之時，瞑目冥冥，目中無有光。」（〈太平經佚文〉，頁 739）「守一復久，自生光明。昭然見四方，隨明而遠行，盡見身形容。」（同上，頁739）「守一之法，光通六外。」（同上，頁740）「守一之法，……外闇內明，一乃可成。」（同上，頁741）「守一之法，……今日爲善清靜，神明漸光。始如螢火，久似電光。」（同上，頁 743）上述說明，修煉者在進行「守一」修煉法之初，閉目無光，但隨著時日的推移及功夫的精進，眼前便漸有光的感覺，「始如螢火，久似電光」，更進而如「日出之光」，甚至可見到「身中神」的形容。再者，這些光也有著：青、赤、黃、白、黑等不同色澤，「守一精明之時，若火始生時，急守之勿失。始正赤，終正白，久久正青。」（卷十八至三十四〈守一明法〉，頁16）「守一明法，明有正青。青而清明者，少陽之明也。」（〈太平經佚文〉，頁739）「守一明法，明正赤若火光，光者度世。」（同上，頁739）「守一明法，明正黃而青者，中和之光。」（同上，頁739）「守一明法，正白如清水，此少陰之明也。」（同上，頁740）「守一明法，明有正黑，清若闚水者，太陰之光。」（同上，頁 740）並認爲這些光產生於腹中，「守一明法，四方皆闇，腹中洞照。」（同上，頁740）

（2）「守一」的偏差現象

守一之法，有內五政，遊心於外，內則失政。守一不善，內逆外謹，與一爲怨。（〈太平經佚文〉，頁742）

守一之法，內若大逆不正，五宮乖錯，六府失守。群神恐駭，俱出白於明堂，必先見於面目顏色，天地共知之。群神將逝，形當死矣。（同上，頁742）

守一之法，有百福亦有百禍。所守不專，外事多端；百神爭競，勝負相連。（〈太平經佚文〉，頁743）

「內五政」，指肝神主仁，心神主禮，脾神主智，肺神主義，腎神主信。當「守

一」不善時，便會形成內五政大逆的情形，而迫使「身中神」出游於外，因而造成內五政失和。當內五政大逆不和時，五宮便會錯亂。「五宮」，即：肝為蘭臺宮，心為絳宮，脾為黃庭宮，肺為尚書宮，腎為丹元宮。不僅五宮會錯亂，六府亦會失守。「六府」，即六腑，指膽、胃、大腸、小腸、三焦、膀胱。因此，「守一」修煉法對於修煉者來說雖有許多益處，但只要稍一不善、不專，便會造成許多偏差的現象發生。最嚴重的情形，會造成「身中神」出游於外不返人體及諸多神靈進入人體中而造成爭鬥的情形。因此，修煉者在進行「守一」修煉法時，當遇到失敗的現象時（外闇內闇、無所屬、無所睹），必須趕快以藥方配合「眞道九首」（元氣無爲、虛無自然、數度分別可見、神游出去而還反、大道神與五行四時相類、刺喜、社謀、洋神、家先。詳細內容見於：卷七十一〈眞道九首得失文訣〉，頁 281～284）的修煉法來加以調伏、救治，即：「守一明法，有外闇內闇，無所屬，無所睹。此人邪亂，急以方藥助之。尋上七（九）首，內自求之。」（〈太平經佚文〉，頁 740）〔註6〕

　　綜合上述，在進行「守一」修煉法時，如果修煉者能按照具體的操作方法來進行並遵循所應注意的事項，就可以達成「守一」後的諸多功效與身、心理中好的感覺及光的反應。但是，如果修煉者不得其法，「守一」不善，便會發生許多偏差的現象，而對自己的身、心理造成嚴重的戕害。因此，「守一」修煉法，有百福亦有百禍，修煉者不可不慎！

五、陰　陽

　　《後漢書・襄楷傳》稱《太平經》：「其言以陰陽五行為家」（北京：中華書局，1997 年 11 月一版，頁 293），這個評論，說明「陰陽」範疇在《太平經》中的重要性。《太平經》認為宇宙萬物有個適用的共同法則——「陰陽」：「道無奇辭，一陰一陽，為其用也。」（卷十八至三十四〈合陰陽順道法〉，頁 11）「天之使道生人也，且受一法：一身七縱橫，陰陽半陰半陽，迺能相成。」（同上，〈錄身正神法〉，頁 12）「陰陽者，傳天地統，使無窮極也。」（卷三十六〈守三實法〉，頁 44）「天道有三：道應太陽太陰中和。」（卷六十六〈三五優劣訣〉，頁 239）「夫道迺大同小異，故能分別陰陽而無極。」（卷六十八〈戒

〔註 6〕以上對《太平經》經文之解釋的詳細內容，見於：楊寄林《〈太平經〉釋讀》（收載於：吳楓主編，《中華道學通典》，海口：南海出版公司，1994 年 4 月第一版，頁 636～637。

六子訣〉，頁259）「天有五行，亦自有陰陽；地有五行，亦自有陰陽；人有五行，亦自有陰陽。」（卷八十八〈作來善宅法〉，頁 336）「天地人萬物俱欲背陰向陽。」（卷九十三〈國不可勝數訣〉，頁 390）「天下人乃俱受天地之性，五行爲藏，四時爲氣，亦合陰陽，以傳其類。」（同上，頁 393）「天地初起，陰陽源也。」（卷一○三〈虛無無爲自然圖道畢成誡〉，頁 470）「陰陽之道，從天上，盡地下，旁行無窮極。」（卷一一五至一一六〈闕題〉，頁 649）「天雖上行無極，亦自有陰陽，兩兩爲合。……地亦自下行何極，亦自有陰陽，兩兩爲合。如是一陰一陽，上下無窮，傍行無竟。大道以是爲性，天法以是爲常，皆以一陰一陽爲喉衿，今此乃大靈（元氣）自然之術也。」（卷一一七〈天樂得善人文付火君訣〉，頁 653）「天上爲法，目視（白天）則理陽，瞑則理陰，視則理有形，瞑則理無形；視則理人身，瞑則理精神。以是爲效，故能使陰陽悉理，則無有失職者也。」（卷一二○至一三六〈太平經鈔〉辛部，頁 692）「天地之行，尚須陰陽相得和合。」（卷一三七至一五三〈太平經鈔〉壬部，頁 706）「天失陰陽則亂其道，地失陰陽則亂其財，人失陰陽則絕其後，君臣失陰陽則其道不理，五行四時失陰陽則爲災。」（〈太平經佚文〉，頁 733）無論是：天、道、元氣、四時、五行、地、人、萬物，俱皆以「陰陽」爲共同法則，「陰陽之道，從天上，盡地下，旁行無窮極」、「一陰一陽，上下無窮，傍行無竟」。換言之，「陰陽」範疇即是宇宙萬物運行的共通原則。

（一）「陰陽」之性質

「陰陽」範疇是宇宙萬物運行的共同法則，它本身的屬性計有：「陽者好生，陰者好殺。」（卷十八至三十四〈錄身正神法〉，頁 12）「陽者爲善，陽神助之；陰者爲惡，陰神助之。」（同上，頁 12）「大善者，太陽純行也；大惡者，得太陰煞行也。……從陽者多得善，從陰者多得惡。」（卷四十二〈四行本末訣〉，頁 94）「陰者殺而陽生。」（卷一○二〈經文部數所應訣〉，頁 466）「樂者，陽也；刑罰者，陰也。」（卷一一三〈樂怒吉凶訣〉，頁 588）「樂屬於陽，刑屬於陰，……故東南陽樂好生，西北陰怒好殺。」（卷一一五至一一六〈某訣〉，頁 632）「樂者，太陽之精也；刑者，太陰之精也。」（同上，頁 634）「樂者，陽也，天之經也。兵杖刑罰者，陰也，地之怒也。」（卷一一五至一一六〈闕題〉，頁 647）「天道常有格三氣，其初一者好生，名爲陽；二者好成，名爲和；三者好殺，名爲陰。無陽不生，無和不成，無陰不殺。」（卷一一九〈三者爲一家陽火數五訣〉，頁 675～676）「陽爲善，主賞賜。陰爲惡，

惡者爲刑罰，主姦僞。」（卷一三七至一五三〈太平經鈔〉壬部，頁702）「陽者常正，陰者常邪；陽者常在，陰者常無；陽者常息，陰者常消；陽者常生，陰者常殺。」（卷一五四至一七〇〈是神去留效道法〉，頁731）上述引文，賦予「陰陽」範疇：「陽生陰殺」、「陽善陰惡」、「陽樂陰怒」、「陽正陰邪」等性質。換言之，「陽」具有：好生、好善、好樂、好正等性質；而「陰」具有：好殺、好惡、好怒、好邪等屬性。

（二）「陰陽」之關係

「陰」與「陽」之間，呈現出對立的性質及屬性。兩者間的關係，顯示出下列五種類型：

1. 陰陽互動、消長

卷三十六〈事死不得過生法〉：「陰興反傷衰其陽，……陰強陽弱。」（頁52）

卷四十八〈三合相通訣〉：「有陽無陰，不能獨生，治亦絕滅；有陰無陽，亦不能獨生，治亦絕滅。」（頁149）

卷五十六至六十四〈闕題〉：「天下凡事，皆一陰一陽，乃能相生，乃能相養。」（頁221）

卷九十八〈男女反形訣〉：「天地之性，陽好陰，陰好陽。」（頁449）

卷一一三〈樂怒吉凶訣〉：「陰之與陽，乃更相反，陽興則陰衰，陰興則陽衰。」（頁588～589）

卷一一五至一一六〈某訣〉：「陽盛則陰服，陰盛則陽服。」（頁634）又〈闕題〉：「陰興必傷陽化」（頁647）

卷一一八〈禁燒山林訣〉：「陽盛即陰姦日消，陽衰則陰姦日起。」（頁669）

卷一一九〈道祐三人訣〉：「陽氣至而陰氣消亡也」（頁682）

卷一二〇至一三六〈太平經鈔〉辛部：「夫陽盛者陰必衰，……今陽道興火，兵刃當消滅，火厭之。故兵積陰氣盛，火積陽氣盛，陽盛消兵，自然感召也。」（頁695～696）

卷一三七至一五三〈太平經鈔〉壬部：「陽爲善，主賞賜。陰爲惡，

　　惡者爲刑罰，主姦僞。賞者多，罰者少。姦猾者多，賞者少，姦門
　　開。」（頁702）

　　卷一五四至一七〇〈還神邪自消法〉：「陰氣陽氣更相摩礪，乃能相
　　生。」（頁727）

強調「陰」與「陽」兩者間互爲消長的關係，陽盛即陰衰，陰盛則陽弱。更
以「陰」、「陽」的交互作用（摩礪）、相互依賴、相互聯結作爲事物生成、發
展與變化的動力。

2. 陽中含陰、陰中含陽

　　卷一一七〈天樂得善人文付火君訣〉：「凡陽之生，必於陰中。」（頁
　　652）

　　卷一一九〈三者爲一家陽火數五訣〉：「夫陽之生者，於幽冥之中。
　　是故陽氣起於北，而出於東，盛於南，而衰消於西，天之爲法如此
　　矣。」（頁678）又「請問陽與火何獨伍乎？」「行氣者各自爲伍，
　　非獨火也，金火最爲伍，赤帝之長。……陽始於陰中，……故水者，
　　外暗內明而洞照也，中有陽精也。故陽始起於北，而陰始起於南，
　　十一月地下溫，五月地下寒。」（頁679）

陽氣起於北方極陰之地（幽冥），隨著四時（春夏秋冬）遞嬗而有消長，因而
「陽始於陰中」。並以「水」作例子，說明「陰中含陽」與「陽中含陰」的道
理。五行說認爲，火明水幽，明者吐氣，火陰在內；幽者含氣，水陽在內。
於卦象，離卦（☲）爲火，二陽爻在一陰爻之外，象火之照。坎卦（☵）
爲水，一陽爻在二陰爻之內，內光明似水。「陽始起於北，而陰始起於南，十
一月地下溫，五月地下寒」，北方，極陰之地；南方，極陽之地。十一月，冬
至所在；五月，夏至所至。冬至則極陰生陽，故曰地下溫；夏至則極陽生陰，
故曰地下寒。

　　卷一五四至一七〇〈以自防卻不祥法〉：「順用四時五行，外內思正，
　　身散邪，卻不祥，懸象而思守，行順四時氣，和合陰陽，羅網政治
　　鬼神，令使不得妄行害人。立冬之後到立春，盛行用太陰氣，微行
　　少陽之氣也。常觀其意，何者病爲人使，其神吏黑衣服，思之閒處
　　四十五日，上至九十日，令人耳目聰明。立春盛德在仁，氣治少陽，
　　王氣轉在東方，興木行，其氣弱而仁，其神吏青衣，思之幽閒處四

十五日，至九十日，令人病消以留年。行不止，令人日行仁愛。春分已前，盛行少陽之氣，微行太陽之氣，以助少陽，觀其意無疑，深思其意，百邪服矣。立夏日盛德火，王氣轉在南方，太陽之氣以中和治。其神吏用之得其意，口中生甘，神吏赤衣守之，百鬼去千里。夏至之日，盛德太陽之氣，中和之氣也，其神吏思之可愈百病。季夏六月，盛德合治，王氣轉在西南，迴入中宮，其神吏黃衣思之，令人口中甘，每至季思之十八日。立秋日盛德在金，王氣轉在西方，斷成萬物，其神吏白衣，思之四十五日至九十日，可除病，得其意，令骨強老壽。秋分日少陰之氣，微行太陰之氣也，逆疾順之。立冬之日，盛德在水，王氣轉在北方，其神吏黑衣。令人志達耳聰，守之四十五日至九十日，百病除。此五行四時之氣，內可治身，外可治邪，故天用之清，地用之寧。天用之生，地用之藏，人用之興，能順時氣，忠臣孝子之謂也。此名大順天地陰陽四時五行之道。」

（頁 720～721）

另外，以「大順天地陰陽四時五行之道」，亦即「靜室行氣」、「懸象思神」的修煉方術，說明：只要按照四時節氣，排列春夏秋冬和季夏六月之五行「王（旺）氣」的流轉、推移順序，並標示出五行「神吏」的服飾，陳述具體的「行用」（氣功修煉）方法與「思守」的日期，點出各自所能獲得的功效，以期能達到「內可治身，外可治邪」的目的。其間涉及到四時節氣中「陰氣」與「陽氣」之間的關係問題，即：「陰中之陽」、「陽中之陰」、「陽中之陽」及「陰中之陰」等交參互含的問題。「立冬之後到立春」，此句是說冬三月。「盛行用太陰氣」，行用，指氣功修煉。太陰氣，最旺盛的陰氣，分布在北方和冬季，屬水行。「微行少陽之氣也」，少陽之氣，不太旺盛的陽氣，分布在東方與春季，屬木行。水生木，故須微行之。「立春盛德在仁」，盛德，日新之謂盛德，見《易傳‧繫辭上》。四時和人倫五常配五行，春、仁俱屬木，因而這裡出此語。「氣治少陽，王氣轉在東方，興木行」，王氣，旺氣。五行家認為，五行之氣在一年內輪流佔居統治地位，發揮主宰作用。即春則木王，夏則火王，秋則金王，冬則水王，四季每季後十八日則土王。五方配五行，東方屬木，故曰轉在東方。「春分已前，盛行少陽之氣，微行太陽之氣」，太陽之氣，最旺盛的陽氣，分布在南方與夏季，屬火行。木生火，故須微行之。「立夏日盛德火」，此句於時序數孟夏四月。四時配五行，夏屬火。「王氣轉在南方」，

五方配五行，南方屬火。「太陽之氣以中和治」，中和，指陰陽交合而成的狀態。按照漢《易緯》的說法，陰始於巳，因而這裡稱中和治。「夏至之日」，此句是說仲夏五月。「盛德太陽之氣，中和之氣也」，陰生於午，即夏至五月極陽生陰，因而這裡強調中和。「季夏六月」，季夏，古以孟、仲、季為序，排列每季度的三個月份，故有此稱。四時配五行，季夏屬土行。「盛德合治」，陰形於未，陰陽相激蕩，故曰合治。「王氣轉在西南，迴入中宮」，中宮，九宮之一，即中央，為最高天神（天君）的住所。「立秋日盛德在金」，四時配五行，秋屬金，故出此語。「王氣轉在西方」，五方配五行，西方屬金。「秋分日少陰之氣」，少陰之氣，不太旺盛的陰氣，分布在西方與秋季，屬金行。「微行太陰之氣也」，金生水，秋分之後為霜降、立冬，故微行太陰之氣。「立冬之日，盛德在水」，四時配五行，冬屬水行，故出此語。「王氣轉在北方」，五方配五行，北方屬水。〔註7〕

3. 陰陽轉化（陽極生陰、陰極生陽）

《太平經》認為事物在發展到一定的極限時（極），就可以相互轉化，「極即還反」（卷四十二〈四行本末訣〉，頁 94）、「夫末窮者宜反本，行極者當還歸，天之道也。」（同上，頁 95）「極上者當反下，極外者當反內；……極下者當反上，……極於末者當反本。」（同上，頁 95～96）同樣的，「陰陽」範疇也具有此種關係：

> 卷十八至三十四〈以樂卻災法〉：「陽變於陰，陰變於陽。」（頁14）

> 卷三十六〈守三實法〉：「夫陽極者能生陰，陰極者能生陽，此兩者相傳，比若寒盡反熱，熱盡反寒，自然之術也。」（頁44）

> 卷四十二〈四行本末訣〉：「陽極當反陰，……陰極反陽。」（頁96）

> 卷九十八〈男女反形訣〉：「天地之性，陽好陰，陰好陽。故陽當變於陰，陰當變於陽。凡陰陽之道，皆如此矣。……陽者以其形反為陰形，陰者以其形反為陽形。」（頁449）

認為「陰」、「陽」雙方，在一定條件下便會向其相反的方向轉化，這種轉化

〔註7〕 以上對《太平經》經文之解釋的詳細內容，見於：(1)楊寄林〈《太平經》釋讀〉（收載於：吳楓主編，《中華道學通典》，海口：南海出版公司，1994 年 4 月第一版，頁 622～623）；(2)羅熾主編《太平經注譯・下》（重慶：西南師範大學出版社，1996 年 8 月第一版，頁 1234～1235。

的條件就是「極」。「極」，是指事物發展到一定的極限。「陰」、「陽」兩方，當發展到「極」的時候，就會向對立面轉化，即：陽變爲陰，陰變爲陽。這裡是體現「物極必反」的思想。

除了純粹說明「陰陽」相互轉化的思想外，《太平經》還配合了《周易》卦爻與「八卦方位圖」，來說明「陽極生陰、陰極生陽」的道理。

> 卷六十五〈斷金兵法〉：「今願請問東南，陽也，何故爲地戶？今西北，陰也，反爲天門？」「然門戶者，迺天地氣所以初生，凡物所出入也。是故東南，極陽也，極陽而生陰，故東南爲地戶也。西北者爲極陰，陰極生陽，故爲天門。眞人人欲知其效，若初九起甲子，初六起於甲午，此之謂也。」（頁227）

「地戶」，東南方的代稱。於八卦方位爲「巽卦」之位。「天門」，西北方的代稱。於八卦方位爲「乾卦」之位。「初九起甲子」，初九，「乾卦」第一陽爻的爻題。這裡代表陽氣始生，潛藏地下。甲子，曆元，即曆法的起算點，指恰好是夜半合朔冬至的那一天。漢代《易緯》有「陽生於子」的說法。「初六起於甲午」，初六，「坤卦」第一陰爻的爻題。這裡代表陰氣始生，潛藏地下。甲午，指農曆五月夏至之時。漢代《易緯》有「陰生於午」的說法。

> 卷六十九〈天讖支干相配法〉：「今南方爲陽，《易》反得巽離坤，北方爲陰，《易》反得乾坎艮。」「善乎！子之難也。睹天微意，然《易》者，迺本天地陰陽微氣，以元氣爲初。故南方極陽生陰，故記其陰；北方極陰生陽，故記其陽。」（頁272）

「南方爲陽，《易》反得巽離坤」，「巽」、「離」、「坤」，八卦中的三種卦名，即：「巽卦」、「離卦」、「坤卦」。三卦均屬陰卦，但在方位排列上，「巽卦」居東南，「離卦」居正南，「坤卦」居西南。「北方爲陰，《易》反得乾坎艮」，「乾」、「坎」、「艮」，八卦中的三種卦名，即：「乾卦」、「坎卦」、「艮卦」。三卦均屬陽卦，但在方位排列上，「乾卦」居西北，「坎卦」居正北，「艮卦」居東北，與「巽卦」、「離卦」、「坤卦」恰好上下兩兩相對。以上是六眞人對這種卦類與方位屬性完全陰陽顛倒的問題提出之質疑。《易》者，迺本天地陰陽微氣，微氣，孕育滋生之氣。《易緯・乾鑿度》謂，「乾卦」位於西北，是「祖微據始」，表示陽氣處於萌發的地位。「坤卦」位於西南，是「據正立位」，表示陰氣處於形成而不是萌發的地位。「南方極陽生陰，故記其陰」，此句是說：「陰始於巳」，即「巽卦」所在的東南方與農曆四月；「陰生於午」，即「離卦」所

在的南方與農曆五月夏至；「陰形於未」，即「坤卦」所在的西南方與農曆六月。「北方極陰生陽，故記其陽」，此句是說：「陽始於亥」，即「乾卦」所在的西北方與農曆十月；「陽生於子」，即「坎卦」所在的北方與農曆十一月冬至；「陽形於丑」，即「艮卦」所在的東北方與農曆十二月。換言之，因為南方為極陽之地，陽極生陰，從「巽卦」（☴☴）的初六爻，到「離卦」（☲☲）的六二爻，再到「坤卦」（☷☷）的六三爻，象徵「陰氣」不斷上升；北方為極陰之地，陰極陽生，從「乾卦」（☰☰）的初九爻，到「坎卦」（☵☵）的九二爻，再到「艮卦」（☶☶）的九三爻，象徵「陽氣」不斷上升。所以才說：「以巽初生東南角，乾初生西北角，以東北為陽，以西南為陰。」（卷六十九〈天讖支干相配法〉，頁272）

> 卷八十九〈八卦還精念文〉：「玄明內光，大幽多氣，與賢同位，壬癸之居。亥子共身，周流相抱，極陰生陽，名為初九。一合生物，陰止陽起，受施於亥，懷妊於壬，藩滋於子。子子孫孫，陽入陰中，其生無已。思外洞內，壽命增倍，不可卒致，宜以長久。少陽有氣，與肝共位，甲乙寅卯，青色相類。萬物之精，前後離出，仁恩心著。勇士將發，念之睹此字，光若日之始出，百病除愈，增年三倍。太陽盛氣，與心相類，丙丁之家，巳午養位。睹之，百邪除去，身日以正。宜意柔明，大不可彊求，見字而壽，光若日中之明。中和之氣，與脾相連，四出季鄉，乃返還戊己。中居辰戌，丑未為根。舉順之而思其意，還以治其病，精若黃龍。而見此字，其病消亡，增年五倍。令人順孝，臣愛其君，子愛其父。少陰之旬，與師精并，靈扇出氣，位屬庚辛。申酉義誅，猾邪盜賊不起，邪不得害人。腎盛之氣，增年百倍。極陰生陽，其國大昌，常而思之，不知死亡。陰上陽起，故玄武為初始。龍德生北，位在東方，故隨其後。朱雀治病，黃氣正中。君而行之，壽命無窮。升執其平，百邪滅亡。八卦在內，神成列行。白虎在後，誅禍滅殃。正道日到，邪氣消亡。思精而不止，延年之紀。身而服之，何憂之有？」（頁338～339）

「玄明內光」，此句是說冬季和北方的氣色。意謂深遠幽明而內含陽精之光。《淮南子・兵略訓》謂：「與玄明通，莫知其門，是謂至神。」《太平經》卷六十七〈六罪十治訣〉稱：「物起於太玄。」太玄即太陰，太陰為易學「四象」之一，象徵冬季與北方。在此時空內，陰氣極盛，但陰中含陽，故曰玄明內

光。「大幽多氣」，大幽，指北方極陰之地。「壬癸之居」，壬癸，天干第九位與第十位，這裡代表五行中的水行。「亥子共身」，亥，地支第十二位。這裡代表西北方和立冬所在的農曆十月，爲八卦中「乾卦」之位。子，地支第一位，這裡代表北方和冬至所在的農曆十一月，爲八卦中「坎卦」之位。共身，「乾卦」屬金行，「坎卦」屬水行，按照五行相生的順序，金生水，故曰共生。「極陰生陽，名爲初九」，初九，「乾卦」第一陽爻的爻題。其爻辭稱：「潛龍勿用」，即陽氣始生，故這裡說明爲初九。「受施於亥，懷妊於壬，藩滋於子」，以上三句，是說陽氣從十月到十一月冬至，在「乾、坎」二卦的範圍內施生萬物的過程。「少陽有氣」，少陽爲易學「四象」之一，象徵春季與東方。「與肝共位」，肝，五臟之一。以五臟配五行，肝屬木行。以四時、五方配五行，春季與東方亦屬木行，因而這裡出此語。「甲乙寅卯」，甲乙，天干第一位與第二位，這裡代表木行。寅卯，第三位與第四位。寅在這裡代表偏東北方向及立春所在的正月。卯則代表東方與春分所在的二月，爲「震卦」所居之位。「青色相類」，青色，指木行與「震卦」所代表的氣色。五色配五行，青屬木。「太陽盛氣」，太陽，易學「四象」之一，象徵夏季與南方。「與心相類」，心屬火行，夏季與南方亦屬火行，故出此語。「丙丁之家」，丙丁，天干第三位與第四位，這裡代表火行。「巳午養位」，巳午，地支第六位與第七位，這裡代表東南方和立夏所在的農曆四月，南方和夏至所在的農曆五月。前者爲「巽卦」之位，後者爲「離卦」之位；「巽卦」屬木行，「離卦」屬火行，木火相榮，故曰「養位」。「中和之氣」，此句是說由天之陽氣同地之陰氣互爲交蕩而成和氣，盛於季夏六月。「與脾相連」，脾同季夏六月俱屬土行，詳見《素問‧太陰陽明論篇》。「四出季鄉」，此句是說土旺四季，即：季春三月、季夏六月、季秋九月、季冬十二月的後十八天，爲土氣寄旺之時。合計七十二日，適與每季各九十日減去十八日的餘數相當。也就是把全年三百六十日，分成五份，每一行各得用事七十二日。「乃返還戊己」，戊己，天干第五位與第六位，這裡代表土行中央。《太平經》卷一五四至一七○〈以自防卻不祥法〉云：「季夏六月，盛德合治，王（旺）氣轉在西南，回入中宮。」（頁 721）「中居辰戌」，地支第五位與第十一位，這裡代表東方及三月、偏西方及九月。兩者共屬土行，在方位上適成對沖，故曰中居。此句是說中和之氣以辰戌爲左右依傍。「丑未爲根」，丑未，地支第二位與第八位，這裡分別代表東北方及十二月、西南方及六月。前者爲「艮卦」所居之位，後者爲「坤卦」所居之位。二卦相對，

俱屬土行，故曰「為根」。「少陰之旬」，少陰，易學「四象」之一，象徵秋季
與西方。旬，十日為旬，這裡指六十甲子的排列與轉接。「與師精并」，師精，
兵旅之精，即下文所謂白虎。「靈扇出氣」，靈扇，指棺柩。扇，通「翣」，棺
飾。按照月令，秋季要平詞訟，嚴百刑，趨獄刑。參見《淮南子‧時則訓》。
「位屬庚辛」，庚辛，天干第七位與第八位，這裡代表金行。「申酉義誅」，申
酉，地支第九位與第十位，這裡分別代表立秋所在的七月和偏東南方、秋分
所在的八月與西方。後者為「兌卦」所居之位。「兌卦」與人倫五常之「義」
俱屬金行，金行屬殺伐，故曰「義誅」。「腎盛之氣」，腎，以五臟配五行，腎
屬水行，與「坎卦」同位。「故玄武為初始」，玄武，水行之精，謂龜蛇。「龍
德生北」，龍指青龍，木行之精。生北，始於「坎卦」之位。「朱雀治病」，朱
雀，火行之精。「黃氣正中」，黃氣，由黃龍噴吐而成的精氣。以上參見《淮
南子‧天文訓》、《淮南子‧地形訓》及《白虎通》卷三〈五行〉。「八卦在內，
神成列行」，此句是說左青龍、右白虎、前朱雀、後玄武與中央黃氣。〔註8〕

　　另外，更援用了干支配五行法和五行相生說，來說明「極陰生陽」的道
理。

> 卷一一八〈燒下田草訣〉：「請問下田草寧可燒不？」「天上不禁燒也。
> 當燒之。」「獨何故當燒之乎？願聞之。」「然，草者，木之陰也，
> 與乙相應。木者，與甲相應。甲者，陽也，與木同類，故相應也。
> 乙者，陰也，與草同類，故與乙相應也。乙者畏金，金者傷木，木
> 傷則陽衰，陽衰則偽姦起，故當燒之也。又天上言，乙亦陰也，草
> 亦陰也，下田亦土之陰也。三陰相得，反共生姦。故玄武居北極陰
> 中，陰極反生陽。火者，陽也，陰得陽而順吉，生善事。故天上相
> 教，燒下田草以悅陰，以興陽故燒之也。天上亦然也。甲者，天上
> 木也。乙者，天上草。寅與卯何等也？然寅者亦陽，地上木也。卯
> 者，陰也，地上之草也。此四事俱束行也。但陽者稱木，陰者稱草，
> 此自然之法，天上之經也。」（頁670～671）

「草者，木之陰也」，草為木屬，位處下，故為陰。「與乙相應」乙，天干第
二位，屬陰干，故曰相應。「木者，與甲相應」，甲，天干第一位，屬陽干。「乙

〔註8〕以上對《太平經》經文之解釋的詳細內容，見於：(1)楊寄林〈《太平經》釋
讀〉（收載於：吳楓主編，《中華道學通典》，海口：南海出版公司，1994年4
月第一版，頁430～431）；(2)羅熾主編《太平經注譯‧下》（重慶：西南師範
大學出版社，1996年8月第一版，頁592～594。

者畏金」,《太平經》卷六十九〈天讖支干相配法〉謂:「庚者屬乙」(頁266),庚爲天干第七位,屬陽干,配金行,所以這裡說乙者畏金。「金者傷木」,按照五行相克的順序,金克木,故而此處有此語。此處所謂「下田草」,係指低窪地區叢生的野草而言。對此,《太平經》中定其屬性爲陰,並援用干支配五行法和五行相生說,將乙卯、下田和草視爲三陰,引作奸生之源,力主焚燒。焚燒用火,火屬陽,而極陰反生陽,故燒下田草,更有悅陰興陽之效。

4. 陰陽和合

《太平經》認爲「陰陽」之間存在著對立的性質,「天性,陰陽同處,本當相愛,何反相害耶?又陰陽本當轉相生,轉相成功,何反相賊害哉?」(卷九十二〈三光蝕訣〉,頁366)這種對立的性質,《太平經》稱爲「戰鬥」。「陰陽」間發生戰鬥的原因就在於兩者「不和調」、「不相愛」,「陰陽相奸,遞諍勝負。夫陰與陽,本當更相利祐,共爲和氣,而反戰鬥,悉過在此不和調。」(同上,頁365~366)「陰陽稍稍不相愛,故至於戰鬥。」(同上,頁366)「陰陽」之間發生這種戰鬥的情形,將導致宇宙失序、天地生病的結果,「若今使陰陽逆鬥,錯亂相干,更相賊傷,萬物不得處其所,日月無善明,列星亂行,則天有疾病。」(卷五十三〈分別四治法〉,頁200)「天地戰鬥不和,其驗見效於日月星辰。然亦可蝕,亦可不蝕,咎在陰陽氣戰鬥。」(卷九十二〈三光蝕訣〉,頁365)欲解決此一問題的根本辦法就是要「和合陰陽」,「陰陽和合,無復有戰鬥者。」(卷九十六〈守一入室知神戒〉,頁411)「天雖上行無極,亦自有陰陽,兩兩爲合。……地亦自下行何極,亦自有陰陽,兩兩爲合。如是一陰一陽,上下無窮,傍行無竟。大道以是爲性,天法以是爲常,皆以一陰一陽爲喉衿。」(卷一一七〈天樂得善人文付火君訣〉,頁653)「夫大神不過天與地,大明不過日與月,尚皆兩半共成一。夫天地各出半力,并心同欲和合,乃能發生萬物。晝夜各出半力,乃成一日。春夏秋冬各出半力而成一歲。月始生於西,長而東,行至十五日名爲陽,過十五日消,名爲陰。各出半力,乃成一月也。男女各出半力,同志和合,乃成一家。天地之道,乃一陰一陽,各出半力,合爲一,乃後共成一。」(卷一三七至一五三〈太平經鈔〉壬部,頁715~716)

《太平經》之所以如此著重、強調「和合陰陽」,就在於它認爲只有「陰陽」的和合才能化生宇宙萬物,「萬物須雨而生,是其飲食也。須得晝夜,壹暴壹陰,晝則陽氣爲暖,夜則陰氣爲潤,迺得生長,居其處,是其合陰陽也。」

（卷三十六〈三急吉凶法〉，頁 47）「陰陽相合，生得成人。」（卷四十〈分解本末法〉，頁 78）「和調陰陽氣以利萬物」（卷四十二〈九天消先王災法〉，頁 91）、「人生備具陰陽，動靜怒喜皆有時，時未牝牡之合也。是陰陽當主爲生生之效也。」（卷五十六至六十四〈闕題〉，頁 217）「天下凡事，皆一陰一陽，乃能相生，乃能相養。一陽不施生，一陰並虛空，無可養也；一陰不受化，一陽無可施生統也。」（同上，頁 221）「元氣悅惚自然，共凝成一（天），名爲天（一）也；分而生陰而成地，名爲二也；因爲上天下地，陰陽相合施生人，名爲三也。三統共生，長養凡物。」（卷七十三至八十五〈闕題〉，頁 305）「陰陽相與合乃能生」（卷一一九〈三者爲一家陽火數五訣〉，頁 678）、「天，太陽也。地，太陰也。人居中央，萬物亦然。天者常下施，其氣下流也。地者常上求，其氣上合也。兩氣交於中央。人者，居其中爲正也。兩氣者常交用事，合於中央，乃共生萬物。萬物悉受此二氣以成形，合爲情性；無此二氣，不能生成也。故萬物命繫此二氣，二氣交相於形中。」（卷一二○至一三六〈太平經鈔〉辛部，頁 694）「陰陽」這種和合狀態，《太平經》稱爲「中和」，「太陰、太陽、中和三氣共爲理，更相感動，人爲樞機，故當深知之。……故純行陽，則地不肯盡成；純行陰，則天不肯盡生。當合三統，陰陽相得，乃和在中也。」（卷十八至三十四〈名爲神訣書〉，頁 18）「陰陽者，要在中和。中和氣得，萬物滋生，人民和調，王治太平。」（同上，〈和三氣興帝王法〉，頁 20）「陰陽主和，凡事言陰陽氣，當復和合天下而興之也。」（卷三十九〈解師策書訣〉，頁 64）「氣者，乃言天氣悅喜下生，地氣悅喜上養；氣之法行於天下地上，陰陽相得，交而爲和，與中和氣三合，共養凡物，三氣相愛相通，無復有害者。」（卷四十八〈三合相通訣〉，頁 148）「四時氣陰陽與天地中和相通，并力同心，共興生天地之物利。」（同上，頁 149）「天道常格三氣。其出一者好生，名爲陽；二者好成，名爲和；三者好，名爲陰。故天主名生之也，人者主養成之，成（地）者名爲殺，殺而藏之。天地人三共同功，其事更相因緣也。無陽不生，無和不成，無陰不殺。此三者相須爲一家，共成萬二千物。」（卷一一九〈三者爲一家陽火數五訣〉，頁 675～676）陰氣、陽氣兩者和合而成中和之氣，中和之氣可滋生、長養萬物，調和人民並助帝王治國太平，因而「凡事悉皆三相通，迺道可成也。」（卷四十八〈三合相通訣〉，頁 149）也就是說「陰」、「陽」、「中和」三氣相通，「并力同心」，就可成就天地人之道。「陰陽和合」不僅可形成「中和之氣」，更可以召至聖人出世，「陰

陽不和，聖人不來至。」（卷四十二〈九天消先王災法〉，頁 90）「聖人主和氣，與陰陽相似，故理陰陽。」（同上，頁 88）「聖人者象陰陽，陰陽者象天地以治事，合和萬物，聖人亦當和和萬物，成天心，順陰陽而行。」（卷五十六至六十四〈闕題〉，頁 221～222）

5. 陽尊陰卑

「陰陽和合」實爲宇宙萬物化生、發育的依據，更是「中和之氣」生成的關鍵。那我們不禁要問：「陰」、「陽」兩者要如何和合？換言之，「陰陽和合」的條件是什麼？在怎樣的情境下才可達到和合的狀態？關於這個問題，《太平經》認爲「陰陽」的地位必須得當，才會有「陰陽和合」的機會。而「陰陽」的地位如何才算得當，《太平經》的回答是——「陽尊陰卑」。「天法，陽數一，陰數二。故陽者奇，陰者偶。……陽者尊，陰者卑，故二陰當共事一陽，故天數一而地數二也。」（卷三十五〈分別貧富法〉，頁 33）由天地自然之法，陽奇陰偶、一陽對二陰，說明「陽尊陰卑」。而「陽何從獨得尊而貴，陰獨名卑而賤哉」？原因在於：「陽所以獨名尊而貴者，守本常盈滿而有實也；陰所以獨名卑且賤者，以其虛空而無實也，故見惡見賤也。」（卷九十三〈陽尊陰卑訣〉，頁 386）換言之，「陽尊陰卑」的原因就是因爲「陽實陰虛」。《太平經》所舉的例子是：「陰爲女，所以卑而賤者，其所受命處，戶空而虛，無盈餘，又無實，故見卑且賤也。」（同上，頁 386）「今女子妊子，陰本空虛，但陽往施化實於陰中，而陰卑賤畏陽，順而養之，不敢去也。陽乃天也，君也；陰乃地也，臣也。故重尊敬陽之施，因而養之，兒不敢去也。」（同上，頁 387～388）以女子的生殖器官爲例，說明「陽實陰虛」的道理，進而陳述「陽尊陰卑」的理由。

既然，強調「陰陽」的地位必須得當——「陽尊陰卑」，那麼就必「陽盛陰衰」、「陰順其陽」，「陰順於陽，臣順於君」（卷十八至三十四〈安樂王者法〉，頁 20）、「天道制法也，陰職常當弱於陽。」（卷三十六〈事死不得過生法〉，頁 51）「夫天道，當興陽也而衰陰，則致順。」（同上，頁 52）假如出現「陰盛陽衰」的狀況，宇宙間的和諧便會消失，代之而起的便是逆亂與社會政治不穩定：「事陰反過陽，則致逆氣；事小過則致小逆，大過則致大逆，名爲逆氣，名爲逆政。其害使陰氣勝陽，下欺其上，鬼神邪物大興，共乘人道，多晝行不避人也。今使疾病不得絕，列鬼行不止也，其大咎在此。」（卷三十六〈事死不得過生法〉，頁 49）「陰強陽弱，厭生人，臣下欺上，子欺父，王治

為其不平，而民不覺悟，故邪日甚劇，不復拘制也。」（同上，頁 52）「令反興陰而厭衰陽，故為逆也。反為敬凶事，致凶氣，令使治亂失其政位，此非小過也。」（同上）而自然界也會出現反常現象，「多陰少陽，萬物不茂。」（卷五十六至六十四〈闕題〉，頁 220）「凡萬物不生也，多被陰害，大咎在此。」（卷一一三〈樂怒吉凶訣〉，頁 589）

總之，「事陰不得過陽」（卷三十六〈事死不得過生法〉，頁 49）、「陰興反傷衰其陽」（同上，頁 52）、「陰興必傷陽化」（卷一一五至一一六〈闕題〉，頁 647）；換言之，就是要始終保持「陽盛陰衰」的格局、「陽尊陰卑」的地位，這樣宇宙運行系統才不會出現混亂的情形。

綜合言之，「陰陽」之間的關係雖有：互動、消長、含融、轉化、和合與尊卑等性質，但因《太平經》中極力的反對「強陰弱陽」、「盛陰衰陽」的情形，因而「陽尊陰卑」便是其一再強調的重要關係。進而更倡行「陰陽和合」，以便使「陽尊陰卑」的關係得以保持，並進一步創造出「中和之氣」，而使宇宙萬物得以和諧的運行與生長。

（三）「陰陽」之功用

1. 類分宇宙萬物──陰陽分類

《太平經》中的「陰陽」範疇，將宇宙萬物類分成「陰」、「陽」兩類：

卷十八至三十四〈錄身正神法〉：「上者象陽，下者象陰，左法陽，右法陰。陽者好生，陰者好殺。陽者為道，陰者為刑。陽者為善，陽神助之；陰者為惡，陰神助之。……陽處首，陰處足。」（頁 12）

卷三十五〈分別貧富法〉：「天法，陽數一，陰數二。故陽者奇，陰者偶。……陽者尊，陰者卑。」（頁 33）又「陽數者奇，陰數者偶。」（頁 36）〈興善止惡法〉：「君者，陽也，居陰中；臣者，陰也，處陽中也。」（頁 41）

卷三十六〈事死不得過生法〉：「生人，陽也。死人，陰也。陽，君也。陰，臣也。……生人，乃陽也。鬼神，迺陰也。」（頁 49）又「日者，陽也。星者，陰也。」（頁 50）又「生，陽也。卒，陰也。……陽，君道也。陰，臣道也。……夫日，陽也。夜，陰也。」（頁 50）

卷三十九〈解師策書訣〉：「丙午者，純陽也，丁巳者，純陰也。」（頁 64）「甲，天也，綱也，陽也；欬者，子也，水也，陰也，紀

也。」（頁 66）

卷四十四〈案書明刑德法〉：「德者與天并心同力，故陽，……刑與地并心同力，故陰。」（頁 110）

卷五十六至六十四〈闕題〉：「道者，天也，陽也，主生；德者，地也，陰也，主養。」（頁 218）〈闕題〉：「元氣，陽也，主生；自然而化，陰也，主養凡物。天陽主生也，地陰主養也。日與晝，陽也，主生；月星夜，陰也，主養。春夏，陽也，主生；秋冬，陰也，主養。甲丙戊庚壬，陽也，主生；乙丁己辛癸，陰也，主養。子寅辰午申戌，陽也，主生；丑卯巳未酉亥，陰也，主養。亦諸九，陽也，主生；諸六，陰也，主養。男子，陽也，主生；女子，主養萬物。雄，陽也，主生；雌，陰也，主養。君，陽也，主生；臣，陰也，主養。」（頁 220）

卷六十五〈斷金兵法〉：「西北，陰也；東南，陽也。」（頁 226）

卷六十九〈天讖支干相配法〉：「天之格分也，陽者為天、為男、為君、為君、為父、為長、為師，陰者為地、為女、為臣、為子、為民、為母。」（頁 271）

卷九十二〈萬二千國始火始氣訣〉：「地者，陰之卑；水者，陰之劇者也。」（頁 371）又「火者，陽也。」（頁 375）

卷九十三〈陽尊陰卑訣〉：「陽乃天也，君也；陰乃者地也，臣也。」（頁 387～388）

卷九十六〈忍辱象天地至誠與神相應大戒〉：「含五性多者象陽而仁，含六情多者象陰而貪，受陽施多者為男，受陰施多者為女。」（頁 424）又「心者純陽，位屬天。脾者純陰，位屬地。」（頁 426～427）

卷一一三〈樂怒吉凶訣〉：「樂者，陽也；刑罰者，陰也。」（頁 588）又「陽者，君也；陰者，臣也。」（頁 589）

卷一一五至一一六〈某訣〉：「樂屬於陽，刑屬於陰，……東南陽樂好生，西北陰怒好殺。」（頁 632）〈闕題〉：「樂者，陽也，天之經也。兵杖刑罰者，陰也，地之怒也。」（頁 647）

卷一一八〈燒下田草訣〉：「草者，木之陰也，與乙相應。木者，與

甲相應。甲者，陽也，與木同類，故相應也。乙者，陰也，與草同類，故與乙相應也。」（頁 670～671）

卷一三七至一五三〈太平經鈔〉壬部：「陽爲善，主賞賜。陰爲惡，惡者爲刑罰，主姦僞。」（頁 702）

卷一五四至一七〇〈和合陰陽法〉：「自天有地，自日有月，自陰有陽，自春有秋，自夏有冬，自晝有夜，自左有右，自表有裏，自白有黑，自明有冥，自剛有柔」，自男有女，自前有後，自上有下，自君有臣，自甲有乙，自子有丑，自五有六，自木有草，自牝有牡，自雄有雌，自山有阜。」（頁 728）〈是神去留效道法〉：「陽者常正，陰者常邪；陽者常在，陰者常無；陽者常息，陰者常消；陽者常生，陰者常殺。」（頁 731）

無論是自然界的「天地」、「日月星」、「晝夜」、「春夏秋冬」等現象，還是人類社會中的「君臣」、「男女」、「五臟」（心脾）、「五性（仁義禮智信）六情（喜怒哀樂愛惡）」、「生死」、「生殺」、「道刑」、「道德」、「德刑」、「善惡」、「樂刑」等情形，以及動、植物世界的「雌雄」、「牝牡」、「草木」，甚至連「天干」、「地支」、「五行」、「方位」、「數」等人類認識活動的內容，都可以用「陰」、「陽」兩者來分類，茲列表如下：

陽	陰
天	地
日	月、星
晝	夜
春、夏	秋、冬
君	臣
男	女
心	脾
生	死
生	殺
生	養
道	刑

道	德
德	刑
善	惡
五性（仁義禮智信）	六情（喜怒哀樂愛惡）
樂	刑
雄	雌
牝	牡
木	草
甲、丙、戊、庚、壬	乙、丁、己、辛、癸
子、寅、辰、午、申、戌	丑、卯、巳、未、酉、亥
一	二
諸九	諸六
木、火	金、水
東、南	西、北
上	下
左	右
表	裏
外	內
前	後
剛	柔
息	消
⋮	⋮

　　因此「陰陽」的功用，即是作為類分宇宙萬物的普遍法則，「陰陽之道，從天上，盡地下，旁行無窮極。」（卷一一五至一一六〈闕題〉，頁 649）「一陰一陽，上下無窮，傍行無竟。大道以是為性，天法以是為常，皆以一陰一陽為喉衿。」（卷一一七〈天樂得善人文付火君訣〉，頁 653）

2. 解釋事物運行的原則與屬性功能

　　「陰陽」的功用，除了作為類分宇宙萬物的普遍法則外，還具有廣泛解釋事物運行的原則與屬性功能之功用：

（1）人的生死存亡

卷三十六〈事死不得過生法〉：「生人，陽也。死人，陰也。事陰不得過陽。……事陰反過陽，則致逆氣。其害使陰氣勝陽，下欺其上，鬼神邪物大興，共乘人道，多晝行不避人也。今使疾病不得絕，列鬼行不止也，其大咎在此。」（頁 49）又「生人，乃陽也。鬼神，迺陰也。生人屬晝，死人屬夜，子欲知其大深放此。若晝大興長則致夜短，夜興長則致晝短，陽興則勝其陰，陰伏不敢妄見，則鬼神藏矣。陰興則勝其陽，陽伏，故鬼神得晝見也。夫生人，與日俱也；奸鬼物，與星俱也。日者，陽也。星者，陰也。是故日見則星逃，星見則日入。故陰勝則鬼物共為害甚深，不可名字也。迺名為興陰，反衰陽也。使治失政，反傷生人，此其為過甚重。」（頁 50）

卷一一二〈貪財色災及胞中誡〉：「生者陽氣所加，……陰氣所加，輒在死部。」（頁 565）

卷一三七至一五三〈太平經鈔〉壬部：「陽者守一，陰者守二，故名殺也。故晝為陽，人魂常并居；冥為陰，魂神爭行為夢，想失其形，分為兩，至於死亡。精神悉失，而形獨在。」（頁 716）

將人之生，定為「陽」；以人之死，定為「陰」。如果事死過生（事陰反過陽），則將會招致逆氣，造成奸鬼物大興，而傷害生人。並以形神合一（守一），為「陽」；以形神兩分（守二），為「陰」。守一者生，守二者死。換言之，即以「陰陽」來解釋人的生死存亡現象。

（2）人類之行為、活動

卷三十五〈分別貧富法〉：「天法，陽數一，陰數二。故陽者奇，陰者偶。……陽者尊，陰者卑，故二陰當共事一陽，故天數一而地數二也，故當二女共事一男也。」（頁 33）〈一男二女法〉：「夫貞男乃不施，貞女乃不化也。陰陽不交，乃出絕滅無世類也。」（頁 37）又「陰陽所以隔絕者，本由男女不和。男女者，乃陰陽之本也。」（頁 38）又「令一男者當得二女，以象陰陽。陽數奇，陰數偶也。」（頁 38）

將男女雙方認定為「陰陽之統」，以絕滅無世類責備是「男女不和」、「陰陽不交」的結果。更以「陽數一，陰數二」與「陽尊陰卑」的說法，說明「二女

當共事一男」的道理。換言之，即以「陰陽」去解釋男女雙方的施生化育，以及說明「一夫二妻制」的合理性。

> 卷四十五〈起土出書訣〉：「凡鑿地動土，入地不過三尺爲法；一尺者，陽所照，氣屬天也；二尺者，物所生，氣屬中和也；三尺者及地身，氣爲陰。過此而下者，傷地形，皆爲凶也。古者依山谷巖穴，不興梁柱，所以其人少病也，後世賊土過多，故多病也。」（頁 121）

以「陰陽」來解釋爲何不可以「大興土木」、「鑿地動土」的原因。更以地爲「人之母」，「泉」、「石」兩者分別爲母之血、母之骨，如果人鑿地太深（三尺以下），就會傷母之血與骨，而使母病愁苦。母病愁苦，身爲地之子的人，自然因此多病而不壽。「天不惡人有廬室也，乃惡人穿鑿地太深，皆爲創傷，或得地骨，或得地血者，泉是地之血，石爲地之骨也。地是人之母，妄鑿其母，母既病愁苦，所以人固多病不壽也。」（卷四十五〈起土出書訣〉，頁 121）

（3）社會的興衰治亂

> 卷三十五〈分別貧富法〉：「今天下失道以來，多賤女子，而反賊殺之，令使女子少於男，故使陰氣絕，不與天地法相應。天道法，孤陽無雙，致枯，令天不時雨。女者應地，獨見賤，天下共賤其眞母，共賊害殺地氣，令使地氣絕也不生，地大怒不悅，災害益多，使王治不得平。何也？天男者，乃天之精神也。女者，乃地之精神也。物以類相感動，王治不平，本非獨王者之過也。迺凡人失道輕事，共爲非，其得過非一也，乃萬端；故使治難平乖錯也。天地之性，萬二千物，人命最重，此賊殺女，深亂王者之治，大咎在此也。」（頁 34）

此處按照「陰陽相須」、「孤陽不生」和「天人一體」的天法及最重人命的「天地之性」，說明殘殺婦女、女嬰和女胎，將導致陰氣絕滅。陰氣絕滅，將使地氣滅絕不生；地氣絕不生，地因此大怒不悅而造成災害日多，並使王治不太平，即：「賊殺女，深亂王者之治」。

> 卷三十六〈事死不得過生法〉：「天道制法也，陰職常當弱於陽。比若臣當弱於其君也，迺後臣事君順之；子弱於其父母，迺子事父母致孝也。如強不可動移者，爲害甚深劇。故孝子雖恩愛，不能忘其親者，事之不得過生時也。……子欲事死過於生，迺得過於天，是何乎？迺爲不敬其陽，反敬其陰，名爲背上向下，故有過於天也。」

（頁51）又「陰強陽弱，厭生人，臣下欺上，子欺父，王治爲其不平，而民不覺悟，故邪日甚劇，不復拘制也。……夫天道，當興陽也而衰陰，則致順，令反興陰而厭衰陽，故爲逆也。反爲敬凶事，致凶氣，令使治亂失其政位，此非小過也。」（頁52）又「下古更熾祀他鬼而興陰，事鬼神而害生民，臣秉君權，女子專家，兵革暴起，奸邪成黨，諂諛日興，政令日廢，君道不行，此皆興陰過陽，天道所惡，致此災咎，可不慎哉？」（頁53）

此處所謂「事死」，指爲去世的雙親治喪及守孝而言。「過生」，指治喪及守孝所投入的人力、物力、財力、心力和精力，遠遠超過生前事奉父母的實際程度。《太平經》認爲「事死過生」，將造成「陰強陽弱」、「敬陰欺陽」、「興陰衰陽」等現象，如此將招致凶氣而產生「子欺父」、「臣欺君」、「王治不平」等社會、政治上的動亂，所以《太平經》極力的反對「事死過生」。王符《潛夫論・浮侈》曾對東漢時期「重喪熾祀」的情形，作過陳述：「今京師貴戚，郡縣豪家，生不極養，死乃崇喪。或至刻金鏤玉，木需梓梗枏，良田造塋，黃壤致藏，多埋珍寶偶人車馬，造起大冢，廣種松柏，廬舍祠堂，崇侈上僭。寵臣貴戚，州郡世家，每有喪葬，都官屬縣，各當遣吏齎奉，車馬帷帳，貸假待客之具，競爲華觀。此無益於奉終，無增於孝行，但作煩擾擾，傷害吏民。」（《潛夫論箋校正》，北京：中華書局，1997年10月，頁137）

卷五十六至六十四〈闕題〉：「天下興作善酒以相飲，市道尤極，名爲水令火行，爲傷於陽化。……水，太陰也，民也，反使興王，傷損陽精，爲害深矣。」（頁214～215）

卷六十九〈天讖支干相配法〉：「天之讖格法，太陽雖爲君者，反大畏太陰，水之行也。水之甘良者，酒也。酒者，水之王也，長也，漿飲之最善者也，氣屬坎位，在夜主偷盜賊。故從酒名爲好縱，水之王長也，水王則衰太陽。眞人欲樂知天讖之審實也，從太古以降，中古以來，人君好縱酒者，皆不能太平，其治反亂，其官職多戰鬥，而致盜賊，是明效也。是故太平德君方治，火精當明，不宜從太陰，令使水德王，以厭害其治也，故當斷酒也。」（頁268～269）又「天之讖也，縱酒者，水之類也。市者水行，大聚人王處也，而縱酒於市，名爲水酒大王。水王則火少氣，火少氣則化成灰，化成灰則變成土，便名爲火，付氣於土也。土得王起地，與金水屬西北。太陰

> 屬於民，臣反得王。後生訐臣，巳氣復得作，後宮犯事，復動而起，
>
> 其災致偷，盜賊無解時。各在縱水，令傷陽德。」（頁 270）

「水令火行」，水指五行中的水行。這裏將「酒」定義為水之王，氣屬太陰，為臣民。而火行，代表太陽之氣，象徵君王。因為東漢盛行漢為火德說，而按照五行相克的順序，水克火，所以這裏將縱酒名為「水令火行」。而如果「縱酒」，將使陰氣大盛、臣民大興。陰氣大盛、臣民大興將使陽氣衰弱而王治不太平。因此，《太平經》認為如果希望君王治國太平，火大行，就應該「斷酒」，以防水行克火行，而使陰氣勝於陽氣。

（4）人君為政刑賞之依據

> 卷四十四〈案書明刑德法〉：「夫刑德者，天地陰陽神治之明效也，為萬物人民之法度。」（頁 105）又「觀天地陰陽之大部也，從春分到秋分，德居外，萬物莫不出歸王外，蟄蟲出穴，人民出室。從秋分到春分，德在內，萬物莫不歸王內，蟄藏之物悉入穴，人民入室；是以德治之明效也。從春分到秋分，刑在內治，萬物皆從出至外，內空，寂然獨居。從秋分到春分，刑居外治外，無物無氣，空無士眾，悉入從德；是者明刑不可以治之證也。故德者與天并心同力，故陽出亦出，陽入亦入；刑者與地并心同力，故陰出亦出，陰入亦入。……故古者聖人獨深思慮，觀天地陰陽所為，以為師法。」（頁 110～111）

「刑」，指陰氣克殺萬物的屬性與功能；「德」，指陽氣化生萬物的屬性與功能。在卷四十四〈案書明刑德法〉中，對於「刑」、「德」兩者的陳述是利用「乾」、「坤」兩卦六爻配十二月月氣，並用「室中」、「明堂」、「庭」、「門」、「外道巷」、「六遠八境」、「四遠野」共七個分布處所，來比喻「刑」、「德」兩者之初起、上升、移進、對等、延伸、擴散、終極的不同情形；更進而述說「陽進陰退──德升刑降」與「陰進陽退──刑升德降」的態勢與過程（見於：《太平經合校》，頁 105～110）。最後歸納出：「從春分到秋分，德居外」，德居外，指陽氣由「門」→「外道巷」→「六遠八境」→「四遠野」→「六遠八境」→「外道巷」→「門」的順序流轉；「從秋分到春分，德在內」，德在內，指陽氣由「門」→「庭」→「明堂」→「室中」→「明堂」→「庭」→「門」的順序流轉；「從春分到秋分，刑在內治，」刑內治，指陰氣由「門」→「庭」→「明堂」→「室中」→「明堂」→「庭」→「門」的順序流轉；「從秋分到

春分，刑居外治外」，刑居外治外，指陰氣由「門」→「外道巷」→「六遠八境」→「四遠野」→「六遠八境」→「外道巷」→「門」的順序流轉。〔註9〕

> 卷一一五至一一六〈闕題〉：「刑者，絕洞陰戰，不和之氣也，故常隨陰節而起。刑者，得陰而劇，得春夏而服，得秋冬而興。」（頁650）

> 卷一三七至一五三〈太平經鈔〉壬部：「夫天地之性，半陽半陰。陽為善，主賞賜。陰為惡，惡者為刑罰，主姦偽。賞者多，罰者少。姦猾者多，賞者少，姦門開。所以然者，罰者多刑，主殺傷，犯法者皆成姦罪人，故姦門開，姦猾多也。陽者主賞賜，施與多，則德王用事。陽與德者主養主生，此自然之法也。故晝為陽為日為君為德，夜為陰為月為臣為姦。天地之性，半陽半陰。君子上善以閉姦。興善者得善，興惡者得惡。」（頁702）

此處主要是賦予天地以「半陰半陽」、「半善半惡」的屬性，然後定義「陽」為善，主生養、賞賜；「陰」為惡，主殺伐、刑罰。據此而呼籲君王在為政時要「崇德抑刑」，通過賞罰來閉止姦猾，如此才可能興陽而衰陰，而達到興善止惡的政治目的。

（5）空間位置

> 卷六十九〈天讖支干相配法〉：「日之界者，以日出於卯，入於酉，以南為陽，北為陰。天門地戶界者，以巽初生東南角，乾初生西北角，以東北為陽，以西南為陰。子初九、午初六，以東為陽，西為陰。立春於東北角，立秋於西北（南）角，以東南為陽，西北為陰。此名為天地八界，分別陰陽位。」（頁272）

卯，這裡代表東方。酉，這裡代表西方。天門，指西北方。地戶，指東南方。「巽初生東南角」，指陰氣初生於東南方。「乾初生西北角」，指陽氣初生於西北方。「子初九」，子，這裡代表十一月冬至；初九，「乾卦」第一陽爻的爻題，這裡象徵陽氣始生於北方。「午初六」，午，這裡代表五月夏至；初六，「坤卦」

〔註9〕在卷四十四〈案書明刑德法〉中，對於「刑」、「德」兩者與「乾」、「坤」兩卦六爻配十二月月氣及「室中」、「明堂」、「庭」、「門」、「外道巷」、「六遠八境」、「四遠野」共七個分布處所的配對情形，見於：(1)楊寄林〈《太平經》釋讀〉（收載於：吳楓主編，《中華道學通典》，海口：南海出版公司，1994年4月第一版，頁320～324）；(2)羅熾主編《太平經注譯‧上》（重慶：西南師範大學出版社，1996年8月第一版，頁184～191）。

第一陰爻的爻題，這裡象徵陰氣始生於南方。「立春於東北角」，東北角，地支為寅，於時為正月，正月為立春所在的月份。「立秋於西北（南）角」，西北角，應作「西南角」。西南角，地支為申，於時為七月，七月為立秋所在的月份。

　　以上所云，是本於《易緯》的「八卦方位說」，而具體的衍化出——「天地八界」的陰陽之位。東方屬木行為少陽，為日之所出，為心宿之起，為君王始生，為君王之家及父母，為道，為仁，為文等；南方屬火行為太陽，為日和心宿之位，為君王之身和君位，為德，為心，為章等；東南屬木火，共為北斗斗綱，君長師父，賢明聖人等；西方屬金行，則為少陰，為月之初出，為臣，為義，為兵革武部等；北方屬水行，則為太陰，為月之盛明，為夜，為後宮，為民，為市井，為酒等；西北屬金水，共為北斗斗魁所繫，共為妖臣、奸偽狡猾和盜賊等；中央屬土行，則為京師，為太皇后之宮。（以上敘述見於：《太平經合校》，頁262～272）〔註10〕；「八卦方位圖」如下：

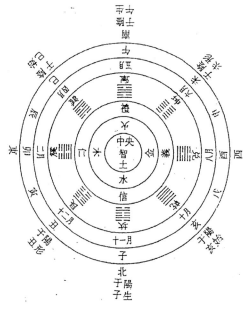

（上圖選自朱伯崑《易學哲學史·第一卷》）

〔註10〕關於「天地八界」的詳細解說，請見於：(1)楊寄林〈《太平經》釋讀〉（收載於：吳楓主編，《中華道學通典》，海口：南海出版公司，1994年4月第一版，頁395～400）；(2)羅熾主編《太平經注譯·中》（重慶：西南師範大學出版社，1996年8月第一版，頁457～469）。

3. 生化施養萬物

卷十八至三十四〈安樂王者法〉：「陽安即萬物自生，陰安即萬物自成。」（頁 21）

卷三十六〈守三實法〉：「天統陰陽，當見傳，不得中斷天地之統也，傳之當象天地，一陰一陽，故天使其有一男一女，色相好，然後能生也。」（頁 43～44）〈三急吉凶法〉：「跂行俱受天地陰陽統而生。」（頁 47）又「萬物須雨而生，是其飲食也。須得晝夜，壹暴壹陰，晝則陽氣爲暖，夜則陰氣爲潤，迺得生長，居其處，是其合陰陽也。……不得晝夜，合陰陽氣，物無以得成也。」（頁 47～48）

卷五十六至六十四〈闕題〉：「人生備具陰陽，動靜怒喜皆有時，時未牝牡之合也。是陰陽當主爲生生之效也。」（頁 217）又「道者，天也，陽也，主生；德者，地也，陰也，主養；……夫道興者主生，萬物悉生，德興者主養，萬物人民悉養。」（頁 218～219）〈闕題〉：「天下凡事，皆一陰一陽，乃能相生，乃能相養。一陽不施生，一陰並虛空，無可養也；一陰不受化，一陽無可施生統也。」（同上，頁 221）

卷九十三〈陽尊陰卑訣〉：「陽生陰成，但陰隨而養成陽實也。」（頁 388）

卷一二〇至一三六〈太平經鈔〉辛部：「天，太陽也。地，太陰也。人居中央，萬物亦然。天者常下施，其氣下流也。地者常上求，其氣上合也。兩氣交於中央。人者，居其中爲正也。兩氣者常交用事，合於中央，乃共生萬物。萬物悉受此二氣以成形，合爲情性；無此二氣，不能生成也。故萬物命繫此二氣，二氣交相於形中。」（頁 694）

卷一三七至一五三〈太平經鈔〉壬部：「萬物不生者，失在太陽；生而不養者，失在太陰。」（頁 704）又「天與君父主生，此太陽之長也，生之祖也。……地母臣承陽之施，主長養萬物。」（頁 705）

「陽」的功能是生化，「陰」的功能是施養，萬物悉受此「陰」、「陽」二氣而生長；無此二氣皆無法生化成長，所以萬物的性命決定於「陰」、「陽」二氣。

4. 致太平

卷三十五〈一男二女法〉:「順天地,法合陰陽,使男女無冤者,致時雨令地化生,王治和平。」(頁 39)

卷四十六〈道無價卻夷狄法〉:「得天地之歡心,以調陰陽,使災異盡除,人君帝王考壽,治致上(太)平。」(頁 126)

卷五十〈去邪文飛明古訣〉:「調定陰陽,安王者之大術也。……天文地理正,則陰陽各得其所;陰陽各得其所,則神靈俱大喜;神靈喜,則祐人民,故帝王長安而民壽也。」(頁 170)〈天文記訣〉:「調和陰陽,以安王者。」(頁 177)

卷一三七至一五三〈太平經鈔〉壬部:「天地之行,尚須陰陽相得和合,然後太平。」(頁 706)

陰陽和合,可使天地各得其正,神靈大喜;如此天地、神靈將祐助帝王、凡民,而各得長壽與太平之世。

綜合上述,「陰陽」之功用,具有:「類分宇宙萬物」(陰陽分類)、「解釋事物運行的原則與屬性功能」(人的生死存亡、人類之行為活動、社會的興衰治亂、社會的興衰治亂、人君為政刑賞之依據與空間位置)、「生化施養萬物」及「致太平」等多項功能。

六、五 行

《後漢書・襄楷傳》稱《太平經》:「其言以陰陽五行為家」(北京:中華書局,1997 年 11 月一版,頁 293),這個評論除了說明「陰陽」範疇在《太平經》中的重要性,同時亦表明「五行」範疇在《太平經》中的地位。《太平經》認為宇宙萬物的共同法則除了「陰陽」外,尚有「五行」:「夫皇天迺以四時為枝,厚地以五行為體,枝主衰盛,體主規矩。」(卷六十九〈天讖支干相配法〉,頁 262)「天地之道,四時五行,其道以相足,轉而異辭,周流幽冥,無有極時。」(同上,頁 268)「天之格法,比如四時五行。」(卷七十二〈齋戒思神救死訣〉,頁 294)「天有五行,亦自有陰陽;地有五行,亦自有陰陽;人有五行,亦自有陰陽。」(卷八十八〈作來善宅法〉,頁 336)「天下人乃俱受天地之性,五行為藏,四時為氣,亦合陰陽,以傳其類。」(卷九十三〈國不可數訣〉,頁 393)「夫天以要真道生物,乃下及六畜禽獸。夫四時五行,乃天地之真要道也。」(卷九十七〈妒道不傳處士助化訣〉,頁 430)「天地者,主

造出生凡物之兩手也。四時者，主傳養凡物之兩手也。五行者，主傳成凡物相付與之兩手也。……故天地不并力，萬物凡事無從得出；四時不并力，凡物無從得長；五行不并力，凡物無從得成。」（卷一〇九〈兩手策字要記〉，頁518～519）「凡物之生，悉法六甲五行四時而生。」（卷一一九〈道祐三人訣〉，頁682）無論是：天、地、人、萬物，俱皆以「五行」爲共同法則，「天地之道，四時五行，其道以相足，轉而異辭，周澴幽冥，無有極時」。換言之，「五行」範疇即是宇宙萬物運行的共通原則。

（一）「五行」之性質

「五行」範疇是宇宙萬物運行的共同法則，它本身的屬性計有：

> 卷十八至三十四〈安樂王者法〉：「火能化四行自與五，故得稱君象也。本（木）性和而專，得火而散成灰。金性堅剛，得火而柔。土性大柔，得火而堅成瓦。水性寒，得火而溫。火自與五行同，又能變化無常，其性動而上行。」（頁20）〈闕題〉：「帝王仁明出于木火，武智生于金水，柔和生土。」（頁25）又「木性仁，思仁故致東方，東方主仁。五方皆如斯也。」（頁27）

> 卷三十九〈解師策書訣〉：「丙午丁巳，火也，赤也。」（頁64）又「龍者，迺東方少陽，木之精神也。」（頁65）又「猷者，子也，水也。」（頁66）

> 卷四十九〈急學眞法〉：「火爲心，心爲聖。故火常倚木而居，木者仁而有心。火者有光，能察是非，心者聖而明。」（頁166～167）

> 卷五十五〈知盛衰還年壽法〉：「金行在西，木行在東。」（頁210）

> 卷五十六至六十四〈闕題〉：「少陽太陽，木火相榮。」（頁213）〈闕題〉：「青者生仁而有心，赤者太陽，天之正色。」（頁219）

> 卷六十五〈斷金兵法〉：「天地以東方爲少陽，君之始生也，故日出東方。以南方爲太陽，太陽，君也，故離爲日，日爲君，南方，火也，火爲君；南方爲夏，夏最四時養長，懷妊盛興處也，其爲德最大，故爲君也，以此爲格法。雖然，音爲角者，并於東方；位爲火者，并於南方。」（頁227～228）〈王者賜下法〉：「文者生於東，明於南。」（頁228）

卷六十九〈天讖支干相配法〉:「天常讖格法,以南方固爲君也。故日在南方爲君也,火在南方爲君,太陽在南方爲君,四時、盛夏在南方爲君,五祀、灶在南方爲君,五藏、心在南方爲君。君者,法當衣赤,火之行也。」(頁 262)又「東方爲道,道者主生;南方爲德,德者主養,故南方主養也。治者,當象天以文化,故東方爲文,龍見負之也。南方爲章,故正爲文章也。」(頁 263)又「東方爲少陽,君之始生也,故日出於東方也。南方爲太陽,君之盛明也。少陽爲君之家及父母,太陽爲君之身,君之位也。少陽爲君之家,木爲火之父母,君以少陽爲家,火稱木之子。」(頁 264)又「太陰爲民,民流行而不止。故水流行不知息也。民者,職當主爲國家王侯治生。故水者,當隨生養木也。」(頁 264)又「天之格法,分爲六部。東南上屬於天,故萬物生皆上行,蚑行人民皆出處外也,屬於天。故天爲之色,外蒼象木,內赤象火。」(頁 264)又「天地之格讖,西方北方,下屬於地。故萬物至秋冬,悉落下歸土也。人民蚑行至秋東,悉入穴而居。故地之爲色也,外黃白象土金,內含水而黑,象北行也。」(頁 265)又「火之精爲心,心爲聖,木之精爲仁,故象在東也。東南者養長諸物,賢聖柔明亦養諸物,不傷之也。故夫聖賢柔明爲性,悉仁而明,仁者象木,明者象火,故悉在東南也。」(頁 271〜272)

卷七十二〈五神所持訣〉:「中央者,土也,五行之主也。」(頁 300)

卷八十九〈八卦還精念文〉:「少陽有氣,與肝共位,甲乙寅卯,青色相類。……太陽盛氣,與心相類,丙丁之家,巳午養位。……中和之氣,與脾相連,四出季鄉,乃返還戊己。……少陰之旬,與師精并,靈扇出氣,位屬庚辛。」(頁 338〜339)又「玄武爲初起,龍德生北,位在東方,故隨其後。朱雀治病,黃氣正中。君而行之,壽命無窮。升執其平,百邪滅亡。八卦在內,神成列行。白虎在後,誅禍滅殃。」(頁 339)

卷九十二〈三光蝕訣〉:「太陽,火之精神也;月乃太陰,水之精神也。」(頁 366)又「心乃火也,腎乃水也。」(頁 367)〈萬二千國始火始氣訣〉:「火者爲心,心者主神。」(頁 376)〈火氣正神道訣〉:

「火氣最盛，上皇氣至。……火氣盛者，必正神道。……火者，乃是天之心也。心主神，心正則神當明。」（頁377）

卷九十三〈敬事神十五年太平訣〉：「春也青帝神氣太平，夏也赤帝神氣太平，六月也黃帝神氣太平，秋也白帝神氣太平，冬也黑帝神氣太平。」（頁398）又「春物悉生，無一傷者，爲青帝太平也。夏物悉長，無一傷者，爲赤帝太平也。六月物悉見養，無一傷者，爲黃帝太平也。秋物悉成實，無一傷者，爲白帝太平也。冬物悉藏，無一傷者，爲黑帝太平也。」（頁399）

卷九十六〈忍辱象天地至誠與神相應大戒〉：「心者，神聖純陽，火之行也。火者，動而上行，與天同光。」（頁426）

卷一一三〈樂怒吉凶訣〉：「是故樂而得大角上角之音者，青帝大喜，則仁道德出，凡物樂生，青帝出遊，肝氣爲其無病，肝神精出見東方之類。其惡者悉除去，善者悉前助化，青衣玉女持奇方來賜人，是其明效也。……故上角音得，則以化上也；中角音得，則以化中也；下角音得，則以化下也。而得之以化。南方徵之音，大小中悉和，則物悉樂長也。南方道德莫不悅喜，惡者除去，善者悉前。赤氣悉喜，赤神來遊，心爲其無病。心神無見，候迎赤衣玉女來，賜人奇方，是其大效也。故得黃氣宮音之和，亦宮音之善者亦悉來也，惡者悉消去。得商音之和，亦商音善者亦悉來也，惡者悉消去。得羽音之和，羽音善者悉來也，惡者悉去。」（頁587～588）

「樂而得大角上角之音者」，大角，指音高同十二律中「太蔟」相應的角調調式。角爲五音之一，屬木行春音，古稱春三月爲孟春、仲春、季春，其中孟春律中太蔟，故謂之爲大角。上角，義同大角。「青帝」，青帝，東方神帝。木色青，故稱青帝。「則仁道德出」，以人倫五常配五行，仁屬木行，因而這裡出此語。「肝氣爲其無病」，肝氣，《素問·玉機眞藏論篇》謂：春脈者爲肝，屬東方木行，萬物之所以始生，故而其氣之來，軟弱輕虛而滑，端直而長，狀如弦，與此相反則爲病症。「肝神精」，肝神精，人體五臟神之一。卷十八至三十四〈以樂卻災法〉中，將其人格化爲青童子十（頁14）。「青衣玉女持奇方」，青衣玉女，木行女神名。奇方，即仙方妙藥。「中角音」，指音高同十二律中「夾鍾」相應的角調調式。仲春二月，律中夾鍾，故稱中角音。「下角

音」，下角音，指音高同十二律中「姑洗」相應的角調調式。季春三月，律中
姑洗，故稱下角音。「南方徵之音」，徵，五音之一，屬火行夏音。以五方配
五行，南方屬火，因而這裡出此語。「赤氣悉喜，赤神來遊」，赤氣，即火氣。
火色赤，故曰赤氣。赤神，指赤帝，為南方神帝。「心為其無病」，《素問‧玉
機眞藏論篇》謂：夏脈者為心，屬南方火行，萬物之所以盛長，故而其氣之
來，強盛疾速，離去則遲緩，狀如鉤，與此相反則為病症。「心神出見」，心
神，人體五臟神之一。卷十八至三十四〈以樂卻災法〉中，將其人格化為赤
童子十（頁14）。「赤衣玉女」，赤衣玉女，火行女神名。「黃氣宮音」，黃氣，
土行之氣。土色黃，故曰黃氣。宮音，五音之主，屬土行季夏六月音。「商音」，
五音之一，屬金行秋音。「羽音」，五音之一，屬水行多音。此處陳述調治、
興作音樂的作用，以區分宮、商、角、徵、羽五音各為大中小三種調式，列
舉樂音和必將感召五方神帝與玉女，及五臟神與五行氣悅喜來助化、賜仙方
的大功效。這裡是屬於「音樂養生說」的「陰陽五行音樂觀」。〔註11〕

> 卷一一五至一一六〈某訣〉：「春者，先動大角弦，動甲，甲日，上
> 則引動歲星、心星，下則引動東嶽。氣則搖少陽，音則搖木行，神
> 則搖鉤芒，禽則動蒼龍，位則引青帝，神則致青衣玉女。」（頁633
> ～634）

「春者，先動大角弦」，大角弦，指音高同十二律中「太蔟」相應的角調調式。
弦，這裡指弦律。古以春音為角，孟春正月則律中太蔟，仲春二月則律中夾
鍾，季春三月則律中姑洗。《太平經》對此三種角調調式，稱作大角（或上角）、
中角、下角。「動甲」，甲，天干第一位，這裡為孟春日動之名。「歲星、心星」，
歲星，即五大行星中的木星，《尚書緯‧考靈曜》以其為木精。心星，即東方
七宿中的心宿，被稱為天帝布政之官。二星均配木行，故而這裡出此語。「鉤
芒」，鉤芒，傳說為少暤氏之子，死後為木官之神。「蒼龍」，蒼龍，木行的獸
精。〔註12〕

〔註11〕 關於卷一一三〈樂怒吉凶訣〉中音樂與五行關係的詳細論述，請見於：(1)楊
寄林《太平經》釋讀》（收載於：吳楓主編，《中華道學通典》，海口：南海
出版公司，1994年4月第一版，頁546～547）；(2)羅熾主編《太平經注譯‧
下》（重慶：西南師範大學出版社，1996年8月第一版，頁974～975）。

〔註12〕 關於卷一一五至一一六〈某訣〉中五行與音樂配對關係的詳細論述，請見於：
(1)楊寄林《太平經》釋讀》（收載於：吳楓主編，《中華道學通典》，海口：
南海出版公司，1994年4月第一版，頁572）；(2)羅熾主編《太平經注譯‧
下》（重慶：西南師範大學出版社，1996年8月第一版，頁1054～1055）。

卷一一九〈三者爲一家陽火數五訣〉：「火之最上者，上爲天，爲日月之色者。火赤與天同色，天之色赤，火亦赤，赤者迺稱神。」（頁678）〈道祐三人訣〉：「甲加其上，有木行，有春氣。丙加其上，有火行，有夏氣。戊加其上，有土行，有四季中央之氣。庚加其上，有金行，有秋氣。壬加其上，有水行，有冬氣。五身已周，四氣已著，乃凡物得生也。」（頁683）

卷一五四至一七〇〈以自防卻不祥法〉：「立春盛德在仁，氣治少陽，王氣轉在東方，興木行，其氣弱而仁，其神吏青衣。……立夏日盛德火，王氣轉在南方，太陽氣以中和治。，其神吏用之得其意，口中生甘，神吏赤衣。……季夏六月，盛德合治，王氣轉在西南，迴入中宮，其神吏黃衣。……立秋日盛德在金，王氣轉在西方，斷成萬物，其神吏白衣。……立冬之日，盛德在水，王氣轉在北方，其神吏黑衣。」（頁721～722）

關於五行的性質方面，在「方位」上：木屬東方，火屬南方，土屬中央，金屬西方，水屬北方；在「季節」上：木爲春季，火爲夏季，土爲季夏六月，金爲秋季，水爲冬季；在「天干」配對上：木配甲、乙，火配丙、丁，土配戊、己，金配庚、辛，水配壬、癸；在「地支」配對上：木配寅、卯，火配巳、午，土配丑、未、辰、戌，金配申、酉，水配子、亥；在「八卦」配對上：木屬震、巽，火屬離，土屬坤、艮，金屬乾、兌，水屬坎；在「政治」關係上：木爲君，火爲君，土爲民，金爲臣，水爲民；在「陰陽」關係上：木爲少陽，火爲太陽，，金爲少陰，水爲太陰；在「顏色」上：木爲青色，火爲赤色，土爲黃色，金爲白色，水爲黑色；在「倫常」關係上：木爲仁，火爲禮，土爲信，金爲義，水爲智；在「音樂」上：木屬角，火屬徵，土屬宮，金屬商，水屬羽；在「五臟」上：木配肝，火配心，土配脾，金配肺，水配腎；在「五帝」上：木爲青帝，火爲赤帝，土爲黃帝，金爲白帝，水爲黑帝；在「五獸」上：木爲青龍，火爲朱雀，土爲黃龍，金爲白虎，水爲玄武。

由上可知，《太平經》中與「五行」相對應的系列有：方位、季節天干、地支、八卦、陰陽、政治、顏色、倫常、音樂、五臟、五帝、五獸等等，茲列表如下：

	方位	季節	天干	地支	八卦	陰陽	政治	顏色	倫常	音樂	五臟	五帝	五獸
木	東	春	甲乙	寅卯	震巽	少陽	君	青	仁	角	肝	青帝	青龍
火	南	夏	丙丁	巳午	離	太陽	君	赤	禮	徵	心	赤帝	朱雀
土	中央	季夏六月	戊己	丑未辰戌	坤艮		民	黃	信	宮	脾	黃帝	黃龍
金	西	秋	庚辛	申酉	乾兌	少陰	臣	白	義	商	肺	白帝	白虎
水	北	冬	壬癸	子亥	坎	太陰	民	黑	智	羽	腎	黑帝	玄武

另外，《太平經》並認為在「五行」中，「火」行佔統治的地位，「五行」中以「火」為主：「火能化四行自與五，故得稱君象也。本（木）性和而專，得火而散成灰。金性堅剛，得火而柔。土性大柔，得火而堅成瓦。水性寒，得火而溫。火自與五行同，又能變化無常，其性動而上行。」（卷十八至三十四〈安樂王者法〉，頁 20）「火」之所以能在「五行」中居領導地位，是因為火能改變其他四行之性質，為君位的象徵。因而《太平經》強調並神化了「火」行的性質與意義：「天常讖格法，以南方固為君也。故日在南方為君也，火在南方為君，太陽在南方為君，四時、盛夏在南方為君，五祀、灶在南方為君，五藏、心在南方為君。君者，法當衣赤，火之行也。」（卷六十九〈天讖支干相配法〉，頁 262）「火者為心，心者主神。」（卷九十二〈萬二千國始火始氣訣〉，頁 376）「火氣最盛，上皇氣至。……火氣盛者，必正神道。……火者，乃是天之心也。心主神，心正則神當明。」（卷九十二〈火氣正神道訣〉，頁 377）「心者，神聖純陽，火之行也。火者，動而上行，與天同光。」（卷九十六〈忍辱象天地至誠與神相應大戒〉，頁 426）強化了火為君位的性質，並將「火」行神化為天之心與天同光，主神，可召至上皇氣。《太平經》在「五行」中強調「火」行，可能與東漢尚火德有關。

《太平經》中很少講「土行」，僅卷十八至三十四〈安樂王者法〉：「土者不即化，久久即化，故稱后土。三者（金水土）佐職，臣象也。」（頁 20～21）與卷七十二〈五神所持訣〉：「中央者，土也，五行之主也。」（頁 300）「土」行、「水」行為民的象徵，「金」行為臣的象徵，都是必須抑制的對象；而「木」行、「火」行為君的象徵。因此在「五行」中，《太平經》的立場是：興「木」、「火」二行，以火為主，木為輔，而弱「土」、「金」、「水」三行。

（二）「五行」之間的關係

在「五行」中，《太平經》的立場是：興「木」、「火」二行，而弱「土」、

「金」、「水」三行。因此「五行」之間的關係有下列兩種類型：

1. 相生、相剋

卷三十九〈解師策書訣〉：「天道因木而出，以興火行。」（頁 65）

卷四十九〈急學眞法〉：「故火爲心，心爲聖。故火常倚木而居，木者仁而有心。」（頁 166）

卷五十六至六十四〈闕題〉：「生養之道，少陽太陽，木火相榮。」（頁 213）〈闕題〉：「土乃勝水」（頁 215）

卷六十五〈斷金兵法〉：「欲使陽氣日興，火大明，不知衰時者，但急絕由金氣，勿使其王也。金氣斷，則木氣得王，火氣大明，無有衰時也。」（頁 224～225）又「金王則厭木而衰火，金王則令甲乙木行無氣，木斷乙氣，則火不明。木王則土不得生，火不明則土氣日興，地氣數動，有祅祥。」（頁 225）又「金氣王則木衰，木衰則火不明，火不明則兵起之象。」（頁 226）又「金氣都滅絕斷，迺木氣得大王，下厭土位，黃氣不得起。」（頁 226）

卷六十九〈天讖支干相配法〉：「故東方爲少陽，君之始生也，故日出於東方也。南方爲太陽，君之盛明也。少陽爲君之家及父母，太陽爲君之身，君之位也。少陽爲君之家，木爲火之父母，君以少陽爲家，火稱木之子。」（頁 264）又「少陰爲臣，臣者以以義屈折，伏於太陽。故金隨火屈折。」（頁 264）又「水者，當隨生養木也。東方者，君之家。」（頁 264）又「天地之格讖，東方者畏西方。是故天地開闢以來，王者從兵法，興金氣，武部則致君之象無氣。火者大衰，其治凶亂。」（頁 268）又「天之讖格法，太陽雖爲君者，反大畏太陰，水之行也。」（頁 268）又「酒者，水之王也。水王當剋火。火者，君德也，急斷酒以全火德。」（頁 269）又「天之讖訣，金玉興用事。人大興武部者，木絕元氣，土得王。」（頁 270）又「水王則火少氣，火少氣則化成灰，化成灰則變成土，便名爲火，付氣於土也。」（頁 270）

卷九十二〈三光蝕訣〉：「五行，不可無一也，皆轉相生成。」（頁 367）

卷一一八〈燒下田草訣〉：「金者傷木」（頁 670）

卷一二○至一三六〈太平經鈔〉辛部：「陽道興火，兵刃當消滅，火
　厭之。」（頁696）
「五行」的相生、相剋，「生」，即生助、促生之義。「剋」，即克制、勝過之
義。《太平經》認為於「五行」中每一行都有與之相生及相剋的關係存在：
　　「相生」關係是：木生火，火生土，土生金，金生水，水生木。
　　「相剋」關係是：水剋火，火剋金，金剋木，木剋土，土剋水。
　　「五行」相生、相剋說，經仔細分析後，我們不難發現「五行相生，隔
一致剋」的規律。換言之，即「比相生而間相剋」，如木比（鄰）火，則木生
火；如木間（隔一）土，則土剋土，其餘類推。用圖來表示即：

而將「五行」的相生、相剋關係排成圓圈，即：

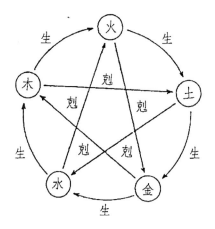

　　從上圖可看出，將「五行」的相生、相剋說直線排列是一個平行穩定的
模式；但圓形排列，「生」是無始終的循環關係；而「剋」卻是一條不斷重複
的星形運行路線。

2.五行休王說（王、相、休、囚、廢）

　　「五行」之間的關係除了「相生、相剋說」外，還有所謂「五行休王
說」：

　　卷十八至三十四〈行道有優劣法〉：「夫王氣與帝王氣相通，相氣與

宰輔相應，微氣與小吏相應，休氣與後宮相同，廢氣與民相應，刑死囚氣與獄罪人相應。」（頁 17）

卷六十五〈斷金兵法〉：「金氣都滅絕斷，迺木氣得大王，下厭土位，黃氣不得起，故春木王土死也。故惟春則天激絕金氣於戌，故木得遂興火氣，則明日盛，則金氣囚，猾人斷絕。金囚則水氣休，陰不敢害陽則生下，慎無災變。木氣王無金，則得興用事，則土氣死。」（頁 226）又「金王則水相，金王則害木，水相則害火。」（頁 226）又「王者大興兵，則使木行大驚駭無氣，則土得王起。土得王則金大相，金大相則使兵革數動。」（頁 227）〈興衰由人訣〉：「今天迺自有四時之氣，地自有五行之位，其王、相、休、囚、廢自有時，今但人興用之也。安能迺使其生氣，而王相更相剋賊乎？」（頁 232）

卷六十九〈天讖支干相配法〉：「人大興武部者，木絕元氣，土得王。大起土者，是太皇后之宮也。氣屬西北方，太陰得大王，則生訞臣，作後宮，失路騰而起，土王則金相，復相隨騰而起，巳與辛之氣俱得興王，騰而大起。」（頁 270）又「夫五行者，上頭皆帝王，其次相，其次微氣。王者，帝王之位也。相者，大臣之位。微氣者，小吏之位也。王者之後老氣者，王侯之位也。老氣之後衰氣者，宗室之位也。衰氣之後病氣者，宗室犯事失後之象也。病氣之後囚氣者，百姓萬民之象也。囚氣之後死氣者，奴婢之象也。死氣之後亡氣者，死者丘冢也。」（頁 274～275）

卷七十三至八十五〈闕題〉：「然王氣乃無氣之長也，眾氣所繫屬，諸尊貴之君也。王氣乃為天、為皇、為帝、為王、為太歲、為月建、為斗岡、為青龍、為大德、為盛興、為帝王、為無上王、為生成主。是故王氣所處，萬物莫不歸王之；王氣所居，皆王而生；所背去悉死，由元氣也。故王氣處陽則陽王，居陰則陰王，居天則天王，居地則地王，所處者皆王，受命主理。是古者聖人王者，春東、夏南、秋西、冬北、六月中央，匝氣則謁見天，王氣乃尊於天。」（頁 304）

卷九十六〈忍辱象天地至誠與神相應大戒〉：「受王相氣多者為尊貴則壽，受休廢囚氣多者數病而早死，又貧極也。故凡人生者，在其所象何行之氣。」（頁 424）

卷一一五至一一六〈某訣〉：「天地爲法，王相之氣主太平也，囚廢
絕氣主凶年。王相之氣多所生，多善事。故太平之歲，凡物具生，
多善物，是明證也，天地之大效也。……夫囚廢死絕氣少所生，無
成善事。是故凶年之歲，少可生，無善應，無善物，是其同事同氣
也。是故將太平者，得具作樂，樂者乃順樂王氣，平氣至也。……
故王相之氣，德所居也。囚廢之氣，刑所居也。」（頁 637～638）
又「王相之氣乃爲皇天主生，主成善事，乃而助天生成也。」（頁
640）又「一曰先順樂動天地四時帝氣，一事加三倍以樂天，令天大
悦喜，帝王老壽，袄惡滅，天災害悉除去，太陽氣不戰怒，國界安。
而知常先動順樂之者，天道爲之興，眞神爲之出，幽隱穴居之人，
皆樂來助正也。……二曰先順樂動天地四時王氣，再倍以樂地，地
氣大悦，不戰怒，令王者壽，姦猾盜賊兵革消，國界興善。下悉樂
承順其上，中賢悉出，助國治，地神順養。……三曰先順樂動相氣
微氣，令中和之氣大悦喜，君臣人民順謹，各保其處，則佞偽盜賊
不作，境界保。故和氣日興，王氣生，凡物好善。四曰慎無動樂死
破之氣，致劇盜賊，又多卒死者。國界常危難安，致邪氣鬼物甚多，
爲害甚劇，劇則名爲亂擾。極陰之氣致返逆，慎之慎之。五曰無動
樂囚廢之氣，多致盜賊，囚徒獄事，刑罪紛紛，甚難安。民相殘傷，
致多痼病之人。六曰無動樂衰休之氣，令致多衰病人。又生偷猾人
相欺，多邪口舌，國境少財，民多貧困。樂上帝上王相微氣三部，
今天地人悦，致時澤，災害之屬除去，名爲順天地人善氣也，致善
事。樂下三部，死破囚休衰之氣致逆災，天時雨，邪害甚眾多，不
可禁防也。此諸廢氣動搖樂之，則致惡氣大發泄，賢儒藏匿，縣官
失政，民臣難治，多事紛紛，不可不戒之慎之也。」（頁 640～642）
又「所以三倍帝氣樂賢者，帝氣最尊無上，象天尊，故倍樂之。天
者，而制御地與人，故三倍之，象天地人也。夫天地人見樂興理，
而萬物各得其所，瑞應善物萬二千爲其具出矣，故先樂之也。……
所以再倍王氣樂弦者，王氣象地，地者與人幷居，故再倍其樂，樂
地也。地與人見樂悦喜，而萬物幷理得矣。……·所以樂相氣微氣
一行（等）者，相氣微氣象中和人。夫中和人卑於天地，故其樂少。
人者主爲天地理萬物，人樂則悦喜爲善，爲善則萬物理矣。人不樂

則爲惡，爲惡則萬物凶矣。」（頁 642～644）又「王氣弱於帝氣，卑於帝氣爲一等，故少之也。尊卑相次之法，其分自然也。」（頁 643）又「帝氣十十皆善，王氣者二善一惡，相氣者二惡一善也。故帝氣者象天，天者常樂生，無害心，欲施與，三皇象之，常純善良，無惡無害心。……王氣者象地，地者常養而好德，五帝象之也。地雖養者名爲殺，故五帝時有刑也。……相氣微氣者象人，人者無常法，數變易，三王象之，無常法也。夫和氣變易，或前或退，故下上無常。和者睹剛亦隨之，睹柔亦隨之，故無常也。衰死囚亡之氣象萬物，數變亂無正相出入，五霸象之，其氣亂凶，故不得有樂也。……帝氣樂，三皇象之，如天也。帝氣樂，五帝法之，象地，好德養物，而時復刑也。微氣者，三王象之，無常法。衰囚亡之氣，五霸象之，其氣亂，天地之武，以誅惡而遵善，可深察之。」（頁 645）

卷一二○至一三六〈太平經鈔〉辛部：「思月建帝氣者致大神，思相氣者致中神，思殺氣（微氣）者致小神，思月建後老氣者致老物，思月建後病衰氣者致邪鬼，思月建後死氣者致純鬼，思月建後破氣者致破殺凶惡咎害也。」（頁 698）

「五行」中木在春王（旺），火在夏王，土在季夏六月王，金在秋王，水在冬王。五行中各行在自己四季中所主的時間裏處於「王」的狀態，而在其他時間裏則分別處於「相」、「休」、「囚」、「廢」的狀態，這就是所謂的五行的「王、相、休、囚、廢」（五行休王説）。而何謂「王」、「相」、「休」、「囚」、「廢」？「王」，即旺，指處於旺盛狀態；「相」，指處於次旺盛並向旺盛轉變的狀態；「休」，即休然無事，意爲已經退休；「囚」，指衰弱被囚；「廢」，即被剋制而生氣全無。「五行」在四時中的處境、狀態，茲列表如下：

四時 五行	春	夏	季夏六月	秋	冬
木	旺	休	囚	廢	相
火	相	旺	休	囚	廢
土	廢	相	旺	休	囚
金	囚	廢	相	旺	休
水	休	囚	廢	相	旺

　　五行在四時的發展規律，即「當令者旺，旺後爲休，休後爲囚，囚後爲廢，廢後復生爲相」。以「木」行爲例，木在春季處於王（旺）的狀態，旺後在夏季爲休的狀態，休後在季夏六月爲囚的狀態，囚後在秋季爲廢的狀態，廢後至冬季復生爲相的狀態。其他各行皆依次類推。而在四時的每一時中，五行所處的狀態規律爲：「當令者旺，我生者相，生我者休，剋我者囚，我剋者廢」。以「木」行爲例，春季是木當令的季節，所以木王（旺）；木生火所以火爲相；木被水所生，所以水休；木被金所剋，然木正處於旺盛的狀態，因而金已無力剋伐，所以金被囚禁；木剋土，土在木旺盛的狀態，只有廢亡一途。其他各時都依次類推。茲列表如下：

	我	我生者	生我者	剋我者	我剋者
春	木王	火相	水休	金囚	土廢
夏	火王	土相	木休	水囚	金廢
秋	金王	水相	土休	火囚	木廢
冬	水王	木相	金休	土囚	火廢
季夏六月	土王	金相	火休	木囚	水廢

　　「五行休王說」，原本是說明五種自然物質（木、火、土、金、水）在一年當中所處於的不同狀態、處境；它與「五行生、剋說」是有一定的關係存在。但在《太平經》中不僅敘述了五行在四時中的這些狀態，更以「五行休王說」來解釋人間等級制度的合理性與政治的興衰。如以「王、相、休、囚」、廢」五氣（頁17、232），再加上「微、死」爲七氣（頁274～275）；或者「老、衰、病、囚、死、亡」六氣（頁 274～275、698），來說明帝王應王氣，大臣應相氣，小吏應微氣，后宮應休氣，百姓應廢氣，罪人應刑死囚氣。更以老氣爲王侯之象，衰氣爲宗室之象，病氣爲宗室無後之象，囚氣爲百姓之象，死氣爲奴婢之象，亡氣爲丘冢之象。因此在「王、相、休、囚」、廢」五氣中，強調欲安天地而致太平，就要興盛「王、相」二氣，而斷除「休、囚」、廢」三氣。

（三）五行之功效

1.解釋事物運行的原則與屬性功能

　　《太平經》運用「五行」範疇，來廣泛解釋事物運行的原則與屬性功能，計有：

（1）五行結合「八卦」、「天干、地支」及「四時」的輪轉來闡述事物產生、發展的道理

卷四十〈分解本末法〉：「天數迺起於一，終於十，何也？天初一也，下與地相得爲二，陰陽具而共生。萬物始萌於北，元氣起於子，轉而東北，布根於角，轉在東方，生出達，轉在東南，而悉生枝葉，轉在南方而茂盛，轉在西南而向盛，轉在西方而成熟，轉在西北而終。物終當更反始，……夫天道生物，當周流俱具，睹天地四時五行之氣，迺而成也。一氣不足，即輒有不足也。」（頁76～77）

「萬物始萌於北」，北，坎卦之位，爲《易緯・乾鑿度》所謂四正卦之一。屬水行，極陰之地。陰極生陽，陽氣在地下滋生萬物，故此處這樣說。「元氣起於子」，子，十二地支第一位。於方位則代表北方，於時序則代表冬至所在的十一月。《易緯・乾鑿度》有「陽生於子」的說法。「轉而東北」，東北，艮卦之位，爲《易緯・乾鑿度》所謂四維即四隅之一，屬土行，時值農曆十二月。「轉在東方」，東方，震卦之位，爲四正卦之一，屬水行，時值春分所在的農曆二月。「轉在東南」，東南，巽卦之位，爲四維之一，屬木行，時值農曆四月。「轉在南方」，南方，離卦之位，爲四正卦之一，屬火行，時值夏至所在的農曆五月。「轉在西南」，西南，坤卦之位，爲四維之一，屬土行，時值農曆六月。「轉在西方」，西方，兌卦之位，爲四正卦之一，屬金行，時值秋分所在的農曆八月。「轉在西北」，西北，乾卦之位，爲四維之一，屬金行，時值農曆十月。「物終當更反始，故爲亥」，亥，十二地支最末位，代表西北與立冬所在的十月。以上講「元氣」按八卦所居方位時令流轉一周和萬物在「元氣」作用下的生長過程。〔註13〕

卷九十三〈國不可勝數訣〉：「此十二月者，乃元氣幽冥，陰陽更建始之數也。比若萬物終死於亥，乾因建初立位於天門，始凝核於亥，懷妊於壬成形。初九於子日始還，九二於丑而陰陽運，九三於寅，天地人萬物俱欲背陰向陽，闚於寅。故萬物始布根於東北，見頭於寅。物之大者，以木爲長也，故寅爲始生木。甲最爲木之初也，故萬物見於甲寅，終死於癸亥。故木也，乃受命生於元氣太陰水中，

〔註13〕關於卷四十〈分解本末法〉經文之詳細論述，見於：(1)楊寄林〈《太平經》釋讀〉（收載於：吳楓主編，《中華道學通典》，海口：南海出版公司，1994年4月第一版，頁308～309）；(2)羅熾主編《太平經注譯・上》（重慶：西南師範大學出版社，1996年8月第一版，頁135～136）

故以甲子爲初始。天道變數，因五相乘而周，故五千（干）加十二
支字，適六十，癸亥爲數終也。」（頁 390）

「乾因建初」，乾，指乾卦。建初，《易緯・乾鑿度》認爲，陽始於亥，乾居
其位，則祖微據始，表示陽氣處於開始萌生的地位。「立位於天門」，天門，
指與十月相對應的西北方。《太平經》中卷六十五〈斷金兵法〉云：「西北
者，爲極陰，陰極生陽，故爲天門。」（頁 227）「懷妊於壬成形」，懷妊，指
萬物胚胎。壬，天干第九位，這裡代表十一月。「初九於子」，初九，乾卦第
一陽爻。其爻辭爲：「潛龍勿用」，即象徵陽氣初生。子，地支第一位，這裡
代表正北方和冬至之時。「九二於丑」，九二，乾卦第二陽爻，這裡象徵陽氣
形成。丑，地支第二位，這裡代表東北方與農曆十二月。「九三於寅」，九
三，乾卦第三陽爻，這裡象徵陽氣躍動。寅，地支第三位，這裡代表偏東北
和農曆正月。「甲最爲木之初也」，甲，天干第一位，本義爲萬物剖甲而出。
「故萬物見於甲寅，終死於癸亥」，癸，天干第十位。從甲寅至癸亥，爲六十
甲子的最後十位。此二句是說萬物由正月到十月的生長枯落的過程。「故木
也，乃受命生於元氣太陰水中」，太陰，這裡指北方。北方屬五行中的水行，
五行相生，則水生木，所以此處如此說。「故以甲子爲初始」，甲子，此處指
代表天地相合的綱紀。《太平經》中卷三十九〈解師策書訣〉：「凡物生者，皆
以甲爲首，子爲本。」（頁 66）「五千（干）加十二支字」，千，當作「干」
字。五干，即十天干。十天干分陽干（甲、丙、戊、庚、壬），陰干（乙、丁、
己、辛、癸）；而陽干、陰干俱五，故稱五干。加，配也。即干支單數、雙數
各自相配。〔註14〕

卷一○二〈經文部數所應訣〉：「天下施於地，懷妊於玄冥，字爲甲
子。布根東北，丑與寅。始見於卯，畢生東南，辰與巳。垂枝於南，
養於午。向老西南，未與申。成西方，日入酉。畢藏西北，戌與亥。
故起數於一，十而止。十者，十干之始，五行之本也。」（頁 463）

卷一三七至一五三〈太平經鈔〉壬部：「天下施於地，懷妊於玄冥，
字爲甲子；布根東北，丑爲寅始；見於東，日出卯；畢生東南，辰

〔註14〕關於卷九十三〈國不可勝數訣〉經文之詳細論述，見於：(1)楊寄林《太平
經》釋讀》（收載於：吳楓主編，《中華道學通典》，海口：南海出版公司，1994
年 4 月第一版，頁 452）；(2)羅熾主編《太平經注譯・中》（重慶：西南師範
大學出版社，1996 年 8 月第一版，頁 669～670）

以巳垂枝於南,養於午;向老西南,未以申也;成於西方,日入酉;
畢藏於西北,戌與亥。故數起於一,而止十,二干之本,五行之根
也。」(頁 708～709)

「懷妊於玄冥」,懷妊,指陽氣在地下孕育萬物,萬物隨之胚胎滋生。玄冥,
指北方。北方爲八卦中「坎卦」所居之位,屬水行,爲極陰之地。其氣色幽
昧,外暗內明,故稱玄冥。「字爲甲子」,甲子,天干第一位和地支第一位。
這裡代表天地相合之始的綱紀,即北方與冬至所在的十一月。「布根東北」,
布根,指萬物隨陽氣躍動而札下根鬚。東北,艮卦所居之位,屬土行。「丑爲
寅始」,丑,地支第二位。寅,地支第三位。兩者在方位上均爲東北。在時令
上,丑則代表十二月,寅則代表立春所在的正月。萬物至寅,往上拱動,此
由布根而來,所以這裡說丑爲寅始。「見於東」,見,同「現」。指萬物隨陽氣
升騰而冒出地面。東,震卦所居之位,屬木行。「日出卯」,卯,地支第四位。
這裡代表東方和春分所在的二月,此句同下文「日入酉」相對而言。「畢生東
南」,畢生,指萬物隨陽氣散佈而全部生齊。東南,巽卦所居之位,屬木行。
「辰以巳」,辰,地支第五位。巳,地支第六位。在方位上辰巳均爲東南。在
時令上,辰則代表三月,巳則代表立夏所在的四月。「垂枝於南」,垂枝,指
萬物隨陽氣大盛而垂枝布葉。南,離卦所居之位,屬火行。「養於午」,養,
養長,即繁茂生長。南方爲火行盛陽所在,故曰養。午,地支第七位,這裡
代表南方與夏至所在的五月。「向老西南」,向老,指萬物隨陽氣衰減而趨於
成熟。西南,坤卦所居之位,屬土行。陽極生陰,陰氣自五月生成并逐漸興
旺,故曰向老。「未以申也」,未,地支第八位。申,地支第九位。兩者在方
位上均爲西南。在時令上,未則代表六月,申則代表立秋所在的七月。「成於
西方」,成,指萬物隨陽氣止消而成熟。西方,兌卦所居之位,屬金行。「日
入酉」,酉,地支第十位,這裡代表西方和秋分所在的八月。「畢藏於西北」,
畢藏,指萬物隨同陽氣入藏地下,重新凝結,開始新的一輪循環。西北,乾
卦所居之位,屬金行。「戌與亥」,戌,地支第十一位。亥,地支第十二位。
兩者在方位上均爲西北。在時令上,戌則代表九月,亥則代表立冬所在的十
月。「故數起於一,而止十,二干之本」,二干,即十天干。十天干各分陰陽,
單數位(甲、丙、戊、庚、壬)屬陽干,雙數位(乙、丁、己、辛、癸)屬
陰干,故此處說二干。「五行之根也」,按照陰陽家言,天地生成五行,水生
數爲一,成數爲六;火生數爲二,成數爲七;木生數爲三,成數爲八;金生

數為四，成數為九；土生數為五，成數為十。故這裡出此語。〔註15〕

　　在這裡，可以看出《太平經》將「五行」與「八卦」、「天干地支」、「東南西北」四方、「春夏秋冬」四季等相結合，來說明天地萬物變化、運行的規律。《太平經》上述的論述極類似於西漢象數易學家京房的「卦氣」循環模式——「八卦卦氣說」；與《易緯・乾鑿度》的「八卦方位說」。圖示如下：

八卦卦氣圖　　　　　　　　　　八卦方位圖

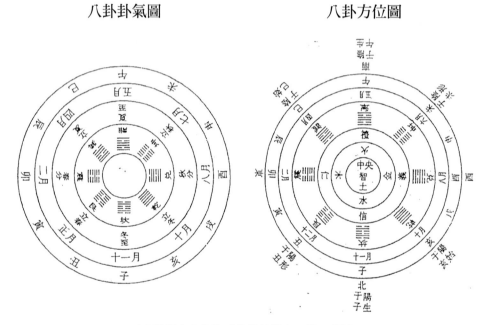

（上圖選自朱伯崑《易學哲學史・第一卷》）

（2）以五行「生剋說」與「休王說」來闡述政治主張

　　卷六十五〈斷金兵法〉：「欲使陽氣日興，火大明，不知衰時者，但急絕由金氣，勿使其王也。金氣斷，則木氣得王，火氣大明，無有衰時也。」「何謂也？」「然人君當急絕兵，兵者，金類也，故當急絕之故也。今反時時王者賜人臣以刀兵，兵，金類也，迺帝王賜之王者。王之名為金王，金王則厭木而衰火，金王則令甲乙木行無氣，

〔註15〕關於卷一○二〈經文部數所應訣〉與卷一三七至一五三〈太平經鈔〉壬部經文之詳細論述，見於：(1)楊寄林《太平經》釋讀》（收載於：吳楓主編，《中華道學通典》，海口：南海出版公司，1994年4月第一版，頁485、612～613）；(2)羅熾主編《太平經注譯・中・下》（重慶：西南師範大學出版社，1996年8月第一版，頁789～790、1190～1191）。

木斷乙氣，則火不明。木王則土不得生，火不明則土氣日興，地氣
數動，有祆祥，故當急絕滅云。兵類勿賜金物兵類，以厭絕不祥此
也。」「天厭固與神無異。願聞金興厭木，何故反使火衰也？」「善
哉，子之難問，可謂入道矣。眞人欲樂知其大效，是故春從興金兵，
則賊傷甲乙木行，令天青帝不悅，天赤帝大怒，丙丁巳午不順。欲
報父母之怨，令使火行，多災怪變，生不祥祆害姦猾。……故從賜
金兵，厭傷木也，火治不可平也。」（頁 224～226）又「帝王戒賜
兵器與諸侯，是王金氣也。金氣王則木衰，木衰則火不明，火不明
則兵起之象。火者君象，能變四時，熒惑爲變最效，天法不失銖
分。……故金氣都減絕斷，迺木氣得大王，下厭土位，黃氣不得起，
故春木王土死也。故惟春則天激絕金氣於戌，故木得遂興火氣，則
明日盛，則金氣囚，猾人斷絕。金囚則水氣休，陰不敢害陽則生下，
愼無災變。木氣王無金，則得興用事，則土氣死。……今天下從兵，
金氣也。又王者或以歲始賜刀兵，或四面巡狩止居，反賜金兵。王
者，王也，以金兵賜人，名爲王金。金王則水相，金王則害木，水
相則害火。西北，陰也；東南，陽也；少陰得王，太陰得相也。名
爲二氣，俱得勝其陽。其災生下，狡猾爲非，陰氣動則多妄言而生
盜賊，是天格法也。」（頁 226～227）又「王者大興兵，則使木行
大驚駭無氣，則土得王起。土得王則金大相，金大相則使兵革數動，
乾兌之氣作，西北夷狄猾盜賊數起，是者自然法也。天地神靈，不
能禁止也。故當務由厭斷金物，無令得興行也。……然，天以是爲
常格法。雖然，木行火行，無妄從興，金嶽使錢得數王盜行，以爲
大害，使治難平也。反使金氣得大王，爲害甚甚，能應吾天法，斷
之者立吉矣。治興，祆臣絕，天法不欺人也。」（頁 227）

「天青帝不悅，天赤帝大怒」，青帝，太微垣天區五帝神之一，名曰靈威仰，
其於春起受制，主木行。赤帝，則名赤熛怒，其於夏起受制，主火行。「丙丁
巳午」，丙丁，天干第三位與第四位。巳午，地支第六位與第七位。天干地支
配五行，丙丁、巳午同屬火。「欲報父母」，父母，五行相生，施生者爲父母，
受生者爲子，木生火，則木爲火之父母，火爲木之子。「令使火行，多災怪變，
生不祥祆害姦猾」，五行說認爲春行夏令，則風雨不時，草木早落，天下大旱，
蟲螟爲害，民多疾疫，山陵無收；夏行春令，則蝗災大作，暴雨迭起，秀草

不實，五穀不熟，百蟲時起，穀實剝落，百姓流亡。這裡把人為的行政之失變為金木火三行失時的紛爭。「乾兌之氣作」，乾兌，指位居西北的乾卦與位居西方的兌卦。八卦配五行，此兩卦為金行。此處所謂「斷金兵」，是指斷絕帝王賜臣刀兵和隨之而起的尚武好鬥的不祥風氣。其法則以「五行休王說」強調，如果金氣佔統治地位，則使具有生養功能的木氣絕滅，火氣衰弱，而代表陰物的水氣得以強壯，則象徵女主的土氣也會由休退狀態輾轉變為大盛，再度同金氣勝陽傷陽，結果必然是盜賊屢起，兵革數動，奸猾為非，妖臣橫行。反之，如果木氣起支配作用，火氣則日興大明，金土水則自然俱歸衰消，結果必然是臣民忠信、君王治得太平。

> 卷六十九〈天讖支干相配法〉：「天地之格讖，東方者畏西方。是故天地開闢以來，王者從兵法，興金氣，武部則致君之象無氣。火者大衰，其治凶亂。真人欲樂知天讖之審實也，從上古中古到于下古，人君棄道德，興用金氣兵法，其治悉凶，多盜賊不祥也。是故上古聖人深知天固法象，故不敢從兵革武部以治也。帝王欲樂長安而吉者，宜按此天讖，急囚斷金兵武備，而急興用道與至德，以象天法，以稱皇天之心，以長厭絕諸姦猾不祥之屬也，立應不疑也。」（頁268）又「天之讖訣，金玉興用事。人大興武部者，木絕元氣，土得王。大起土者，是太皇后之宮也。氣屬西北方，太陰得大王，則生訞臣，作後宮，失路騰而起，土王則金相，復相隨騰而起，已與辛之氣俱得興王，騰而大起。天之格法，則生後宮多訞，此非後宮之過也，此迺名為治失天讖，失其大部界，反使災還反相覆也。是迺天地開闢以來，先師天時運未及，得分別具說天之大部界也。令帝王便失天之法治，令生此災變。」（頁270）又「夫五行者，上頭皆帝王，其次相，其次微氣。王者，帝王之位也。相者，大臣之位。微氣者，小吏之位也。王者之後老氣者，王侯之位也。老氣之後衰氣者，宗室之位也。衰氣之後病氣者，宗室犯事失後之象也。病氣之後囚氣者，百姓萬民之象也。囚氣之後死氣者，奴婢之象也。死氣之後亡氣者，死者丘冢也。故夫天垂象，四時五行周流，各一興一衰，人民萬物皆隨象天之法，亦一興一衰也。是故萬民百姓，皆百王之後也，興則為人君，衰則為民也。」（頁274～275）

此處分為「九氣」，即王氣、相氣、微氣、老氣、衰氣、病氣、囚氣、死氣、

亡氣。這是對「五行休王說」與「八卦休王說」的糅合與改造。「五行休王說」
認爲，五行之氣在一年四季中更迭變化，並借用「王、相、休、囚、廢」五
氣來加以描述，春則木王，火相，土廢，金囚，水休。其餘依次類推。「八卦
休王說」模仿五行休王說，認爲「八卦」同五行一樣，在一年四季中也輪流
佔居統治地位。所用的字眼爲：「王、相、胎（表示孕育新生）、沒（表示沒
落）、死、囚、廢、休」。八卦分居八方，而與立春至冬至等八個重要節氣相
配，每卦依節氣當政爲王（旺）四十五日。如「立春」，則「艮卦」王，「震
卦」相，「巽卦」胎，「離卦」沒，「坤卦」死，「兌卦」囚，「乾卦」廢，「坎
卦」休。而到「春分」，則變爲「震卦」王，「巽卦」相，「離卦」胎，「坤卦」
沒，「兌卦」死，「乾卦」囚，「坎卦」廢，「艮卦」休。其餘依次類推。此處
所謂「天讖」，義爲皇天所預示的萬世不可更改又絕對靈驗的兆象與格法，即
四時五行陰陽之道。而所謂「干支」，指十二地支與十天干而言；而「相配法」，
則指十天干之間、十二地支之間、天干地支之間，按照五行生克、休王原理
所構成的配屬關係。其中又將「五行休王說」形象化，用以反對君王縱兵興
武，反對女主干政，反對縱酒。並以五行休王說結合「八卦休王說」，列示九
氣之象：「王氣爲帝王之位，相氣爲大臣之位，微氣爲小吏之位，老氣爲王侯
之位，衰氣爲宗室之位，病氣爲宗室犯事失後之象，囚氣爲百姓萬民之象，
死氣爲奴婢之象，亡氣爲丘冢之象」。〔註16〕

> 卷一一五至一一六〈某訣〉：「一曰先順樂動天地四時帝氣，一事加
> 三倍以樂天，令天大悅喜，帝王老壽，祅惡滅，天災害悉除去，太
> 陽氣不戰怒，國界安。而知常先動順樂之者，天道爲之興，眞神爲
> 之出，幽隱穴居之人，皆樂來助正也。……二曰先順樂動天地四時
> 王氣，再倍以樂地，地氣大悅，不戰怒，令王者壽，姦猾盜賊兵革
> 消，國界興善。下悉樂承順其上，中賢悉出，助國治，地神順養。……
> 三曰先順樂動相氣微氣，令中和之氣大悅喜，君臣人民順謹，各保
> 其處，則佞偽盜賊不作，境界保。故和氣日興，王氣生，凡物好善。
> 四曰愼無動樂死破之氣，致劇盜賊，又多卒死者。國界常危難安，
> 致邪氣鬼物甚多，爲害甚劇，劇則名爲亂擾。極陰之氣致返逆，愼

〔註16〕關於卷六十九〈天讖支干相配法〉的詳細論述，見於：(1)楊寄林〈《太平經》
釋讀〉（收載於，吳楓主編，《中華道學通典》，海口：南海出版公司，1994
年4月第一版，頁395～402；(2)羅熾主編《太平經注譯‧中》（重慶：西南
師範大學出版社，1996年8月第一版，頁457～471）

之慎之。五曰無動樂囚廢之氣，多致盜賊，囚徒獄事，刑罪紛紛，甚難安。民相殘傷，致多痼病之人。六曰無動樂衰休之氣，令致多衰病人。又生偷猾人相欺，多邪口舌，國境少財，民多貧困。樂上帝上王相微氣三部，今天地人悅，致時澤，災害之屬除去，名爲順天地人善氣也，致善事。樂下三部，死破囚休衰之氣致逆災，天時雨，邪害甚眾多，不可禁防也。此諸廢氣動搖樂之，則致惡氣大發泄，賢儒藏匿，縣官失政，民臣難治，多事紛紛，不可不戒之慎之也。」（頁 640～642）

此處所謂「六部十氣」，是對「五行休王說」與「八卦休王說」的糅合。「五行休王說」認爲，五行之氣在一年四季中更迭變化，並借用「王、相、休、囚、廢」五氣來加以描述，春則木王，火相，土廢，金囚，水休。其餘依次類推。「八卦休王說」由五行休王說推衍而來，其以「艮卦」居東北，主立春；以「震卦」居東方，主春分；以「巽卦」居東南，主立夏；以「離卦」居南方，主夏至；以「坤卦」居西南，主立秋；以「兌卦」居西方，主秋分；以「乾卦」居西北，主立冬；以「坎卦」居北方，主冬至。每卦依節氣用事四十五日，其間變化爲，「立春」則「艮卦」王，「震卦」相，「巽卦」胎，「離卦」沒，「坤卦」死，「兌卦」囚，「乾卦」廢，「坎卦」休。其餘依次類推。這裡所謂「帝氣」，是由王氣分離出來；所謂「微氣」，相當於胎氣；所謂「衰氣」，相當於沒氣；所謂「破氣」，與死氣略同。〔註17〕

（3）以五行「生剋說」與「休王說」來說明斷酒措施

卷五十六至六十四〈闕題〉：「天下興作善酒以相飲，市道尤極，名爲水令火行，爲傷於陽化。凡一人飲酒令醉，狂脈便作，買賣失職，更相鬥死，或傷賊；或早到市，反宜乃歸；或爲奸人所得，或緣高墜，或爲車馬所剋賊。推酒之害萬端，不可勝記。念四海之內，有幾何市，一月之間，消五穀數億萬斗斛，又無故殺傷人，日日有之，或孤獨因以絕嗣，或結怨父母置害，或流災子孫。縣官長吏，不得推理，叩胸呼天，感動皇零，使陰陽四時五行之氣乖錯，復旱上皇太平之君之治，令太和氣逆行。蓋無故發民令作酒，損廢五穀，復

〔註17〕關於卷一一五至一一六〈某訣〉的詳細論述，見於：(1)楊寄林〈《太平經》釋讀〉（收載於：吳楓主編，《中華道學通典》，海口：南海出版公司，1994年4月第一版，頁575；(2)羅熾主編《太平經注譯・下》（重慶：西南師範大學出版社，1996年8月第一版，頁1061～1063）

致如此之禍患。但使有德之君，有教敕明令，謂吏民言，從今已往，敢有市無故飲一斗者，笞三十，讁三日；飲二斗者，笞六十，讁六日；飲三斗者，笞九十，讁九日。各隨其酒斛爲讁。酒家亦然，皆使修郭道路官舍，所以讁修郭道路官舍，爲大土功也；土乃勝水，以厭固絕滅，令水不過度傷陽也。水，太陰也，民也，反使興王，傷損陽精，爲害深矣。修道路，取興大道，以類相占，漸置太平。」（頁214～215）

卷六十九〈天讖支干相配法〉：「天之讖格法，太陽雖爲君者，反大畏太陰，水之行也。水之甘良者，酒也。酒者，水之王也，長也，漿飲之最善者也，氣屬坎位，在夜主偷盜賊。故從酒名爲好縱，水之王長也，水王則衰太陽。眞人欲樂知天讖之審實也，從太古以降，中古以來，人君好縱酒者，皆不能太平，其治反亂，其官職多戰鬥，而致盜賊，是明效也。是故太平德君方治，火精當明，不宜從太陰，令使水德王，以厭害其治也，故當斷酒也。」（頁268～269）又「酒者，水之王。水王當剋火。火者，君德也，急斷酒以全火德。」（頁269）又「夫水者，北方玄武之行也，故貪，數劫奪人財物。夫市亦五方流聚而相賈利，致盜賊狡猾之屬，皆起於市，以水主坎。天之法，以類遙相應，故市迺爲水行。縱其酒，大與之，復名爲水王。市人亦得酒而喜王，名爲二水重王。其咎六。厭衰太陽之火氣，使君治衰，反致訞臣。」（頁269）又「天之讖也，縱酒者，水之類也。市者水行，大聚人王處也，而縱酒於市，名爲水酒大王。水王則火少氣，火少氣則化成灰，化成灰則變成土，便名爲火，付氣於土也。土得王起地，與金水屬西北。太陰屬於民，臣反得王。後生訞臣，巳氣復得作，後宮犯事，復動而起，其災致偷，盜賊無解時。各在縱水，令傷陽德。」（頁270）

此處列舉天下縱酒的六大危害，歸結爲「水令火行」有傷陽化，斥之爲「二水重王（旺）」。因而根據五行生剋說中之土行剋水行原理，而提出徭役刑與笞杖刑並用的禁斷措施，來實施「斷酒」的目的。

（4）以五行「生剋說」與「休王說」來說明禁焚山林與燒下田草之原因

卷一一八〈禁燒山林訣〉：「天上急禁絕火燒山林叢木之鄉，何也？願聞之。」「然，山者，太陽也，土地之綱，是其君也。布根之類，

木是其長也，亦是君也，是其陽也。火亦五行之君長也，亦是其陽
也。三君三陽，相逢反相衰。是故天上令急禁燒山林叢木，木不燒
則陰中。陰者稱母，故倚下也。」「天所以使子丑寅最先發去興多，
興多則火王，火王則日更明；丙丁興，巳午悅，何也？願聞之。」
「此天格也，性也。其母盛多而王，則其子相。其子相，則受氣久
長得延年，故上止之也。陽盛即陰姦日消，陽衰則陰姦日起。故姦
猾者常起暮夜，是陽衰而姦起之大證也。故天上乃欲除姦，故禁之
也，此自然之術法也。天上亦然，地上亦然。」「善哉善哉！請問三
陽相得何故凶衰乎？」「善哉子之問也，得其意。然三陽者應天陽地
陽人陽。三盡陽也，無一陰；三盡君也，無一臣；三盡男也，無一
女；名爲滅亡之路，無後之道也。不敢復傳類，不而復相生成，故
凶也。是所謂有天而無地，有日而無月，有上而無，有表而無裏，
天上名此爲立敗之紀，故惡之禁之也。」（頁 668～670）

此處以「五行休王說」，說明「山」、「林」、「火」三者俱屬陽，分別爲大地、
植物、五行之長；又依陰陽相須之理，強調這三陽三君相逢，將造成陰陽失
據，而構成「天格」所稱的相毀、滅亡之路、無後之路、立敗之紀，所以世
人應該禁止焚燒山林。

卷一一八〈燒下田草訣〉：「請問下田草寧可燒不？」「天上不禁燒也。
當燒之。」「獨何故當燒之乎？願聞之。」「然，草者，木之陰也，
與乙相應。木者，與甲相應。甲者，陽也，與木同類，故相應也。
乙者，陰也，與草同類，故與乙相應也。乙者畏金，金者傷木，木
傷則陽衰，陽衰則偏姦起，故當燒之也。又天上言，乙亦陰也，草
亦陰也，下田亦土之陰也。三陰相得，反共生姦。故玄武居北極陰
中，陰極反生陽。火者，陽也，陰得陽而順吉，生善事。故天上相
教，燒下田草以悅陰，以興陽故燒之也。天上亦然也。甲者，天上
木也。乙者，天上草。寅與卯何等也？然寅者亦陽，地上木也。卯
者，陰也，地上之草也。此四事俱束行也。但陽者稱木，陰者稱草，
此自然之法，天上之經也。」（頁 670～671）

此處所謂「下田草」，係指低窪地區叢生的野草而言。對此，《太平經》中定
其屬性爲陰，並援用干支配五行法和五行相生說，將乙卯、下田和草視爲三
陰，引作奸生之源，力主焚燒。焚燒用火，火屬陽，而極陰反生陽，故燒下

田草，更有悅陰興陽之效。

（5）以五行之功能屬性來解釋五臟的生理特徵

> 卷十八至三十四〈闕題〉「故肝神去，出遊不時還，目無明也；心神
> 去不在，其脣青白也；肺神去不在，其鼻不通也；腎神去不在，其
> 耳聾也；脾神去不在，令人口不知甘也。」（頁 27）

以五行的性質來說，目爲肝之官，肝爲目之主；舌爲心之官，心爲舌之主；
鼻爲肺之官，肺爲鼻之主；耳爲腎之官，腎爲耳之主；口爲脾之官，脾爲口
之主。而五臟皆有神存在——五臟神，因此當五臟神出遊時，與之相應的臟
腑就會發生病變。

> 卷一二〇至一三六〈太平經鈔〉辛部：「凡人腹中，各有天子，五氣
> 各有王者。天有五氣，地有五位。其一氣主行，爲王者，主職正凡
> 事，居人腹中，自名爲心。心則五臟之王，神之本根，一身之至也。」
> （頁 687）

「天子」，比喻主宰者。「五氣」，指五行之氣，即木氣、火氣、土氣、金氣、
水氣。「王者」，指佔統治地位。亦即，春木王，夏火王，秋金王，冬水王，
季夏六月土王。「五位」，指木爲東方，火爲南方，金爲西方，水爲北方，土
爲中央。「其一氣主行，爲王者」，一氣，指火氣，此處是說火行佔統治地位。
傳統五行說認爲，土行爲五行之主，但東漢時盛行漢爲火德說，火行遂躍居
土行之上。此處主要發揮五行學說，強調心神在人體五臟中的主宰地位和「職
正凡事」的作用。

> 卷一五四至一七〇〈以自防卻不祥法〉：「順用四時五行，外內思正，
> 身散邪，卻不祥，懸象而思守，行順四時氣，和合陰陽，羅網政治
> 鬼神，令使不得妄行害人。立冬之後到立春，盛行用太陰氣，微行
> 少陽之氣也。常觀其意，何者病爲人使，其神吏黑衣服，思之閒處
> 四十五日，上至九十日，令人耳目聰明。立春盛德在仁，氣治少陽，
> 王氣轉在東方，興木行，其氣弱而仁，其神吏青衣，思之幽閒處四
> 十五日，至九十日，令人病消以留年。行不止，令人日行仁愛。春
> 分已前，盛行少陽之氣，微行太陽之氣，以助少陽，觀其意無疑，
> 深思其意，百邪服矣。立夏日盛德火，王氣轉在南方，太陽之氣以
> 中和治。其神吏用之得其意，口中生甘，神吏赤衣守之，百鬼去千
> 里。夏至之日，盛德太陽之氣，中和之氣也，其神吏思之可愈百病。

季夏六月，盛德合治，王氣轉在西南，迴入中宮，其神吏黃衣思之，令人口中甘，每至季思之十八日。立秋日盛德在金，王氣轉在西方，斷成萬物，其神吏白衣，思之四十五日至九十日，可除病，得其意，令骨強老壽。秋分日少陰之氣，微行太陰之氣也，逆疾順之。立冬之日，盛德在水，王氣轉在北方，其神吏黑衣。令人志達耳聰，守之四十五日至九十日，百病除。此五行四時之氣，內可治身，外可治邪，故天用之清，地用之寧。天用之生，地用之藏，人用之興，能順時氣，忠臣孝子之謂也。此名大順天地陰陽四時五行之道。」（頁 720～722）

此處所謂「以自防卻」，意為用來自行防止和祛除。其對象為「不祥」，係指妄行害人的百邪、百鬼及百病而言。落實到「法」，則名為「大順天地陰陽四時五行之道」，亦即「靜室行氣」、「懸象思神」的修煉方術，說明：只要按照四時節氣，排列春夏秋冬和季夏六月之五行「王（旺）氣」的流轉、推移順序，並標示出五行「神吏」的服飾，陳述具體的「行用」（氣功修煉）方法與「思守」的日期，點出各自所能獲得的功效，以期能達到「內可治身，外可治邪」的目的。

2. 與神學結合

卷四十二〈九天消先王災法〉：「大道人職在理五行，……大道人長於占知吉凶，與五行相似，故理五行。」（頁 88～89）又「五行不和，大道人不來至。」（頁 90）〈四行本末訣〉：「五行迺得興生於元氣，神迺與元氣并同身并行，今五行迺入為人臟。」（頁 96）

卷五十六至六十四〈闕題〉：「道人者象五行，五行可以占卜吉凶，長於安危。」（頁 221）

卷七十二〈齋戒思神救死訣〉：「四時五行之氣來入人腹中，為人五藏精神，其色與天地四時色相應也；畫之為人，使其三合，其王氣色者蓋其外，相氣色次之，微氣最居其內，使其領袖見之。先齋戒居閒善靖處，思之念之，作其人畫像，長短自在。五人者，共居五尺素上為之。使其好善，男思男，女思女，其畫像如此矣。……此四時五行精神，入為人五藏，出為四時五行精神。其近人者，名為五德之神，與人藏神相似；其遠人者，名為陽歷，字為四時兵馬，

可以拱邪，亦隨四時氣衰盛而行。其法爲其具畫像，人亦三重衣，
王氣居外，相氣色次之，微氣最居其內，皆戴冠幘乘馬，馬亦隨其
五行色具爲。其先畫像於一面者，長二丈，五素上疏畫五五二十五
騎，善爲之。東方之騎神持矛，南方之騎神持戟，西方之騎神持弓
弩斧，北方之騎神持鑲楯刀，中央之騎神持劍鼓。」（頁292～293）

「五藏精神」，五藏精神，指肝神、心神、脾神、肺神、腎神。五藏，即五臟。
五臟配五行，肝屬木，心屬火，脾屬土，肺屬金，腎屬水。「其色與天地四時
色相應也」，肝神相應的四時爲春，五色爲青；心神相應的四時爲夏，五色爲
赤；脾神相應的四時爲季夏六月，五色爲黃；肺神相應的四時爲秋，五色爲
白；腎神相應的四時爲冬，五色爲黑。「其王氣色者蓋其外，相氣色次之，微
氣最居其內」，此處以「五行休王說」宣說，五行之氣在一年四季中更迭變化
輪流佔統治地位，並借用「王、相、休、囚、廢」五氣來加以描述，如春則
木王，火相，土廢，金囚，水休。其餘依次類推。由五行休王說又衍生出「八
卦休王說」，這裡所謂「微氣」，即與八卦休王說中的「胎氣」大略相當。若
據春季而論，則其王氣色爲青色，相氣色爲赤色，微氣色爲黃色。

卷七十二〈五神所持訣〉：「東方者物始牙出頭，盡生利，刺土而出，
其精象矛，故爲矛；其神吏來，以此爲節。南方萬物垂枝布葉若戟，
故其精神而持戟；其神吏來，以此爲節。西方爲弓弩斧，西方者天
弩殺象，夫弓弩斧，亦最傷害之長也；故其神吏來，以此爲節。北
方爲鑲楯刀，北方者物伏藏逃，鑲楯所以逃身者也；刀者，小人所
服，亦常以避逃以害人，非上君子之有也；故其神吏來，亦以此爲
節。中央者，爲雷爲鼓爲劍；中央者，土也，五行之主也，鼓亦五
兵之長也，劍亦君子道德人所服也，亦五兵之長也；故中央神來，
以此爲節。是天地自然實信之符節也。」（頁299～300）

此處所謂「五神」，是指卷七十二〈齋戒思神救死訣〉中作爲五行化身的五方
騎神。「所持」，則爲五方騎神各自執持的兵器。其中把「矛」、「戟」、「弓弩
斧」、「鑲楯刀」、「鼓劍」的形制、性能與用途，同四時五行之氣所在的方位、
作用與法象，兩相配比，言稱這些兵器是五方騎神應召來對事的「天地自然
實信之符節」！

卷一〇二〈神人自序出書圖服色訣〉：「今天師教敕下愚弟子，胸中
懷懷，若且可知，不敢負也。誠問著圖者，畫神衣云何哉？」「皆象

天法，無隨俗事也。今不曉天法，其人圖大小，自以意爲衣。衣者，
隨五行色也。今使母含子，居其內，以色相次也。大重之衣五也，
中重之衣四也，小重之衣三也，微重之衣象陰陽，二也。大集之衣
亂彩六重也。願聞大重何象，象五行氣相合也。四重何象，象四時
轉相生也。三重何象，象父母子陰陽合和也。二重何象，象王相氣
相及也。六重何象，象六方之彩雜也。」（頁 460）

「五行色」，指木行青色，火行赤色，土行黃色，金行白色，水行黑色。「使
母含子」，木生火，火生土，土生金，金生水，水生木，前者爲母，後者爲子。
「以色相次」，次，排列，即青包赤色，赤包黃色，黃包白色，白包黑色，黑
包青色。「大重之衣五也」，指顏色相間的五色之衣。「中重之衣四」，指顏色
相間的四色（無黃色）之衣。「小重之衣三」，指顏色相間的三色（青赤黃）
之衣。「微重之衣象陰陽，二也」，指顏色相間的二色（白黑）之衣，白象陽，
黑象陰。「大集之衣亂彩六重」，大集，指匯聚眾色。亂彩，正色與間色相雜。
六重，指分出六個層次。「象五行氣相合」，五行中三陰（土、金、水）二陽
（木、火），故這裡說相合。「象父母子陰陽合和」，五行相剋，剋者爲夫，受
剋者爲妻，木剋土，則青象父，黃象母。木生火，則赤象子。父子爲男，屬
陽，母屬陰，故而此處如是說。此處按照「五行生剋說」及「五行休王說」，
對神仙畫像之神衣的色彩品級、繪製原則、象徵意義，做了定義式的說明。

綜合上述，此處將「五行」與大道人及身中神之「五臟神」結合，並以
「五行說」來說明五臟神的形象特徵，更以「五行生剋說」及「五行休王說」
來說明繪製五臟神圖像之衣著、色彩等原則！

3. 示現災異

卷四十三〈大小諫正法〉：「五行小諫災生，大諫生東行蟲殺人，南
行毒殺人，西行虎狼殺人，北行水蟲殺人，中央行吏民剋毒相賊殺
人，諫而不從，因而消亡矣。」（頁 98～99）

「五行小諫災生」，災生是指宗廟起火，桑穀共生，大石自立之類。「大諫生
東行蟲殺人」，東行，即木行。此句參考《論衡·商蟲》（黃暉，《論衡校釋（三）》，
北京：中華書局，1990 年 2 月，頁 713～720）；「南行毒殺人」，南行，即火
行。此句參考《論衡·言毒》（黃暉，《論衡校釋（三）》，北京：中華書局，
1990 年 2 月，頁 949～960）；「西行虎狼殺人」，西行，即金行。此句參考《論
衡·遭虎》（黃暉，《論衡校釋（三）》，北京：中華書局，1990 年 2 月，頁 707

～712）；「北行水蟲殺人」，北行，即水行。〈太平經佚文〉中云：「太陰之精爲龜，匿於淵源之中也。」（《太平經合校》，頁743）「中央行吏民剋毒相賊殺人」，中央行，即土行。土行爲陰陽交合之中和所在，人以中和治，則進退兩可，變易無常，因而此處出此語。參考《太平經》卷四十七〈服人以道不以威訣〉（頁143～144）。

綜合上述，「五行」之功能計有三類：即「解釋事物運行的原則與屬性功能」、「與神學結合」及「示現災異」。在「解釋事物運行的原則與屬性功能」這類中，還可再細分爲五項，即：(1)五行結合「八卦」、「天干、地支」及「四時」的輪轉來闡述事物產生、發展的道理、(2)以五行「生剋說」與「休王說」來闡述政治主張、(3)以五行「生剋說」與「休王說」來說明斷酒措施、(4)以五行「生剋說」與「休王說」來說明禁焚山林與燒下田草之原因、(5)以五行之功能屬性來解釋五臟的生理特徵。試將這三類五行之功效加以分析歸納，可得出：「君王施政措施」與「個人自身修煉」這兩大類功效。換言之，五行之功能可歸納爲「治國太平」與「治身長生」這兩個命題。

第二節　宇宙系統論的結構模式

在第一節中我們談論了宇宙系統論的六大「基本範疇」之內容（天、道、元氣、一、陰陽、五行）。在這些內容中，論述的方向大致分成三個方面，即：(1)範疇「定義」說明、(2)範疇「性格」陳述、(3)範疇「功能」論述。在這六大範疇中，各範疇間彼此是存在著若干的關係，即：(1)各範疇間彼此相互解釋（互釋性）；(2)各範疇間形成對應性關係（對應性）；(3)各範疇之間往往具有直接化生、含攝、融通的關係存在（親緣性）。〔註18〕

〔註18〕 王平先生的《太平經研究》一書，全書共分成七章，筆者認爲王平先生對《太平經》的獨到見解是在第五章「《太平經》基本哲學範疇剖析」中。尤其在「基本哲學範疇之關係」的論述中，王平先生將基本哲學範疇視爲一個「功能系統」，分析出基本哲學範疇之間主要存在三種關係，即：互釋性、對應性、親緣性。所謂「互釋性」，指所有重要的基本哲學範疇均既被其他基本哲學範疇解釋過，也曾被用來解釋過其他範疇，即：「天、道互釋」、「道、氣互釋」、「天、氣互釋」、「一與天、道、氣互釋」、「陰陽與天、道、氣互釋」。而所謂「對應性」，指將同樣功能的範疇歸爲一類，等而視之，從而使其所運用的哲學範疇之間呈現出較爲嚴整、規範的對應性。換言之，即其主要哲學範疇之間形成一種相對穩定的對應關係，即：「天、道、一、陽」對應、「地、德、二、陰」對應、「人、仁、三、和」對應。而所謂「親緣性」，係指哲學範疇

　　宇宙系統論的六大「基本範疇」之間除了上述的關係外，亦呈現出三種「結構模式」：

一、「八卦」結構模式

　　宇宙系統論的六大「基本範疇」之間所呈現出的「八卦結構模式」，即是結合了西漢京房之「八卦卦氣說」與《易緯‧乾鑿度》的「八卦方位說」，來闡釋：

（一）「元氣」是宇宙萬物演化的根源與開端

　　在卷三十六〈三急吉凶法〉（頁 48）、卷三十九〈解師策書訣〉（頁 64）、卷四十〈分解本末法〉（頁 76～77）、卷六十六〈三五優劣訣〉（頁 236～237）、卷七十三至八十五〈闕題〉（頁 305）與卷九十三〈國不可勝數訣〉（頁 390）中，將「元氣」化生萬物的情形，配合「後天八卦方位」、「四時」、「五行」、「十天干」及「十二地支」，來說明「元氣」是宇宙萬物演化的根源與開端。

（三）說明「陽極生陰、陰極生陽」的道理

　　在卷六十五〈斷金兵法〉（頁 227）、卷六十九〈天讖支干相配法〉（頁 272）與卷八十九〈八卦還精念文〉（頁 338～339）中，運用「天門」（西北方，八卦方位爲「乾卦」之位）與「地戶」（東南方，八卦方位爲「巽卦」之位），來說明「陽生於子」與「陰生於午」的道理。並陳述了「南方爲陽，《易》反得巽離坤」與「北方爲陰，《易》反得乾坎艮」的道理。即論述了「南方極陽生陰」與「北方極陰生陽」的原因。換言之，因爲南方爲極陽之地，陽極生陰，從「巽卦」（☴）的初六爻，到「離卦」（☲）的六二爻，再到「坤卦」（☷）的六三爻，象徵「陰氣」不斷上升；北方爲極陰之地，陰極陽生，從「乾卦」（☰）的初九爻，到「坎卦」（☵）的九二爻，再到「艮卦」（☶）的九三爻，象徵「陽氣」不斷上升。所以才說：「以巽初生東南角，乾初生西北角，以東北爲陽，以西南爲陰。」（卷六十九〈天讖支干相配法〉，頁 272）更以「八卦」配上「陰陽」、「五行」，來說明「震卦」配東方木行，爲少陽之

之間往往具有直接的化生、含攝、融通關係，如：「氣、天地、陰陽、中和」之間具有親緣性、「元氣、天地、陰陽、中和、五行、自然、太和」之間具有親緣性、「元氣、天地人、道」之間相互含攝、化生，具有親緣性。綜合言之，即「一、元氣、自然太和、道、天、地、陰陽、中和、五行」之間具有親緣性。上述說法，見於：王平，《太平經研究》，台北：文津，1995 年 10 月，頁98～107）

氣；「離卦」配南方火行，爲太陽之氣；「兌卦」配西方金行，爲少陰之氣；「坎卦」配北方水行，爲太陰之氣。

（三）解釋君王施政刑賞之依據

在卷四十四〈案書明刑德法〉（頁 110～111）中，對於「刑」、「德」兩者的陳述是利用「乾」、「坤」兩卦六爻配十二月月氣，並用「室中」、「明堂」、「庭」、「門」、「外道巷」、「六遠八境」、「四遠野」共七個分布處所，來比喻「刑」、「德」兩者之初起、上升、移進、對等、延伸、擴散、終極的不同情形；更進而述說「陽進陰退──德升刑降」與「陰進陽退──刑升德降」的態勢與過程（見於：《太平經合校》，頁 105～110）。最後歸納出：「從春分到秋分，德居外」，德居外，指陽氣由「門」→「外道巷」→「六遠八境」→「四遠野」→「六遠八境」→「外道巷」→「門」的順序流轉；「從秋分到春分，德在內」，德在內，指陽氣由「門」→「庭」→「明堂」→「室中」→「明堂」→「庭」→「門」的順序流轉；「從春分到秋分，刑在內治，」刑內治，指陰氣由「門」→「庭」→「明堂」→「室中」→「明堂」→「庭」→「門」的順序流轉；「從秋分到春分，刑居外治外」，刑居外治外，指陰氣由「門」→「外道巷」→「六遠八境」→「四遠野」→「六遠八境」→「外道巷」→「門」的順序流轉。隨著「八卦方位圖」上十二月和地支的運行與乾、坤兩卦六爻上的升降，「德」隨陽氣，符合春生、夏長、秋冬入室的人民生活習慣，所以合於天法，因此君王爲政用「德」不用「刑」。

以上說法，將十二月、十二支、乾卦六爻、坤卦六爻與「刑」、「德」相配，茲列表如下：

月	地支	乾卦六爻	德	坤卦六爻	刑	懷德懷刑
十一月	子	初九	室中	上六	四遠野	十一月懷一德
十二月	丑	九二	明堂	六五	六遠八境	十二月懷二德
一月	寅	九三	庭	六四	外道巷	一月懷三德
二月	卯	九四	門	六三	門	二月懷四德
三月	辰	九五	外道巷	六二	庭	三月懷五德
四月	巳	上九	六遠八境	初六	明堂	四月懷六德
五月	午	上九	四遠野	初六	室中	五月懷一刑
六月	未	九五	六遠八境	六二	明堂	六月懷二刑

七月	申	九四	外道巷	六三	庭	七月懷三刑
八月	酉	九三	門	六四	門	八月懷四刑
九月	戌	九二	庭	六五	外道巷	九月懷五刑
十月	亥	初九	明堂	上六	六遠八境	十月懷六刑

（四）解釋空間位置

卷六十九〈天讖支干相配法〉（頁 272）中，本於《易緯》的「八卦方位說」，而具體的衍化出──「天地八界」的陰陽之位。東方屬木行為少陽，為日之所出，為心宿之起，為君王始生，為君王之家及父母，為道，為仁，為文等；南方屬火行為太陽，為日和心宿之位，為君王之身和君位，為德，為心，為章等；東南屬木火，共為北斗斗綱，君長師父，賢明聖人等；西方屬金行，則為少陰，為月之初出，為臣，為義，為兵革武部等；北方屬水行，則為太陰，為月之盛明，為夜，為後宮，為民，為市井，為酒等；西北屬金水，共為北斗斗魁所繫，共為妖臣、奸偽狡猾和盜賊等；中央屬土行，則為京師，為太皇后之宮。（以上敘述見於：《太平經合校》，頁 262～272）

（五）八卦結合「五行」、「天干、地支」及「四時」的輪轉來闡述事物產生、發展的道理

在卷四十〈分解本末法〉（頁 76～77）、卷九十三〈國不可勝數訣〉（頁390）、卷一〇二〈經文部數所應訣〉（頁 463）與卷一三七至一五三〈太平經鈔〉壬部（頁 708～709），可看出《太平經》將「八卦」與「五行」、「天干地支」、「東南西北」四方、「春夏秋冬」四季等相結合，來說明天地萬物變化、運行的規律。

（六）陳述懸像思守以祛邪除病的方法

在卷一五四至一七〇〈以自防卻不祥法〉（頁 720～722）中，以「大順天地陰陽四時五行之道」，亦即「靜室行氣」、「懸象思神」的修煉方術，說明：只要按照四時節氣，排列春夏秋冬和季夏六月之五行「王（旺）氣」的流轉、推移順序，並標示出五行「神吏」的服飾，陳述具體的「行用」（氣功修煉）方法與「思守」的日期，點出各自所能獲得的功效，以期能達到「內可治身，外可治邪」的目的。其中提到「時令」、「方位」、「五行」、「五色」與「陰陽氣」，可以看出是結合了「八卦卦氣說」與「八卦方位說」。

綜合上述，「八卦結構模式」結合了西漢京房的「八卦卦氣說」與《易緯‧

乾鑿度》的「八卦方位說」，來闡釋：(1)「元氣」是宇宙萬物演化的根源與開端、(2)說明「陽極生陰、陰極生陽」的道理、(3)解釋君王施政刑賞之依據、(4)解釋空間位置、(5)八卦結合「五行」、「天干、地支」及「四時」的輪轉來闡述事物產生、發展的道理、(6)陳述懸像思守以袪邪除病的方法。而《太平經》結合了「八卦卦氣說」與「八卦方位說」，圖示如下：

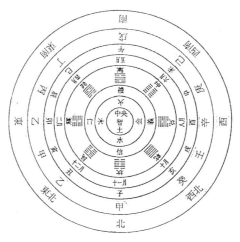

（上圖係結合「八卦方位圖」與「八卦卦氣圖」）

八卦卦氣圖　　　　　　　　　　　　八卦方位圖

（上圖選自朱伯崑《易學哲學史・第一卷》）

二、「陰陽」結構模式

在卷十八至三十四〈合陰陽順道法〉（頁 11）及〈錄身正神法〉（頁 12）、卷三十六〈守三實法〉（頁 44）、卷六十六〈三五優劣訣〉（頁 239）、卷六十八〈戒六子訣〉（頁 259）、卷八十八〈作來善宅法〉（頁 336）、卷九十三〈國不可勝數訣〉（頁 390、393）、卷一〇三〈虛無無爲自然圖道畢成誡〉（頁 470）、卷一一五至一一六〈闕題〉（頁 649）、卷一一七〈天樂得善人文付火君訣〉（頁 653）、卷一二〇至一三六〈太平經鈔〉辛部（頁 692）、卷一三七至一五三〈太平經鈔〉壬部（頁 706）與〈太平經佚文〉（頁 733）中，無論是：天、道、元氣、四時、五行、地、人、萬物，俱皆以「陰陽」爲共同法則，因而「陰陽」範疇即是宇宙萬物運行的共通原則。換言之，《太平經》認爲宇宙萬物有個適用的共同法則——「陰陽」。

既然，「陰陽」範疇是宇宙萬物運行的共通法則，《太平經》便將其用來「類分宇宙萬物——陰陽分類」。在卷十八至三十四〈錄身正神法〉（頁 12）、卷三十五〈分別貧富法〉（頁 36）及〈興善止惡法〉（頁 41）、卷三十六〈事死不得過生法〉（頁 49～50）、卷三十九〈解師策書訣〉（頁 64、66）、卷四十四〈案書明刑德法〉（頁 110）、卷五十六至六十四〈闕題〉（頁 218、220）、卷六十五〈斷金兵法〉（頁 226）、卷六十九〈天讖支干相配法〉（頁 271）、卷九十二〈萬二千國始火始氣訣〉（頁 375）、卷九十三〈陽尊陰卑訣〉（頁 387～388）、卷九十六〈忍辱象天地至誠與神相應大戒〉（頁 424、426～427）、卷一一三〈樂怒吉凶訣〉（頁 588～589）、卷一一五至一一六〈某訣〉（頁 632、647）、卷一一八〈燒下田草訣〉（頁 670～671）、卷一三七至一五三〈太平經鈔〉壬部（頁 702）與卷一五四至一七〇〈和合陰陽法〉（頁 728）及〈是神去留效道法〉（頁 731）中，無論是自然界的「天地」、「日月星」、「晝夜」、「春夏秋冬」等現象，還是人類社會中的「君臣」、「男女」、「五臟」（心脾）、「五性（仁義禮智信）六情（喜怒哀樂愛惡）」、「生死」、「生殺」、「道刑」、「道德」、「德刑」、「善惡」、「樂刑」等情形，以及動、植物世界的「雌雄」、「牝牡」、「草木」，甚至連「天干」、「地支」、「五行」、「方位」、「數」等人類認識活動的內容，都可以用「陰」、「陽」兩者來分類，茲列表如下：

陽	陰
天	地
日	月、星

晝	夜
春、夏	秋、冬
君	臣
男	女
心	脾
生	死
生	殺
生	養
道	刑
道	德
德	刑
善	惡
五性（仁義禮智信）	六情（喜怒哀樂愛惡）
樂	刑
雄	雌
牝	牡
木	草
甲、丙、戊、庚、壬	乙、丁、己、辛、癸
子、寅、辰、午、申、戌	丑、卯、巳、未、酉、亥
一	二
諸九	諸六
木、火	金、水
東、南	西、北
上	下
左	右
表	裏
外	內
前	後
剛	柔
息	消
⋮	⋮

由上表，宇宙間一切事物與現象皆可被歸納為「陽類」或「陰陽」。而同類物質和現象，具有共同的功能屬性，因而可以彼此相互對應，而具有統一性與匯通性。如此，《太平經》中形成所謂的「陰陽」結構模式！

《太平經》將宇宙系統論的「六大基本範疇」之間所呈現出的「陰陽結構模式」，用它來普遍解釋事物運行的原則與功能屬性，包括：(1)人的生死存亡（事死不得過生）、(2)人類的行為、活動（說明「一夫二妻制」的合理性與反對「大興土木」、「鑿地太深」的原因）、(3)解釋社會興衰治亂的原因（殘殺女嬰、事死過生、縱酒）、(4)說明君王施政刑賞之依據（用德不用刑、崇德抑刑的原因）、(5)空間方位（說明「天地八界」的陰陽之位）。「陰陽結構模式」除了具有普遍解釋事物運行的原則與功能屬性外，尚有：「生化施養萬物」與「致太平」等功效存在。

三、「五行」結構模式

在卷六十九〈天讖支干相配法〉（頁 262、268）、卷七十二〈齋戒思神救死訣〉（頁 294）、卷八十八〈作來善宅法〉（頁 336）、卷九十三〈國不可數訣〉（頁 393）、卷九十七〈妒道不傳處士助化訣〉（頁 430）、卷一〇九〈兩手策字要記〉（頁 518～519）、卷一一九〈道祐三人訣〉（頁 682）中，無論是：天、地、人、萬物，俱皆以「五行」為共同法則，「五行」範疇便是宇宙萬物運行的共通原則。

既然，「五行」範疇是宇宙萬物運行的共通原則，因而在《太平經》卷十八至三十四〈安樂王者法〉（頁 20）及〈闕題〉（頁 25、27）、卷三十九〈解師策書訣〉（頁 64～66）、卷四十九〈急學真法〉（頁 166～167）、卷五十五〈知盛衰還年壽法〉（頁 210）、卷五十六至六十四〈闕題〉（頁 213、219）、卷六十五〈斷金兵法〉（頁 227～228）及〈王者賜下法〉（頁 228）、卷六十九〈天讖支干相配法〉（頁 262～265、271～272）、卷七十二〈五神所持訣〉（頁 300）、卷八十九〈八卦還精念文〉（頁 338～339）、卷九十二〈三光蝕訣〉（頁 366～367）及〈萬二千國始火始氣訣〉（頁 376）及〈火氣正神道訣〉（頁 377）、卷九十三〈敬事神十五年太平訣〉（頁 398～399）、卷九十六〈忍辱象天地至誠與神相應大戒〉（頁 426）、卷一一三〈樂怒吉凶訣〉（頁 587～588）、卷一一五至一一六〈某訣〉（頁 633～634）、卷一一九〈三者為一家陽火數五訣〉（頁 678）及〈道祐三人訣〉（頁 683）與卷一五四至一七〇〈以自防卻不祥法〉（頁

721～722）中，便陳述了「五行」範疇的性質，計有：在「方位」上：木屬東方，火屬南方，土屬中央，金屬西方，水屬北方；在「季節」上：木爲春季，火爲夏季，土爲季夏六月，金爲秋季，水爲冬季；在「天干」配對上：木配甲、乙，火配丙、丁，土配戊、己，金配庚、辛，水配壬、癸；在「地支」配對上：木配寅、卯，火配巳、午，土配丑、未、辰、戌，金配申、酉，水配子、亥；在「八卦」配對上：木屬震、巽，火屬離，土屬坤、艮，金屬乾、兌，水屬坎；在「政治」關係上：木爲君，火爲君，土爲民，金爲臣，水爲民；在「陰陽」關係上：木爲少陽，火爲太陽，，金爲少陰，水爲太陰；在「顏色」上：木爲青色，火爲赤色，土爲黃色，金爲白色，水爲黑色；在「倫常」關係上：木爲仁，火爲禮，土爲信，金爲義，水爲智；在「音樂」上：木屬角，火屬徵，土屬宮，金屬商，水屬羽；在「五臟」上：木配肝，火配心，土配脾，金配肺，水配腎；在「五帝」上：木爲青帝，火爲赤帝，土爲黃帝，金爲白帝，水爲黑帝；在「五獸」上：木爲青龍，火爲朱雀，土爲黃龍，金爲白虎，水爲玄武。

由上可知，《太平經》中與「五行」相對應的系列有：方位、季節天干、地支、八卦、陰陽、政治、顏色、倫常、音樂、五臟、五帝、五獸等等，茲列表如下：

	方位	季節	天干	地支	八卦	陰陽	政治	顏色	倫常	音樂	五臟	五帝	五獸
木	東	春	甲乙	寅卯	震巽	少陽	君	青	仁	角	肝	青帝	青龍
火	南	夏	丙丁	巳午	離	太陽	君	赤	禮	徵	心	赤帝	朱雀
土	中央	季夏六月	戊己	丑未辰戌	坤艮		民	黃	信	宮	脾	黃帝	黃龍
金	西	秋	庚辛	申酉	乾兌	少陰	臣	白	義	商	肺	白帝	白虎
水	北	冬	壬癸	子亥	坎	太陰	民	黑	智	羽	腎	黑帝	玄武

由上表，宇宙間存在的一切自然現象與人文、社會現象，均可按「五行」加以歸類，即分屬於「木」、「火」、「土」、「金」、「水」五個大類別。凡屬於同一大類別的事物，儘管在形態和表現性質上有所差異，但仍具有共同的功能屬性，例如：「木」行中，木、東、春、甲乙、震巽、少陽、君、青、仁、角、肝、青帝、青龍等，原本完全不同形態的事物與現象，但由於它們同屬於「木」行爲標記的一大類別，因而都具有了「木」行的功能屬性，從而也就可以彼此相互對應，而具有統一性及匯通性。如此，在《太平經》中形成

了所謂的「五行」結構模式！

《太平經》將宇宙系統論的「六大基本範疇」間所展現出的「五行結構模式」，用它來廣泛解釋事物運行的原則與功能屬性，而用來作為解釋的方法有兩種類型，即「五行生剋說」與「五行休王說」。

「五行生剋說」即：

「相生」關係是：木生火，火生土，土生金，金生水，水生木。

「相剋」關係是：水剋火，火剋金，金剋木，木剋土，土剋水。

「五行」相生、相剋說，經仔細分析後，我們不難發現「五行相生，隔一致剋」的規律。換言之，即「比相生而間相剋」，如木比（鄰）火，則木生火；如木間（隔一）土，則土剋土，其餘類推。用圖來表示即：

而將「五行」的相生、相剋關係排成圓圈，即：

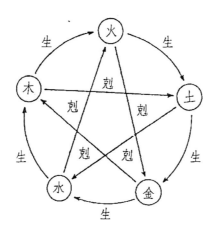

從上圖可看出，將「五行」的相生、相剋說直線排列是一個平行穩定的模式；但圓形排列，「生」是無始終的循環關係；而「剋」卻是一條不斷重複的星形運行路線。

「五行休王說」即：「五行」中木在春王（旺），火在夏王，土在季夏六月王，金在秋王，水在冬王。五行中各行在自己四季中所主的時間裏處於「王」的狀態，而在其他時間裏則分別處於「相」、「休」、「囚」、「廢」的狀態，這

就是所謂的五行的「王、相、休、囚」、廢」（五行休王說）。而何謂「王」、「相」、「休」、「囚」、「廢」、「王」，即旺，指處於旺盛狀態；「相」，指處於次旺盛並向旺盛轉變的狀態；「休」，即休然無事，意為已經退休；「囚」，指衰弱被囚；「廢」，即被剋制而生氣全無。「五行」在四時中的處境、狀態，茲列表如下：

四時／五行	春	夏	季夏六月	秋	冬
木	旺	休	囚	廢	相
火	相	旺	休	囚	廢
土	廢	相	旺	休	囚
金	囚	廢	相	旺	休
水	休	囚	廢	相	旺

五行在四時的發展規律，即「當令者旺，旺後為休，休後為囚，囚後為廢，廢後復生為相」。以「木」行為例，木在春季處於王（旺）的狀態，旺後在夏季為休的狀態，休後在季夏六月為囚的狀態，囚後在秋季為廢的狀態，廢後至冬季復生為相的狀態。其他各行皆依次類推。而在四時的每一時中，五行所處的狀態規律為：「當令者旺，我生者相，生我者休，剋我者囚，我剋者廢」。以「木」行為例，春季是木當令的季節，所以木王（旺）；木生火所以火為相；木被水所生，所以水休；木被金所剋，然木正處於旺盛的狀態，因而金已無力剋伐，所以金被囚禁；木剋土，土在木旺盛的狀態，只有廢亡一途。其他各時都依次類推。茲列表如下：

	我	我生者	生我者	剋我者	我剋者
春	木王	火相	水休	金囚	土廢
夏	火王	土相	木休	水囚	金廢
秋	金王	水相	土休	火囚	木廢
冬	水王	木相	金休	土囚	火廢
季夏六月	土王	金相	火休	木囚	水廢

「五行休王說」，原本是說明五種自然物質（木、火、土、金、水）在一年當中所處於的不同狀態、處境；它與「五行生、剋說」是有一定的關係存在。但在《太平經》中不僅敘述了五行在四時中的這些狀態，更以「五行休

王說」與「五行生剋說」，來普遍解釋事物運行的原則與功能屬性，包括：(1)
五行結合「八卦」、「天干、地支」及「四時」的輪轉來闡述事物產生、發展
的道理、(2)闡述政治主張（君王斷金兵，興木火）、(3)說明斷酒措施、(4)
陳述嚴禁焚燒山林與宣揚燒下田草之原因、(5)以五行之功能屬性來解釋五臟
的生理特徵。「五行結構模式」除了具有廣泛解釋事物運行的原則與功能屬性
外，尚有：「與神學結合」（大道人、身中神、五臟神）與「示現災異」等功
能存在。

四、「建除」結構模式

在《太平經》中「宇宙系統論」除了呈現出上述三種結構模式外，還存
在另外一種結構模式──「建除結構模式」！

「建除」，又稱「建除十二神」、「建除十二辰」、「建除十二客」與「十二
直」。十二神依次為：建、除、滿、平、定、執、破、危、成、收、開、閉，
因首二字為「建」、「除」故名為「建除」。是古代建除家以天文十二辰分別象
徵十二種人事情況，據以占測吉凶的方術。方法是：將每月中各日按地支配
以建、除、滿、平、定、執、破、危、成、收、開、閉十二神，周而復始，
看該日所配的十二神以定吉凶。每月節氣那天（如立春、驚蟄、清明等），則
重複上一日的十二神。如正月節（立春）初昏斗柄建寅，則正月以寅日起建，
卯日為除，辰日為滿，巳日為平，午日為定，未日為執，申日為破，酉日為
危，戌日為成，亥日為收，子日為開，丑日為閉。因每月節氣則重複前日的
十二神，所以二月則卯日起建，辰日為除，巳日為滿，……。三月則辰日起
建，巳日為除，午日為滿，……。以下以此類推。這樣每月的「建除」都能
同該月斗柄所建相一致。由此可知，「建除」是一種按照歲星在十二種星宿間
運行，按照干支推算，以定日辰吉凶的擇日方術。〔註19〕

〔註19〕「建除」法現今最早的記載是考古材料《睡虎地秦簡·日書》與《放馬灘秦
簡·日書》兩種。《睡虎地秦簡·日書》之甲種「除」與乙種、甲種「秦除」
與乙種「徐」以及《放馬灘秦簡·日書》之甲種，均有「建除十二神」的記
載。而在這兩種秦簡日書中，「建除」法約可分成兩種：其一，以正月建寅為
始，十二月建丑為末。《睡虎地秦簡·日書》之甲種「秦除」與乙種「徐」以
及《放馬灘秦簡·日書》之甲種，皆屬於此類。其二，則以十一月為始，十
月為末。《睡虎地秦簡·日書》之甲種「除」與乙種，則屬於此類（以上論述
的詳細內容，見於：(1)許信昌，《秦簡日書數術的探討》，台灣大學歷史研究
所碩士論文，1993 年 6 月，頁 36～44；(2)李零主編，《中國方術概觀·選擇

卷上》，北京：人民中國出版社，1993 年 6 月，頁 5～11，頁 13～18，頁 54
～57；(3)劉樂賢，《睡虎地秦簡日書研究》，台北：文津，1994 年 7 月，頁
21～41，頁 314～318，頁 319～323）。在《睡虎地秦簡・日書》尚未發現之
前，傳統文獻上最早記載「建除法」的應該是《淮南子・天文訓》，其中云：
「寅爲建，卯爲除，辰爲滿，巳爲平，主生；午爲定，未爲執，主陷；申爲
破，主衡；酉爲危，主杓；戌爲成，主少德；亥爲收，主大德；子爲開，主
太歲；丑爲閉，主太陰。」（劉文典，《淮南鴻烈集解》，台北：文史哲，1992
年 10 月，頁 117）而清代的《協紀辨方書》則引用《曆書》對「建除十二神」
的作用作了説明：「曆家以建、除、滿、平、定、執、破、危、成、收、開、
閉凡十二日周而復始，觀所值以定吉凶。每月交節則疊兩值日。其法從月建
上起，建與斗杓所指相應，如正月建寅則寅日起建，順行十二辰是也。」（《協
紀辨方書・卷四・義例二・建除十二神》，台北：集文書局，1989 年 10 月，
頁 490）此處是説，十二神的安排和破軍星有關係。破軍星即搖光星，是北斗
七星斗柄柄頭的星。在正月節（即立春）那天初昏，它的前端指寅的方向（古
人把十二支分配於十二方位，以正北爲子，接著向東，順次配以十二支。寅
在東北方，卯爲東方，午爲南方，酉爲西方，……）叫做建寅；二月節（即
驚蟄）初昏指卯，三月節（即清明）初昏指辰，……到了翌年正月節初昏又
復指寅的方向。因而正月節後最初的寅日的十二神爲建，翌日即卯日爲除，
再翌日即辰日爲滿，巳日爲平，其餘類推。由於十二支和十二神的數目一樣，
因而順次下去，各月寅日的十二神常爲建，卯日常爲除，完全重複，這樣就
沒有設立十二神的必要。爲了避免這種現象，就利用二月節初昏破軍星前端
所指的卯的方向，設計出以二月卯日的十二神定爲建。按正月的十二神安排
次序，則卯日的十二神應爲除，而建在它的前日；因而爲了實行這種設計，
非在什麼地方，使十二神遲一日不可。十二支不能去掉一日，十二神也不能
空一日，結果遂以每月節氣那天的十二神，重複其前日的十二神。這樣則過
了十二節氣後，即一年後，十二神恰好遲了十二次，十二支又和十二神一致，
正月寅日的十二神仍復爲建，這是十二神安排的方法。十二神最初是諸月的
命名，與十二辰相參伍，用以表示日的吉凶。關於它們的由來，《協紀辨方書》
解釋説：「按：建者一月之主，故從建起義而參伍于十二辰，古之所謂建除家
言也。建次爲除，除舊布新，月之相氣也。一生二，二生三，三者數之極，
故曰滿。滿則必溢矣，《易》曰：『坎不盈，祇既平。』概滿則平，繼滿故必
以平也。平則定，建前四位即三合，合亦定也。定則可執矣，故繼之以執。
執者，守其成也。物無成而不毀，故繼之以破。對七爲沖，沖則破也，救破
以危。在《易》已日乃革之。已十天干之第六，破十二辰之第七，其義同也，
是故救破以危。既破而心知危，《孟子》曰：『危故達夫心。』能危者，事乃
成矣，不必待其成而後知爲達也。《淮南子》云前三後五，百事可舉。平前三
也，危後五也。繼危者成，何以成？建三合備也。既成必收。自建至此而十，
十極數也，數無終極之理，開之。開之云者，十即一也，一生二，二生三，
由此一而三之則復爲建矣。建固生於開者也，故開爲生氣也。氣始萌芽，不
閉則所謂發天地之房而物不能以生，故受之以閉終焉。唯其能閉，故復能建，
與《易》同也。」（《協紀辨方書・卷四・義例二・建除十二神》，台北：集文
書局，1989 年 10 月，頁 493～494）筆者認爲，儘管建除十二神從古至今便

而「建除十二神」在十二個月中的排列情形，茲列表如下：

	建	除	盈	平	定	執	破	危	成	收	開	閉
正　月	寅	卯	辰	巳	午	未	申	酉	戌	亥	子	丑
二　月	卯	辰	巳	午	未	申	酉	戌	亥	子	丑	寅
三　月	辰	巳	午	未	申	酉	戌	亥	子	丑	寅	卯
四　月	巳	午	未	申	酉	戌	亥	子	丑	寅	卯	辰
五　月	午	未	申	酉	戌	亥	子	丑	寅	卯	辰	巳
六　月	未	申	酉	戌	亥	子	丑	寅	卯	辰	巳	午
七　月	申	酉	戌	亥	子	丑	寅	卯	辰	巳	午	未
八　月	酉	戌	亥	子	丑	寅	卯	辰	巳	午	未	申

是一套重要的擇日項目，但是我們對此十二神的來歷頗不清楚（《協紀辨方書・卷四・義例二》的解釋應不可信），而《淮南子・天文訓》中，有建除十二神「主某」的說法，似乎是在解釋建除十二神的由來，但這段文字頗不易解，所以對「建除十二神」來歷的說法是值得討論的。而李零與劉樂賢兩位先生在其論著中說明：「建除十二神」的來歷，當與古代「式圖」的十二時制之配神有關，它們與《楚帛書》的十二神應是屬於同一系統。（以上說法見於：(1)李零，〈「式圖」與中國古代的宇宙模式（上）〉，《九州學刊》，1991 年 4月，四卷一期，頁30～52；〈「式圖」與中國古代的宇宙模式（下）〉，《九州學刊》，1991 年 7月，四卷二期，頁56～59；〈「式」與中國古代的宇宙模式〉，《中國文化》，1991 年四期，頁 6～19；〈《楚帛書》的再認識〉，《中國文化》，1994 年十期，頁 51～53。(2)劉樂賢，《睡虎地秦簡日書研究》，台北：文津，1994 年 7月，頁 38～39；筆者認爲，上述說法應不失爲一項較爲合理的說法。此外，在《開元占經》卷六十七〈石氏中官・北斗星占〉中的建除說與上述所說明的「建除說」頗不相同，現錄之於下，以供參考：

北斗星名	魁	璇	機	權	玉衡	開陽	搖光
所配七政	歲星	太白	熒惑	塡星	辰星	月	日
代表意義	天道	地道	人道	四時	音德	法星	部星
六甲所管	甲子 丙子 戊子 庚子 壬子	乙丑、乙亥 丁丑、丁亥 己丑、己亥 辛丑、辛亥	丙寅、甲戌 戊寅、丙戌 壬寅、庚戌 甲寅、壬戌	丁卯、癸酉 己卯、乙酉 癸卯、己酉 乙卯、辛酉	戊辰、壬申 庚辰、甲申 壬辰、丙申 甲辰、戊申 丙辰、庚申	己巳、辛未 辛巳、癸未 癸巳、乙未 乙巳、己未	庚午 壬午 丙午 戊午 甲午
建除名目	建	除、閉	滿、開	平	定、成	執、危	破、收

（以上說法見於：《開元占經・下》，湖南：岳麓書社，1994 年 12 月，頁 699～701）

九　月	戌	亥	子	丑	寅	卯	辰	巳	午	未	申	酉
十　月	亥	子	丑	寅	卯	辰	巳	午	未	申	酉	戌
十一月	子	丑	寅	卯	辰	巳	午	未	申	酉	戌	亥
十二月	丑	寅	卯	辰	巳	午	未	申	酉	戌	亥	子

在《太平經》中同樣存在著「建除」學說，且與《睡虎地秦簡‧日書》及《淮南子‧天文訓》大致是屬於同一個系統。

> 卷七十三至八十五〈闕題〉：「然王氣乃為無氣之長也，眾氣所繫屬，諸尊貴之君也。王氣乃為天、為皇、為帝、為王、為太歲、為月建、為斗岡、為青龍、為大德、為盛興、為帝王、為無上王、為生成主。是故王氣所處，萬物莫不歸王之；王氣所居，皆王而生；所背去悉死，由元氣也。故王氣處陽則陽王，居陰則陰王，居天則天王，居地則地王，所處者皆王，受命主理。是古者聖人王者，春東、夏南、秋西、冬北、六月中央，匝氣則謁見天，王氣乃尊於天。當月建名為破大耗，當帝王氣衝為名死滅亡，元氣建位，帝王氣為第一氣，尊嚴不可妄當也。月建後一為閉，閉者，乃天主閉塞其後，陰休氣恐來前為姦猾，干帝王建氣也，故閉其後也。開者，天之法，不樂害傷也。故開其後者，示教休氣，為其有為姦者樂開使退去也。不去當見收，收則考問之則成罪，罪則不可除，令死危。故後五為危，為則近死矣。故後六為破，天斗所破乃死，故魁主死亡，乃至危也。故帝王氣起少陽，太陽常守斗建。死亡氣乃起於少陰，太陰常守斗魁，是故後六將天常休之空之，與地同氣，主閉藏匿，奸宄與邪鬼物同處，不可妄開發。古者賢人好生也，悉氣屬斗前，與天行并，故曰吉能有氣也。諸為奸猾陰賊惡邪，悉象陰氣，屬斗後，故曰衰，所為者凶。」（頁304～305）

「王氣乃為無氣之長也」，王氣，當政為王，引申為最旺盛之氣，如春季則木氣為王氣。無氣，指死氣或廢氣，即被王氣所剋者，如春季則土氣為無氣。「眾氣所繫屬」，眾氣，指相氣、休氣、囚氣等。繫屬，被王氣所統率。如春季則木王、火相、土死、水休、金囚。「為太歲」，太歲，古人假設的理想天體，用以紀年，星相家則奉之為運行於天的歲神，其所在得的方位必不可犯。《太平經》卷一一二〈有過死謫作河梁誡〉稱：部主輪值十二方之神，名為太歲（頁578）。「為月建」，月建，又稱斗建，意謂北斗星斗柄所指。古人用十二

地支代表十二方位，即以子爲北，午爲南，卯爲東，酉爲西等等。這樣則夏曆十一月黃昏時斗柄指北，故稱該月爲建子之月。以後斗柄每月移指一個方位，十二個月周而復始，遂成十二月建。「爲斗岡」，岡，當作「綱」。斗綱，指按北斗星確定季節和月份的綱紀。即斗柄東指，則爲春天，南指則爲夏天，西指則爲秋天，北指則爲冬天。「古者聖人王者，春東」，此處是說在立春之日，迎春氣於東郊，祭祀木行青帝。「夏南」，此處是說在立夏之日，迎夏氣於南郊，祭祀火行赤帝。「秋西」，此處是說在立秋之日，迎秋氣於西郊，祭祀金行白帝。「冬北」，此處是說在立冬之日，迎冬氣於北郊，祭祀水行黑帝。「六月中央」，此處是說在立秋前十八日，迎黃靈於中兆（位於西南郊五里處所設的祭所），祭祀土行黃帝。以上所云，合稱五祀或迎氣。「匝氣則謁見天」，匝氣，指五行之氣流轉一周。「當月建名爲破大耗」，當，正對。月建，指建除第一神。《太平經》以此爲基準，把隨北斗星斗柄旋轉指向十二支方位所構的十二月建，平均分成兩組，每組又各自去配對建除十二神，因而第一組以「建」爲首，第二組以「破」爲首，破與建方位相對，故名「當月建名爲破」。「月建後一爲閉」，後一，指倒數第一位。閉，北斗星斗柄於十二月指向丑所代表的東北方，爲建丑之月。在建除十二神中，丑爲閉，閉屬第十二神，故倒數爲後一。「開者」，開，北斗星斗柄於十一月指向子所代表的北方，爲建子之月。在建除十二神中，子爲開。「見收」，見收，被囚禁。收，北斗星斗柄於十月指向亥所代表的西北方，爲建亥之月。在建除十二神中，亥爲收。「成」，成，北斗星斗柄於九月指向戌所代表的偏西方，爲建戌之月。在建除十二神中，戌爲成。「後五爲危」，後五，指倒數第五位。危，北斗星斗柄於八月指向酉所代表的西方，爲建酉之月。在建除十二神中，酉爲危。危屬第八神，八至十二共五位，故曰後五。「後六爲破」，後六，指倒數第六位。破，北斗星斗柄於七月指向申所代表的偏西南方，爲建申之月。在建除十二神中，申爲破。破爲第七神，故曰後六。「魁」，魁，指斗魁，由北斗七星中第一至第四星組成。斗柄指寅，則斗魁指申，適成沖位。「乃至危也」，由第七神破，正數則僅一位便到第八神危，故此處如是說。「故帝王氣起少陽，太陽常守斗建。死亡氣乃起於少陰，太陰常守斗魁」，以上是根據斗柄旋轉於正月至六月各方位，而斗魁則應預指其七月至十二月各沖位而立說。「後六將」，即建除十二神中之破、危、成、收、開、閉六神。「屬斗前」，斗前，指建除十二神中以建爲基準，往前正數的除、滿、平、定、執五神。斗柄於二月指向卯所

代表的東方，即建卯之月，卯乃爲除；斗柄於三月指向辰所代表的偏東方，即建辰之月，辰乃爲滿；斗柄於四月指向巳所代表的東南方，即建巳之月，巳乃爲平；斗柄於五月指向午所代表的南方，即建午之月，午乃爲定；斗柄於六月指向未所代表的西南方，即建未之月，午乃爲執。

　　此處，著重在解說王氣，並配以「建除十二神」，是對這種以天文十二辰分別象徵十二種人事情況，據以占測吉凶禍福的方術。其內容與《淮南子・天文訓》小同大異，與後世術數家所言也迥然不同，可看出頗具道教的氣論特點。

> 卷一〇二〈經文部數所應訣〉：「天數之始也，是故天地未分之時，積氣都合爲一，分爲二，成夫婦。天下施於地，懷妊於玄冥，字爲甲子。布根東北，丑與寅。始見於卯，畢生東南，辰與巳。垂枝於南，養於午。向老西南，未與申。成西方，日入酉。畢藏西北，戌與亥。故起數於一，十而止。十者，十干之始，五行之本也。數以一乘十，百而備是也。故天生內百日故畢終。是故斗建於辰，破於戌。建者，立也，故萬物欲畢生。破者，敗也，萬物畢死於戌。數從天地八方，十而備，陰陽建破，以此（七）往來復其故，隨天斗所指以明事。吾書乃爲除害氣，故象天爲法。」（頁 463～464）

「斗建於辰」，斗建，指北斗星斗柄所指的方位。指於辰位，則稱爲建辰之月，即三月。辰在建除十二神中被稱爲滿，滿爲神名主生。此處說明百日（春季三個月）春盡而物畢終，與滿相合。「破於戌」，破，指沖位。斗柄指辰，則由第一至第四星組成的斗魁當好指戌，構成對沖。戌代表秋季最後一個月，它在建除十二神中被稱爲成。「陰陽建破，以此（七）往來」，此，卷一三七至一五三〈太平鈔〉壬部經文作「七」（頁 709）。此處指斗柄旋轉指向寅位（正位）到申位（七月）之間。指寅爲春季，指巳爲夏季，指申爲秋季，指亥爲冬季；春夏屬陽爲建，秋冬屬陰爲破。凡陽建之位，則破其對沖的陰位，且申至寅數亦爲七，故曰陰陽建破。

　　此處所謂「經文部數」，是指《太平經》部帙與卷數的劃分；「所應」，指在劃分時所應順應、遵循的法則。本篇是對《太平經》定全書爲一百七十卷的理論說明。篇中宣稱天數起於一終於十，十乃「天干之始，五行之本」，故分全書爲甲至癸十部。數至百則畢終，而北斗旋轉往來七位，又顯示出著「陰陽建破」的交替循環過程，故定全書爲一百七十卷。本篇對《太平經》全書

定爲十部、一百七十卷的理由，是糅合了《易緯》八卦卦氣、方位的象數模式與建除家言。

> 卷一二〇至一三六〈太平經鈔〉辛部：「請問四時之神氣以助理致善除惡，何者致大神？何者致中神？何者致小神？日思月建帝氣者致大神，思相氣者致中神，思殺氣（微氣）者致小神，思月建後老氣者致老物，思月建後病衰氣者致邪鬼，思月建後死氣者致純鬼，思月建後破氣者致破殺凶惡咎害也。生氣者屬天屬陽屬前。天道以神氣生，故斗前六神皆生；後六神屬地屬陰。天道以死氣爲鬼，爲物凶咎。」（頁 698）

「月建帝氣」，月建，又稱斗建，意謂北斗星斗柄所指，因與月份相配，故稱月建。《太平經》則視元氣建位，形同帝王，帝氣即王氣。「王」，爲五行休王說與八卦休王說的專用術語，意謂旺盛，占統治地位。「思殺氣」，殺氣，按照建除家言，未爲執，職在攻陷。「思月建後」，月建後，指以寅爲元氣建位作基礎，往後數。《太平經》把十二月建分爲春夏六月和秋冬六月兩組，每組再去分別配對建除十二神，稱之爲「帝王月建前後」。「破氣」，破氣，與帝王氣對沖之氣。按照建除家言，寅爲建，申爲破。斗柄爲寅，則由北斗第一至第四星組成的斗魁恰恰指申，故曰破。「斗前六神」，斗前六神，指建除十二神中的寅爲建，卯爲除，辰爲滿，巳爲平，午爲定，未爲執。「後六神」，後六神，指建除十二神中的丑爲閉，子爲開，亥爲收，戌爲成，酉爲危，申爲破。

此處，主要將建除這種以天文十二辰分別象徵十二種人事情況，據以占測吉凶禍福的方術，並以漢代盛行的五行休王說、八卦休王說糅爲一體，以此爲依據向世人宣說因「思氣」不同，必將招致神鬼來到，福至禍降的截然相反的結果。

> 卷一三七至一五三〈太平經鈔〉壬部：「帝王月建前後也，職當爲帝王氣，逐邪惡之吏也。夫建氣王氣，是乃天四時五行之帝氣也。相氣除氣爲前，一是正其前，毛頭直指之吏也。所向者伏姦，不得復行爲害，除前滿平定氣，皆善良吏也。前五執者居前，預爲帝王氣，執除大邪。建前五將，悉受天正氣，皆天之神吏，當爲天使，無大小萬二千物之屬，皆當被服其得而奉行其化。當王氣爲死，當月建爲破，此尊嚴第一氣，故不可當也。當者死，名爲殺氣大耗。月建

後爲閉，閉塞邪姦，恐後休伏之氣來干帝王建氣也。故天閉其後，
後而開，卻休邪氣教去也。其後爲成姦，便當收之也。後五爲危，
危者其處近天執大殺，一轉破即擊，故爲危也。此後五將，天將欲
休之，與地同氣，主閉藏姦邪，鬼物同處，不可使也。」（頁706～
707）

「建氣王氣」，建，這裡指建除十二神之第一神。王，五行休王說之術語，意
謂旺盛，起支配作用。春則木王，故建氣王氣連稱。「相氣除氣」，相，五行
休王說之術語，意謂強壯。春木王，則火相。除，北斗星斗柄於二月指向卯
所代理的東方，爲建卯之月，在建除十二神中卯爲除。「毛頭直指之吏」，毛
頭，即旄頭，前驅、先鋒之義。此句是對卯爲午這建除第二神神義和神職的
解釋。「除前滿平定氣」，滿，北斗星斗柄於三月指向辰所代表的偏東方，即
建辰之月，辰乃爲滿；平，北斗星斗柄於四月指向巳所代表的東南方，即建
巳之月，巳乃爲平；定，北斗星斗柄於五月指向午所代表的正南方，即建午
之月，午乃爲定。「前五執者」，前五，指以「建」爲基礎，往前正數的第五
位。執，北斗星斗柄於六月指向未所代表的西南方，即建未之月，午乃爲執。
執爲第六神，故位列前五。「居前預爲帝王氣執除大邪」，此句是對未爲執這
建除第六神神義和神職的解釋。執以下第七神爲破，第八神爲危，故作以上
的解釋。「建前五將」，此句是說除、滿、平、定、執五神。

　　此處，以北斗星的運轉爲樞機，以代表元氣建位的建神爲基準，對建除
十二神的神義與神職作出解說，並結合五行休王說來作出論述，而突出早期
道教的氣論思想。

　　卷一三七至一五三〈太平經鈔〉壬部：問：「《太平經》何以百七十
卷爲意？」曰：「夫一者，乃數之始起。故天地未分之時，積氣都爲
一。分爲二，成夫婦。天下施於地，懷妊於玄冥，字爲甲子；布根
東北，丑爲寅始；見於東，日出卯；畢生東南，辰以巳垂枝於南，
養於午；向老西南，未以申也；成於西方，日入酉；畢藏於西北，
戌與亥。故數起於一，而止十，二干之本，五行之根也。故以一乘
十，百而備是也。故天生物，春響百日欲畢終。是天斗建辰，破於
戌。建者，立也，故萬物畢生於辰。破者，敗也，萬物畢死於戌。
故數者，從天下地八方，十而備，陰陽建破，以七往來，還復其故。
隨天斗所指以明事，故斗有七星，以明陰陽之終始。故作《太平經》

> 百七十卷，象天地爲數，應陰陽爲法，順四時五行以爲行，不敢失
> 銖分也。」（頁 708～709）

以上文字，是對《太平經》定全書爲一百七十卷的理論說明。此處的解說與卷一○二〈經文部數所應訣〉中的經文基本相同，唯語意稍明晰，內容更完整一些。文中主要說明《太平經》部帙和卷數劃分區定的理論根據，其中所謂「象天地爲數，隨天斗所指以明事，應陰陽爲法，順四時五行以爲行」，係是糅合了《易緯》八卦卦氣、方位的象數模式與建除家言。

綜合上述，此處《太平經》結合「五行休王說」及「八卦休王說」來與「建除十二神」配對，認爲「斗前六神」（建、除、滿、平、定、執）悉受天正氣，主生，爲陽氣，主吉；而「斗後六神」（閉、開、收、成、危、破），皆受地氣，主死，爲陰氣，主凶。更向世人說明因爲「思氣」不同，便會招致不同的神鬼降臨，因此奉勸世人如好延壽、長生，就應該思念「斗前六神」以招致善氣、吉氣降臨。另外，並以《易緯》之八方位說與「建除十二神」結合，來說明《太平經》之所以爲十部、一百七十卷的原因。圖示如下：

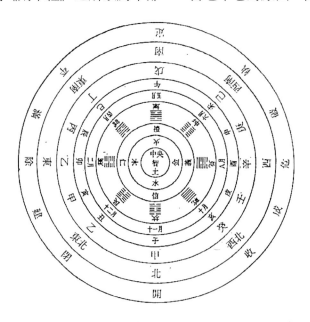

此外，「建除十二神」的功用還運用在「建日所生子得長壽」與「除日祀神祈解罪責」兩方面：「性善之人，天所祐也。子孫生輒以善，日下無禁忌，復直月建，日月星光明之時，用是生者，何憂不壽乎？是爲善行所致也。」（卷一一四〈不孝不可久生誡〉，頁 599）善日，吉日，如甲午日，甲屬木，午屬

火，木生火，是爲保日。又如壬申日，壬屬水，申屬金，水生於金，是爲義日（以上說法，見於：劉文典，《淮南鴻烈集解》，台北：文津，1992 年 10 月，頁 124）。此處是說，性善之人往往得上天祐助，因而其子孫出生時日大都在「建日」，因爲建日主生，故建日所生子孫多享長壽。又「久逋不祠祀，神官所負，不肯中謝，所解所負解之。常以春三月，得除日解之。三解可使文書省減，神官亦不樂重責人也。迫有文書，上下相推，何從民人之言，貧困便止，不竟所爲乎？」（卷一一四〈不可不祠訣〉，頁 605）此處是說世人如不祭祀祖先和奉祀神靈，神靈回天稟報時將不會赦免凡人的罪過。凡人如欲解除自己所犯的罪過，可於春三月「除日」時祀神祈求神靈代爲解除己身罪責。

第三節　三合相通的宇宙模式
——三統共生的宇宙生成說

　　在《太平經》中的「結構模式」，除了上述的四項外，《太平經》還提出自己對宇宙系統論結構模式的獨到見解——「三合相通」的結構模式！

　　在梁孟安排《道教義樞・卷二・七部義》中，曾對《太平經》的主旨作了以下說明：「太平者，此經以三一爲宗。」（《道藏》（三家本），上海書店，第二十四冊，1994 年 8 月，頁 814）接著引用了《太平經》甲部第一的話云：「學士習用其書，尋得其根，根之本宗，三一爲主。」（同上，頁 814）而《雲笈七籤・卷六・三洞經教部》中云：「太平者，三一爲宗。……甲部第一云：學士習用其書，尋得其根；根之本宗，三一爲主。」（北京：華夏出版社，1996 年 8 月，頁 31）可以看出《道教義樞》與《雲笈七籤》引用了《太平經》甲部相同的話。不過，我們知道《太平經》甲部已佚，而今本《太平經鈔》甲部又是僞作，且根據敦煌本《太平經》目錄（簡稱《敦煌目》），可知今本《太平經鈔》癸部之內容恰好是甲部之鈔的內容（王明，《道家和道教思想研究》，中國社會科學，1984 年 6 月，頁 201～214，頁 236～237）；而《太平經》甲部第一篇的基本內容又包含在敦煌本《太平經》前面的序中（敦煌本《太平經》殘卷（S4226），前有殘缺的序，後有後記【引「經」及「緯」】，中爲《太平經》一百七十卷、三百六十六篇的目錄，其目錄和今本《太平經》及《太平經鈔》的篇目基本相同），現抄敦煌本前序中所包含的甲部第一的全文於下：

（甲）第一云：誦讀吾書者之災害不得復起，此上古聖賢所以候得久之本也。書有三等，一曰神道書，二曰核事文，三曰浮華記。神道書者，不離實，守本根，與陰陽合，與神同門。核事文者，考核異同，疑誤不實。浮華記者，離本已遠，錯亂不可常用，時時可記，故名浮華記。然則精學之士，務存神道，習用其書，守得其根。根之本宗，三一爲主。一以化三，左無上，右玄老，中太上。太上統和，無上攝陽，玄老總陰。陰合地，陽合天，和均人。人、天及地，號爲三才。各有五德，五德倫分。修事畢，三才後一。得一者生，失一者死。能遵上古之道，則到太平之辰，故曰三老相應。三五氣和，和生生氣，氣行無死名也。和則溫清調適，適則日月光明。人功既建，天地順之，故曰先安中五，乃選仙士，賢者心賢，必到聖治。（以上內容見於：黃永武主編，《敦煌寶藏》第三十四冊〈斯 4226號·道經太平部卷第二〉，台北：新文豐，1981 年，頁 563～573）

由上可知，《道教義樞》、《雲笈七籤》與《敦煌本·斯 4226 號·道經太平部卷第二》三種道書中，皆說明「三一」爲《太平經》的內容主旨。

而何謂「三一」？陳攖寧先生在〈太平經的前因與後果〉一文中曾加以解釋，認爲：「太平者，此經以三一爲宗。此言《太平經》的宗旨，修身以精、氣、神三者渾而爲一，治國以天、地、人三者合而爲一，故曰，三一爲宗。」（《道教與養生》，北京：華文出版社，1989 年 7 月，頁 45）而湯一介先生則提出所謂「三一爲宗」是說：「天、地、人三者合一以致太平；神、氣、精三者混一而長生。」（《魏晉南北朝時期的道教》，台北：東大，1991 年 4 月，頁38）上述說法，所謂「三一」，大致可歸納爲「天、地、人」三者合一與「神、氣、精」三者混一兩類。筆者認爲陳、湯兩位先生對「三一」的解釋是無誤的，但《太平經》中「三一」的內容卻不僅止於「天、地、人」與「神、氣、精」兩類；「三一」在《太平經》中形成一種「結構模式」，此「結構模式」的組成內容包括：「太陽、太陰、中和」、「天、地、人」、「君、臣、民」、「父、母、子」、「道、德、仁」、「生、養、施」、「一、二、三」與「神、氣、精」等項目，茲引原文如下：

一、太陽、太陰、中和

卷十八至三十四〈名爲神書訣〉：「太陰、太陽、中和三氣共爲理，更相感動，人爲樞機，故當深知之。」（頁 18）又「故純行陽，則

地不肯盡成；純行陰，則天不肯盡生。當合三統，陰陽相得，乃和在中也。古者聖人治致太平，皆求天地中和之心，一氣不通，百事乖錯。」（頁18）〈和三氣興帝王法〉：「元氣有三名，太陽、太陰、中和。」（頁19）又「中和者，主調和萬物者也。」（頁19）又「三氣合并為太和也，太和即出太平之氣。斷絕此三氣，一氣絕不達，太和不至，太平不出。陰陽者，要在中和。中和氣得，萬物滋生，人民和調，王治太平。……中和乃當和帝王治，調萬物者各當得治。今三氣不善相通，太平安得成哉？」（頁19～20）〈解承負訣〉：「凡人有三壽，應三氣，太陽太陰中和之命也。上壽一百二十，中壽八十，下壽六十。」（頁22～23）又：「中和長養萬物也。」（頁24）

卷四十八〈三合相通訣〉：「氣者，乃言天氣悅喜下生，地氣順喜上養；氣之法行於天下地上，陰陽相得，交而為和，與中和氣三合，共養凡物，三氣相愛相通，無復有害者。」（頁148）又「天氣悅下，地氣悅上，二氣相通，而為中和之氣。」（頁149）又「共生和，三事常相通，并力同心，共治一職，共成一事，如不足一事便凶。故有陽無陰，不能獨生，治亦絕滅；有陰無陽，亦不能獨生，治亦絕滅；有陰有陽而無和，不能傳其類，亦絕滅。」（頁149）

卷一一九〈三者為一家陽火數五訣〉：「天道常有格三氣，其初一者好生，名為陽；二者好成，名為和；三者好殺，名為陰。故天主名生之也，人者主養成之，成（地）者名為殺，殺而藏之。天地人三共同功，其事更相因緣也。無陽不生，無和不成，無陰不殺。此三者相須為一家，共成萬二千物。」（頁675～676）

卷一二○至一三六〈太平經鈔〉辛部：「天，太陽也。地，太陰也。人居中央，萬物亦然。天者常下施，其氣下流也。地者常上求，其氣上合也。兩氣交於中央。人者，居其中為正也。兩氣者常交用事，合於中央，乃共生萬物。萬物悉受此二氣以成形，合為情性；無此二氣，不能生成也。故萬物命繫此二氣，二氣交相於形中。」（頁694）

卷一三七至一五三〈太平經鈔〉壬辛部：「故萬物不生者，失在太陽；生而不養者，失在太陰；養而不成者，失在中和。故生者，父也；

　　養者，母也；成者，子也。生者，道也；養者，德也；成者，仁也。
　　一物不生，一道閉不通；一物不養，一德不修治；一德不成，一仁
　　不行；欲自知有道德與仁否，觀物可自知矣。」（頁704）

此處強調天地間存在著三種氣：太陽、太陰、中和，欲使天下太平，三氣缺
一不可，必須和合此三氣以致太平。而三氣中，以「中和氣」為樞機；中和
之氣的產生，是由「太陽氣」與「太陰氣」的相得、和合而形成。因而，「太
陽氣」與「太陰氣」和合而形成「中和氣」；「太陽」、「太陰」、「中和」三氣
相通和合而成「太和氣」，太和氣即生「太平氣」。而形成「太平氣」的「太
陽」、「太陰」、「中和」三氣，它又是由「元氣」所生化而成的。以上諸氣的
關係，圖示如下：

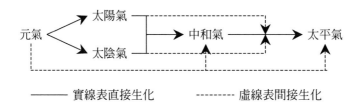

　　　　　　—— 實線表直接生化　　　-------- 虛線表間接生化

　　上圖可看出「元氣」直接化生「太陽」、「太陰」、「中和」三氣，而間接
化生「太平氣」。

　　此外，「太陽」、「太陰」、「中和」三氣又與「天、地、人」、「生、養、成」、
「道、德、仁」、「父、母、子」等「三一」結構模式的組成內容形成連繫關
係。

二、天、地、人

　　卷十八至三十四〈和三氣興帝王法〉：「元氣有三名，太陽、太陰、
　　中和。形體有三名，天、地、人。天有三名，日、月、星，北極為
　　中也。地有三名，為山、川、平土。人有三名，父、母、子。治有
　　三名，君、臣、民。」（頁19）

　　卷三十五〈分別貧富法〉：「力行真道者，迺天生神助其化，故天神
　　善物備足也。行德者，地之陽養神出，輔助其治，故半富也。行仁
　　者，中和仁神出助其治，故小富也。」（頁31）又「道者，乃天所
　　案行也。天者最神，故真神出助其化也。地者養，故德神出助其化
　　也。人者仁也，故仁神出助其化也。」（頁32）又「故天迺好生不

傷也，故稱君稱父也。地以好養萬物，故稱良臣稱母也。人者當用心仁，而愛育似於天地，故稱仁也。」（頁 32）

卷四十〈分解本末法〉：「夫地為天使，人為地使，故天悅喜，則使今年地上萬物大善。天不悅喜，地雖欲養也，使其物惡。地善，則居地上者人民好善，此其相使明效也。」（頁 75）

卷四十五〈起土出書訣〉：「夫天地中和凡三氣，內相與共為一家，反共治生，共養萬物。天者主生，稱父；地者主養，稱母；人者主治理之，稱子。」（頁 113）

卷四十七〈服人以道不以威訣〉：「天以道治，故其形清，三光白；地以德治，故忍辱；人以和治，故進退多便，其辭變易無常故也。」（頁 143～144）

卷四十八〈三合相通訣〉：「故君為父，象天；臣為母，象地；民為子，象和。天之命法，凡擾擾之屬，悉當三合相通，并力同心，迺共治成一事，共成一家，共成一體也，迺天使相須而行，不可無一也。」（頁 150）

卷四十九〈急學真法〉：「天之為法，乃常開道門；地之為法，常開德戶。古之聖賢為法，常開仁路。故古者聖賢，與天同心，與地合意，共長生養萬二千物，常以道德仁意傳之，萬物可興也。」（頁160）又「夫道者，乃與皇天同骨法血脈，故天道疾惡好殺，故與天為重怨；地者與德同骨法血脈，故惡人傷害，與地為大咎；夫仁與聖賢同骨法血脈，故聖賢好施仁而惡奪，故與聖人仁為大仇。是故昔者聖賢，深知此為三統所案行，故其制法，不敢違離真道與德仁也。」（頁 166）

卷五十〈生物方訣〉：「生物行精，謂飛步禽獸蚑行之屬，能立治病。禽者，天上神藥在其身中，天使其圓方而行。十十治愈者，天神方在其身中；十九治愈者，地精方在其身中；十八治愈者，人精中和神藥在其身中。此三者，為天地中和陰陽行方，名為治疾使者。比若人有道而稱使者，神人神師也。是者天地人精鬼使之，得而十十百百而治愈者，帝王上皇神方也；十九治愈者，王侯之神方也；十八治愈者，大臣白衣至德處士之神方也；各有所為出，以此候之，

萬不失一也。此三子皆爲天地人行神藥以治病。」（頁173）又「萬物芸芸，命繫天，根在地，用而安之者在人；得天意者壽，失天意者亡。凡物與天地爲常，人爲其王。」（頁174）

卷五十三〈分別四治法〉：「象天者，三道通文，天有三文，明爲三明，謂日月列星也；象地者，二道行書。象人者，一道行書。」（頁198）又「天地人民萬物，本共治一事，善則俱樂，凶則俱苦，故同憂也。」（頁200）

卷五十四〈使能無爭訟法〉：「天者，以三光爲書文記，則一興一衰，以風爲人君。地者，以山川阡陌爲文理，山者吐氣，水通經脈，衰盛動移崩合，以風異爲人臣。人者，以音言語相傳，書記文相推移。……人者，在陰陽之中央，爲萬物之師長，所能作最眾多。」（頁205）

卷六十五〈興衰由人訣〉：「夫天地之爲法，萬物興衰反隨人故。……故天法，凡人興衰，迺萬物興衰，貴賤一由人。」（頁232）

卷六十六〈三五優劣訣〉：「夫天地人本同一元氣，分爲三體，各有自祖始。」（頁236）

卷六十七〈六罪十治訣〉：「夫天但好道，地但好德，中和好仁。」（頁247）又「天之有道，樂與人共之；地有德，樂與人同之；中和有財，樂以養人。」（頁248）

卷七十三至八十五〈闕題〉：「元氣恍惚自然，共凝成一（天），名爲天（一）也；分而生陰而成地，名爲二也；因爲上天下地，陰陽相合施生人，名爲三也。三統共生，長養凡物。」（頁305）又〈闕題〉：「天者好生道，故爲天經；積德者地經，地者好養，故爲地經；積和而好施者爲人經，和氣者相通往來，人有財相通，施及往來，故和爲人經也。」（頁307）又「道者，天經也。天者好生，道亦好生，故爲天經。修積德者，地經也。地者好養，德亦好養，故爲地經。修積和而好施與者爲人經，和氣者相通往來，人有財亦當相通往來，故和爲人經也。」（頁308）

卷八十八〈作來善宅法〉：「天有五行，亦自有陰陽；地有五行，亦

自有陰陽；人有五行，亦自有陰陽也。……然萬物悉象天地人也，故天地人皆隨四時五行爲盛衰也。」（頁336）

卷九十〈冤流災求奇方訣〉：「人者，乃中和凡物之長也，而尊且貴，與天地相似。」（頁340）

卷九十二〈萬二千國始火始氣訣〉：「夫天地人三統，相須而立，相形而成。」（頁373）

卷九十三〈國不可勝數訣〉：「天主生，地主養，人主成。」（頁392）又「父象天，母象地，子象中和。」（頁395）

卷九十六〈忍辱象天地至誠與神相應大戒〉：「天者，乃道之眞，道之綱，道之信，道之所因緣而行也。地者，乃德之長，德之紀，德之所因緣而止也。」（頁423）又「天者純爲道，地者純爲德，此無道德之人，與天地絕屬無所象。象於天行，當有眞道而好生；象地，當有善德而好養長。」（頁424）

卷一〇三〈虛無無爲自然圖道畢成誡〉：「天道行一，故完全也；地道行二，與神鬼鄰也。」（頁471）

卷一一二〈七十二色死尸誡〉：「得天應者，天神舉之。得地應者，地神養之。得中和應者，人鬼佑之。」（頁567）又「貪生者天之所佑，天養者地之所助，貪仁者人共愛之。」（頁570）又「天貪人生，地貪人養，人貪人施。」（頁570）

卷一一五至一一六〈某訣〉：「天者，而制御地與人。」（頁642）又「人者主爲天地理萬物。……人者，是中和萬物之長也。」（頁643～644）

卷一一七〈天咎四人辱道誡〉：「天上之事，實遠難知，故文時時下合於地也。地上善，即天上善也。地上惡，即天上惡也。故人爲善於地上，天上亦應之爲善；人爲惡於地上，天上亦應之爲惡，乃其氣上通也。」（頁664）

卷一一九〈三者爲一家陽火數五訣〉：「天道常有格三氣，其初一者好生，名爲陽；二者好成，名爲和；三者好殺，名爲陰。故天主名生之也，人者主養成之，成（地）者名爲殺，殺而藏之。天地人三

共同功，其事更相因緣也。無陽不生，無和不成，無陰不殺。此三者相須爲一家，共成萬二千物。」（頁 675～676）又「天初氣更始於天上，地初氣更始於地下，人初氣更始於中央。此三氣方俱始生，不欲見刑惡凶氣，俱欲得見樂氣。」（頁 677）〈道祐三人訣〉：「好道德仁，此三人皆有三統之命。樂好道者，命屬天，樂好德畜養者，命屬地，樂好仁者命屬人。此三人者，應陰陽中和之統。」（頁 681）

卷一二〇至一三六〈太平經鈔〉辛部：「天，太陽也。地，太陰也。人居中央，萬物亦然。天者常下施，其氣下流也。地者常上求，其氣上合也。兩氣交於中央。人者，居其中爲正也。兩氣者常交用事，合於中央，乃共生萬物。萬物悉受此二氣以成形，合爲情性；無此二氣，不能生成也。故萬物命繫此二氣，二氣交相於形中。」（頁 694）又「欲得天力者行道，欲得地力者行德，欲得人力者行人（仁）。」（頁 698）

卷一三七至一五三〈太平經鈔〉壬部：「天地爲萬物之廬，賢人爲萬物工匠。帝王者象天，常欲生；后妃者象地，常欲養；大臣者象人，常欲思成。此三人并力，凡物從生到終，無有傷也。」（頁 703）又「故萬物不生者，失在太陽；生而不養者，失在太陰；養而不成者，失在中和。故生者，父也；養者，母也；成者，子也。生者，道也；養者，德也；成者，仁也。一物不生，一道閉不通；一物不養，一德不修治；一德（物）不成，一仁不行；欲自知有道德與仁否，觀物可自知矣。……故理之第一善者，莫若樂生，其次善者樂養，其次善者樂施。故生者象天，養者象地，施者象仁。此三者，天地人之大綱也。」（頁 704）又「凡民萬物不生者，天也；不養者，地也；長而不成者，人也。」「過在人乎？」「萬物不得時生者，君也；生而不養者，臣也；長而不成者，民也。」（頁 705）又「故道人屬天，德人屬地，仁人屬中和。故三統不和，三賢理之。……然，天道乃生德，德乃生仁。今君乃以道人爲師，取法於道。君乃法道，其臣德矣。民乃取法於臣，臣德則民仁矣。」（頁 714）又「上君爲政如天，中君爲政如地，下君爲政如人。如人者，不失天意，父事大（天）道也。如地者，不失地意，母事地道也。如人者，不失人意，思樂

得中和之道。聖人見萬物盡生，知其理重（眞）道也；見物盡養，
知其眞德也；見萬物盡成，知其眞仁也。夫理眞道者，但有生心；
理眞德者，但有養心；理仁者，但有施心。非此三統道德仁，非謂
太平之君矣。」（頁 714～715）

卷一五四至一七○〈利尊上延命法〉：「人本生時乃名神也，乃與天
地分權分體分形分神分精分氣分事分業分居。故爲三處。一氣爲天，
一氣爲地，一氣爲人，餘氣散備萬物。是故尊天重地貴人也。」（頁
726）又〈還神邪自消法〉：「天不守神，三光不明；地不守神，山川
崩淪；人不守神，身死亡。」（頁 727）又〈令人壽治平法〉：「三氣
共一，爲神根也。一爲精、一爲神、一爲氣。此三者，共一位也，
本天地人之氣。神者受之於天，精者受之於地，氣者受之於中和，
相與共爲一道。故神者乘氣而行，精者居其中也。三者相助爲治。
故人欲壽者，乃當愛氣尊神重精也。」（頁 728）〈救四海知優劣法〉：
「天生人凡有三等：第一天生，第二地生，第三人種類。受命天者
爲人君，受命地者爲人臣，受命人者爲民。君者應天而行，臣者應
地而行，順承其上；爲民者屬臣，轉相事。凡是三氣共一治，然後
能成功。」（頁 730）

此處說明元氣化生三分爲「天、地、人」，而「天」又可三分爲日、月、星，
「地」又可三分爲山、川、平土，「人」又可三分爲父、母、子，由人施政治
理又可分爲君臣民三類。圖示如下：

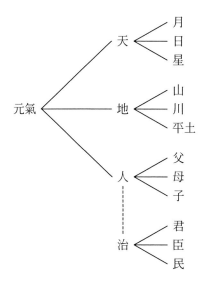

　　從上圖得知，自元氣以下，每一層都由三個部分構成：元氣形成「天、地、人」三體，而「天」、「地」、「人」又各以三種形態出現。

　　此外，「天、地、人」三體，除了擁有各自的形態外，又與「太陽、太陰、中和」、「道、德、仁」、「生、養、成」、「父、母、子」、「君、臣、民」、「一、二、三」及「神、精、氣」等「三一」結構模式的組成內容形成連繫關係。

三、「君、臣、民」與「父、母、子」

　　卷十八至三十四〈和三氣興帝王法〉：「人有三名，父、母、子。治有三名，君、臣、民。」（頁 19）

　　卷三十五〈分別貧富法〉：「天迺好生不傷也，故稱君稱父也。地以好養萬物，故稱良臣稱母也。」（頁 32）

　　卷四十五〈起土出書訣〉：「天者主生，稱父；地者主養，稱母；人者主治理之，稱子。」（頁 113）又「天者，乃父也；地者，乃母也。」（頁 114）

　　卷四十八〈三合相通訣〉：「君爲父，象天；臣爲母，象地；民爲子，象和。天之命法，凡擾擾之屬，悉當三合相通，并力同心，迺共治成一事，共成一家，共成一體也。」（頁 150）又「君臣民三，并力同心相通，故能相治也。……三相通即天氣平矣。」（頁 155）

　　卷九十三〈陽尊陰卑訣〉：「陽乃天也，君也；陰乃地也，臣也。」（頁 387～388）〈國不可勝數訣〉：「父象天，母象地，子象中和。」（頁 395）

　　卷一一七〈天咎四人辱道誡〉：「天者名生稱父，地者名養稱母。」（頁 658）

　　卷一三七至一五三〈太平經鈔〉壬部：「故萬物不生者，失在太陽；生而不養者，失在太陰；養而不成者，失在中和。故生者，父也；養者，母也；成者，子也。生者，道也；養者，德也；成者，仁也。一物不生，一道閉不通；一物不養，一德不修治；一德（物）不成，一仁不行；欲自知有道德與仁否，觀物可自知矣。……故理之第一善者，莫若樂生，其次善者樂養，其次善者樂施。故生者象天，養者象地，施者象仁。此三者，天地人之大綱也。」（頁 704）又「凡

民萬物不生者，天也；不養者，地也；長而不成者，人也。」「過在人乎？」「萬物不得時生者，君也；生而不養者，臣也；長而不成者，民也。」（頁705）

卷一五四至一七〇〈救四海知優劣法〉：「天生人凡有三等：第一天生，第二地生，第三人種類。受命天者爲人君，受命地者爲人臣，受命人者爲民。君者應天而行，臣者應地而行，順承其上；爲民者屬臣，轉相事。凡是三氣共一治，然後能成功。」（頁730）

此處以「天」所具有的化生性質，譬喻爲「君」與「父」；以「地」所擁有的養育性質，比喻爲「臣」與「母」；以「人」所具有的施成性質，比喻爲「民」與「子」。如此，即將「君、臣、民」及「父、母、子」與「天、地、人」形成連結；另外，又連結了「太陽、太陰、中和」、「道、德、仁」及「生、養、成（施）」等「三一」結構模式的組成內容。

四、「道、德、仁」及「生、養、施」

卷三十五〈分別貧富法〉：「力行眞道者，迺天生神助其化，故天神善物備足也。行德者，地之陽養神出，輔助其治，故半富也。行仁者，中和仁神出助其治，故小富也。」（頁31）又「道者，乃天所案行也。天者最神，故眞神出助其化也。地者養，故德神出助其化也。人者仁也，故仁神出助其化也。」（頁32）又「故古者上君以道服人，大得天心，其治若神，而不愁者，以眞道服人也；中君以德服人；下君以仁服人；……故天迺好生不傷也，故稱君稱父也。地以好養萬物，故稱良臣稱母也。人者當用心仁，而愛育似於天地，故稱仁也。」（頁32）

卷四十五〈起土出書訣〉：「天地中和凡三氣，内相與共爲一家，反共治生，共養萬物。天者主生，稱父；地者主養，稱母；人者主治理之，稱子。」（頁113）

卷四十七〈服人以道不以成訣〉：「天以道治，故其形清，三光白；地以德治，故忍辱；人以和治，故進退多便，其辭變易無常故也。」（頁143～144）

卷四十九〈急學眞法〉：「天之爲法，乃常開道門；地之爲法，常開

德戶。古之聖賢爲法，常開仁路。故古者聖賢，與天同心，與地合意，共長生養萬二千物，常以道德仁意傳之，萬物可興也。」（頁160）又「夫道者，乃與皇天同骨法血脈，故天道疾惡好殺，故與天爲重怨；地者與德同骨法血脈，故惡人傷害，與地爲大咎；夫仁與聖賢同骨法血脈，故聖賢好施仁而惡奪，故與聖人仁爲大仇。是故昔者聖賢，深知此爲三統所案行，故其制法，不敢違離眞道與德仁也。」（頁166）

卷五十六至六十四〈闕題〉：「道者，天也，陽也，主生；德者，地也，陰也，主養。……夫道興者主生，萬物悉生，德興者主養，萬物人民悉養。」（頁218～219）

卷六十五〈興衰由人訣〉：「道者主生，故物悉生於東方。德者主養，故物悉養於南方。天之格法，凡物悉歸道德。」（頁231）

卷六十七〈六罪十治訣〉：「夫天但好道，地但好德，中和好仁。……天迺樂人生，地樂人養也。」（頁247）又「天之有道，樂與人共之；地有德，樂與人同之；中和有財，樂以養人。」（頁248）又「上士樂生，可學其眞道，大柔大賢可學其德，好施之人可學其人。」（頁253）

卷七十三至八十五〈闕題〉：「天者好生道，故爲天經；積德者地經，地者好養，故爲地經；積和而好施者爲人經，和氣者相通往來，人有財相通，施及往來，故和爲人經也。」（頁307）又「道者，天經也。天者好生，道亦好生，故爲天經。修積德者，地經也。地者好養，德亦好養，故爲地經。修積和而好施與者爲人經，和氣者相通往來，人有財亦當相通往來，故和爲人經也。」（頁308）

卷九十三〈國不可勝數訣〉：「天主生，地主養，人主成。」（頁392）

卷九十六〈忍辱象天地至誠與神相應大戒〉：「天者純爲道，地者純爲德，此無道德之人，與天地絕屬無所象。象於天行，當有眞道而好生；象地，當有善德而好養長。」（頁424）

卷一○二〈七十二色死尸誡〉：「貪生者天之所佑，貪養者地之所助，

貪仁者人共愛之。」（頁 570）

卷一一九〈道祐三人訣〉：「好道德仁，此三人皆有三統之命。樂好道者，命屬天，樂好德畜養者，命屬地，樂好仁者命屬人。此三人者，應陰陽中和之統。」（頁 681）又「道者主生，德者主養，仁者主用心故愛。」（頁 682）

卷一二〇至一三六〈太平經鈔〉辛部：「欲得天力者行道，欲得地力者行德，欲得人力者行人（仁）。」（頁 698）

卷一三七至一五三〈太平經鈔〉壬部：「故萬物不生者，失在太陽；生而不養者，失在太陰；養而不成者，失在中和。故生者，父也；養者，母也；成者，子也。生者，道也；養者，德也；成者，仁也。一物不生，一道閉不通；一物不養，一德不修治；一德（物）不成，一仁不行；欲自知有道德與仁否，觀物可自知矣。……故理之第一善者，莫若樂生，其次善者樂養，其次善者樂施。故生者象天，養者象地，施者象仁。此三者，天地人之大綱也。」（頁 704）又「凡民萬物不生者，天也；不養者，地也；長而不成者，人也。」「過在人乎？」「萬物不得時生者，君也；生而不養者，臣也；長而不成者，民也。」（頁 705）又「故道人屬天，德人屬地，仁人屬中和。故三統不和，三賢理之。故太平氣至，萬物皆理矣。……然，天道乃生德，德乃生仁。今君乃以道人爲師，取法於道。君乃法道，其臣德矣。民乃取法於臣，臣德則民仁矣。……上君爲政如天，中君爲政如地，下君爲政如人。如人者，不失天意，父事大（天）道也。如地者，不失地意，母事地道也。如人者，不失人意，思樂得中和之道。聖人見萬物盡生，知其理重（眞）道也；見物盡養，知其眞德也；見萬物盡成，知其眞仁也。夫理眞道者，但有生心；理眞德者，但有養心；理仁者，但有施心。非此三統道德仁，非謂太平之君矣。」（頁 714～715）

此處將「道、德、仁」及「生、養、施（成）」，分別與「三一」結構模式中之「太陽、太陰、中和」、「天、地、人」、「君、臣、民」、「父、母、子」等組成內容形成連結，如此，「道、德、仁」與「生、養、成（施）」這兩組，便擁有了其他「三一」結構模式組成內容之性質與特性。

五、「一、二、三」與「神、精、氣」

卷三十五〈分別貧富法〉：「故一者，迺象天也。二者，迺象地也。人者，乃是天地之子，故當象其父母。」（頁33～34）

卷七十三至八十五〈闕題〉：「元氣怳惚自然，共凝成一（天），名爲天（一）也；分而生陰而成地，名爲二也；因爲上天下地，陰陽相合施生人，名爲三也。三統共生，長養凡物。」（頁305）

卷一〇三〈虛無無爲自然圖道畢成誡〉：「天道行一，……地道行二。」（頁471）

此處，「一」象天，「二」象地，「三」象人；「一、二、三」與「天、地、人」形成連結，因而「一、二、三」便擁有了「天、地、人」的性質與屬性。

卷一二〇至一三六〈太平經鈔〉辛部：「神明精氣，不得去離其身，則不知老不知死矣。夫神明精氣者，隨意念而行，不離身形。神明常在，則不病不老，行不遇邪惡。若神明亡，病者立死，行逢凶惡，是大效也。人欲不並，宜精自守也。……故天地之道，據精神自然而行。故凡事大小，皆有精神，巨者有巨精神，小者有小精神，各自保養精神，故能長存。精神減則老，精神老則死，此自然之分也，安可強爭乎？凡事安危，一在精神。故形體爲家也，以氣爲輿馬，精神爲長吏，興衰往來，主理也。若有形體而無精神，若有田宅城郭而無長吏也。」（頁698～699）

卷一五四至一七〇〈還神邪自消法〉：「分別三氣所長，還神守身。太陽天氣故稱神。形者，太陰主祇，包養萬物，故精神藏於腹中，故地神稱祇。精者，萬物中和之精。故進退無常；天地陰陽之精，共生萬物，此三統之歷也。神者主生，精者主養，形者主成。此三者乃成一神器。……人氣亦輪身上下，神精乘之出入。神精有氣，如魚有水，氣絕神精散，水絕魚亡。」（頁727）又〈令人壽治平法〉：「三氣共一，爲神根也。一爲精、一爲神、一爲氣。此三者，共一位也，本天地人之氣。神者受之於天，精者受之於地，氣者受之於中和，相與共爲一道。故神者乘氣而行，精者居其中也。三者相助爲治。故人欲壽者，乃當愛氣尊神重精也。」（頁728）

〈太平經佚文〉：「夫人本生混沌之氣，氣生精，精生神，神生明。

本於陰陽之氣，氣轉爲精，精轉爲神，神轉爲明。欲壽者當守氣而
合神，精不去其形，念此三合以爲一。」（頁 739）

說明人身中含有「神、精、氣」，「神」屬天爲陽，「精」屬地爲陰，而「氣」
則屬人爲中和；而「神、精、氣」三者的關係則是：氣生精，精生神。如此
「神、精、氣」便與「天、地、人」及「太陽、太陰、中和」等「三一」結
構模式之組成內容形成連結關係。

　　綜合上述，《太平經》中「三一」結構模式之組成內容要素包括：「太陽、
太陰、中和」、「天、地、人」、「君、臣、民」、「父、母、子」、「道、德、仁」、
「生、養、施」、「一、二、三」與「神、氣、精」等項，茲列表如下：

	三　　一　　結　　構　　模　　式							
組成內容	太陽	天	君	父	道	生	一	神
	太陰	地	臣	母	德	養	二	精
	中和	人	民	子	仁	施	三	氣

　　可以看出「三一」結構模式之組成內容可分成八個項目，每個項目皆獨
立形成「三一」結構模式。且凡屬於同一大類別的「組成內容」，儘管在形態
和表現性質上有所差異，但仍具有共同的功能屬性而可彼此連結，例如：太
陽、天、君、父、道、生、一、神等，原屬於完全不同形態的事物與現象，
但由於它們同屬於「陽」這一大類別，因而其彼此間便可以相互連結而產生
對應性，於是便具有了統一性及匯通性。如此，八個項目的「組成內容」，再
加上「三大類別」（陽、陰、中和）的相互連結性與對應性，於是八個項目間
形成統一性及匯通性，而匯聚成一個「三一」結構模式來！

　　匯聚這「三一」結構模式之八項組成內容，《太平經》提出「三合相通」
的宇宙模式來：

　　卷十八至三十四〈和三氣興帝王法〉：「元氣有三名，太陽、太陰、
中和。形體有三名，天、地、人。天有三名，日、月、星，北極爲
中也。地有三名，爲山、川、平土。人有三名，父、母、子。治有
三名，君、臣、民。欲太平也，此三者常當腹心，不失銖分，使同
一憂，合成一家，立致太平，延年不疑矣。」（頁 19）

　　卷四十八〈三合相通訣〉：「元氣與自然太和之氣相通，并力同心，
時恍恍未有形也，三氣凝，共生天地。天地與中和相通，并力同心，

共生凡物。凡物與三光相通，并力同心，共照明天地。凡物五行剛柔與中和相通，并力同心，共成共凡物。四時氣陰陽與天地中和相通，并力同心，共興生天地之物利。孟仲季相通，并力同心，各共成一面。地高下平相通，并力同心，共出養天地之物。蠕動之屬雄雌合，迺共生和相通，并力同心，以傳其類。男女相通，并力同心共生子。三人相通，并力同心，共治一家。君臣民相通，并力同心，共成一國。此皆本之元氣自然天地授命。凡事悉皆三相通，迺道可成也。」（頁 148～149）又「共生和，三事常相通，并力同心，共治一職，共成一事，如不足一事便凶。故有陽無陰，不能獨生，治亦絕滅；有陰無陽，亦不能獨生，治亦絕滅；有陰有陽而無和，不能傳其類，亦絕滅。故有天而無地，凡物無於止；有地而無天，凡物無於生；有天地相連而無和，物無於相容自養也。故男不能獨生，女不能獨養，男女無可生子，以何而成一家，而名為父與母乎？故天法皆使三合迺成。故古者聖人深知天情，象之以相治。故君為父，象天；臣為母，象地；民為子，象和。天之命法，凡擾擾之屬，悉當三合相通，并力同心，迺共治成一事，共成一家，共成一體也，迺天使相須而行，不可無一也。……故君者須臣，臣須民，民須臣，臣須君，迺後成一事，不足一，使三不成也。故君而無民臣，無以名為君；有臣民而無君，亦不成臣民；臣民無君，亦亂，不能自治理，亦不能成善臣民也；此三相須而立，相得迺成，故君臣民當應天法，三合相通，并力同心，共為一家也。」（頁 149～150）
強調惟有此「三一」結構模式之八項組成內容并力同心、和合相通，才能產生最大的功效，而達到「致太平」的目的。

第四節　本章小節

　　由《太平經》之宇宙系統論的「六大基本範疇」之內容（天、道、元氣、一、陰陽、五行），以及由六大基本範疇之內容所呈現出的五種宇宙系統論的「結構模式」（八卦、陰陽、五行、建除、三一）中，可以看出《太平經》的「宇宙論」思想，如果以現今科學的眼光來看，其是定位在所謂「哲學的宇宙論」上而展開論述的，且其與漢代的宇宙論學說是有所承襲與開展。不過，如果以現代哲學的眼光來看，在做宇宙論的「組成內容」之考察時，必需負

起「科學檢證」的挑戰；而科學的發展，多爲推翻過去而肯定當前。因而，在中國哲學發展史中，漢代的「宇宙論」探討，常因科學的發展，而遭受攻擊和否定。由於，中國哲學在漢代的宇宙論無法用科學來簡證，而當代中國哲學的發展，又廣受西洋科學的衝擊，在全心貫注到「內在心性」之外，又接受了康德哲學的內容，以道德哲學來詮釋傳統儒家；因而一方面站在科學立場，貶斥漢代的宇宙哲學爲迷信；另一方面又站在道德哲學立場，以漢代的宇宙論哲學爲「外馳」，失去了哲學的內在本質；甚至認爲哲學一進入「宇宙論」的探討，就造成哲學的沒落。〔註20〕

　　筆者認爲：完全把哲學作爲心性的「主體性」研究，而對外在世界的客觀知識不聞不問，或是根本否定哲學中「宇宙論」的價值，似乎都有失偏頗。漢代「宇宙論」哲學在「定位宇宙」以及「安排人生」這兩方面，在中國哲學史上是有其特殊的貢獻〔註21〕。而《太平經》中的「宇宙論」也把「人生」安排在「宇宙」中，要求人必須取法於天的行爲模式，以作爲人事行爲的基本規範。因此如果單就「宇宙構成元素」的探討（宇宙系統論的六大基本範疇之內容）與宇宙生成變化問題的開展（宇宙系統論的五種結構模式）這兩方面來說，《太平經》中的「宇宙論」亦做到了「定位宇宙」與「安排人生」這兩個目的！

〔註20〕持此種看法者，以勞思光先生爲代表。勞先生在其所著的《中國哲學史》中，稱漢代哲學是中國哲學思想退入「宇宙論中心之哲學」之幼稚階段，因而認爲漢代「宇宙論」爲玄虛荒誕，而把哲學進入發展宇宙論時期稱爲哲學的「衰亂期」。並進一步論述漢代哲學思想陷入衰亂的原因：只爲「心性論中心之哲學」被「宇宙論中心之哲學」所取代，導致儒學的沒落；以及「情意我之境界」爲「形軀我之功效」所取代，導致道家的沒落（以上說法見於：勞思光，《中國哲學史（二）》，台北：三民，1993 年 8 月，頁 2～4，頁 7～9）。可以看出，勞先生全然否定了漢代的「宇宙論」哲學！

〔註21〕此說法見於：鄔昆如，〈漢代宇宙論之興起與發展及其在哲學上的意義〉，收載於：政大中文系所主編，《漢代文學與思想學術研討會論文集》，台北：文史哲，1991 年 10 月，頁 89～114。

第六章　致太平的治身與治國思想

第一節　「太平」思想研究

在第三章中筆者曾提出《太平經》的寫作動機是：救治當時危、亂災異的東漢社會，以期能解除帝王、凡民的承負之責！而《太平經》百七十卷的成書時間大約在東漢順帝之前至桓帝延熹八年之前這段時期，換言之，大概是在東漢安帝至獻帝之間（107～220）。當時整個東漢社會正面臨到來自四面八方、裏裏外外、各式各樣交織、層疊的挑戰和危機。如：盜賊並起、地方武裝割據、相互交戰：黃巾之亂、五斗米道叛亂；「自然災害」：水災、旱災、蝗災、地震、疾疫等；「社會經濟問題」：饑荒、土地兼併、貧富懸殊對立以及流民問題等；在「政治」上：幼主繼位、外戚宦官交替擅權、舉官科考失當以及發生「黨錮之禍」，對外，羌族、鮮卑、匈奴、烏桓、蠻夷也在這個時候紛紛起兵侵擾西方、北方和南方的邊郡地區。

一、「太平」思想產生的背景

而在《太平經》中也同樣反映了東漢中晚期時的歷史：

> 卷十八至三十四〈解承負訣〉：「今天地陰陽，內獨盡失其所，故病害萬物。帝王其治不和，水旱無常，盜賊數起，反更急其刑罰，或增之重益紛紛，連結不解，民皆上呼天，縣官治乖亂，失節失常，萬物失傷，上感動蒼天，三光勃亂多變，列星亂行。」（頁23）

> 卷三十六〈事死不得過生法〉：「下古更熾祀他鬼而興陰，事鬼神而

害生民，臣秉君權，女子專家，兵革暴起，奸邪成黨，諂諛日興，政令日廢，君道不行，此皆興陰過陽，天道所惡，致此災咎，可不慎哉？」（頁53）

卷四十三〈大小諫正法〉：「臣有忠善誠信而諫正其上也，君不聽用，反欲害之，臣駭因結舌為瘖，六方閉不通。賢儒又畏事，因而蔽藏，忠信伏匿，眞道不得見。君雖聖賢，無所得聞，因而聾盲，無可見奇異也。日以暗昧，君聾臣瘖，其禍不禁；臣昧君昏，奸邪橫行；臣瘖君聾，天下不通，善與惡不分別，天災合同，六極戰亂，天下並凶，可不慎乎？」（頁102）

卷五十一〈校文邪正法〉：「人民雲亂，皆失其居處，老弱負荷，天死者半，國家昏亂迷惑，至道善德隔絕，賢者蔽藏，不能相救，是不大劇病邪？」（頁188）

卷九十二〈火氣正神道訣〉：「邪人多居位，共亂帝王之治。今使正人不得其處，天地為其邪氣失正。」（頁377～378）

卷九十六〈守一入室知神戒〉：「夫中古以來，人半愚，以為選舉為小事也，不詳察之，半得非其人，半亂天官，政半凶也。下古復承負中古輕事，復令自易，不詳察之，選舉多不俱得其人；汙亂天官，三光為其不正，證上見於天，天不喜之也。故多凶年不絕，絕者復起，不知天甚怨惡之。人不深自責，反言天時運也。古者為有如此者。天道非人，反以其太過上歸天，下愚不自思過失，反復上共責歸過於帝王。天乃名此為大反逆之民，過在下傳欺其上，以惡為善，以善為惡，共致此災，反以上歸天。以歸天者，復上責其君，天下絕洞凶民臣無狀之人也。今天地神靈共疾惡之，故天乃親自謁，遣吾下為德君，更制作法也。選舉署人官職，不可不審且詳也。」（頁418）

卷九十七〈事師如事父言當成法訣〉：「君愚，其治常亂憒，不得天心。霸君之臣盡佞偽，多猾巧詐，共熒惑其君，使其失天正路，反入兇戶，故與天為大怨。」（頁436～437）

卷一一二〈有過死謫作河梁誡〉：「樹木枯落，民無餘糧。更相殘賊，

爭勝而已。不念眞後，更爲貧人，收無所得，相隨流客。未及賤穀
之鄉，飢餓道傍，頭眩目冥，步行狪狂，不食有日，餓死不見葬。
家無大無小，皆被災殃。」（頁 575）「五星失度，兵革橫行，夷狄
內侵，自虜反叛。」（頁 576）

在這種內憂外患的情勢下，除了東漢政府必須思考並採取因應之道外，知識
份子和一般民眾自然也面臨了如何救世救國或自救自處的問題，例如，順帝
永建二年，廣漢布衣楊厚便因通曉圖讖而爲順帝「特徵」至朝廷，「因陳漢三
百五十年之災，宜蠲法改獻之道，及消伏災異，凡五事」，此後，「每有災異，
（楊）厚輒上消救之法。」（《後漢書‧卷三十上‧楊厚傳》，頁 284）而北海
郎顗，雖不就州郡辟召徵舉，亦於順帝陽嘉二年因「災異屢見」而詣闕上章，
痛陳「消災之術」（《後漢書‧卷三十下‧郎顗傳》，頁 285～291）。此外，平
原襄楷也因「桓帝時，宦官專朝，政刑暴濫，又比失皇子，災異尤數」，而於
延熹九年「自家詣闕上疏」，力言天下之危亂及其興革救亡之道。（《後漢書‧
卷三十下‧襄楷傳》，頁 291）

　　而成書於東漢中、晚期的《太平經》，便提出天下之所以動亂及災異不斷
的原因：

卷四十五〈起土出書訣〉：「今天下大屋丘陵冢，及穿鑿山阜，采取
金石，陶瓦豎柱，妄掘鑿溝瀆，或閉塞壅闕，當通而不得通有幾何
乎？今是水泉，或當流，或當通，又言閉塞穿鑿之幾何也？今水泉
當通，利之乃宣，因天地之利瀆，以高就下。今或有不然，妄鑿地
形，皆爲瘡瘍；或有塞絕，當通不通。王治不和，地大病之，無肯
言其爲疾病痛者。地之精神，上天告愬不通，日無止也。天地因而
俱不說喜，是以太和純氣難致也。」（頁 119）又「天上皇太平氣且
至，治當太平，恐愚民人犯天地忌諱不止，共亂正氣，使爲凶害，
如是則太平氣不得時和，故使子問之也。欲樂民不復犯之，則天地
無病而愛人，使五穀萬物善以養之也；如忽之忿不愛人，不肯養之
也。」（頁 125）

卷五十四〈使能無爭訟法〉：「天地之間，常悉使非其能，強作其所
不及，而難其所不能，時睹於其不能爲，不能言，不憐而教之，反
就責之，使其冤結，多忿爭訟，民愁苦困窮。即仰而呼皇天，誠冤
誠冤，氣感動六方。故致災變紛紛，畜積非一，不可卒除，爲害甚

甚，是即失天下之人心意矣。終反無成功，變怪不絕，太平之氣，何從得來哉，故不能致太平也，咎正在此。」（頁 202～203）

卷七十二〈不用大言無效訣〉：「請問一事天師，今太平氣垂到，邪氣當思息除去也。」「然，子言是也，又非也。然太平氣至，邪固當自消去。惟天地開闢以來積久，邪氣大眾多，更相承負；太平之治氣雖至也，亦安能一旦悉卒除此乎？故當豫備之。」（頁 295）

卷八十六〈來善集三道文書訣〉：「今太平盛氣至，有一事不得，輒有不和，即天正氣爲不至。」（頁 322）

卷一一五至一一六〈某訣〉：「惡人絕去，乃致平氣，天上平氣得下治，地下平氣得上升助之也。如不順樂用皇天后土所順用氣而休廢氣也，皆應錯逆，逆天地之道，逆帝王之氣，與天地用意異。天地戰怒，萬變並起，姦邪日興，則致不安平，凶年氣來，故當深知之也。」（頁 630）

卷一一九〈道祐三人訣〉：「今太平氣至，無姦私，故不而久養姦惡之人也。」（頁 681）

天下之所以動亂及災異不斷的原因，在於君王與凡民行事不得天心地意，因而招致邪氣，而使邪氣日盛；並透過「天人感應」的關係，因而上天震怒而降下災異。如此，天下邪氣、休廢氣盛行，將難招致太和之氣到來；太和之氣不至，太平氣亦難降臨，「三氣合并爲太和也，太和即出太平之氣。斷絕此三氣，一氣絕不達，太和不至，太平不出。」（卷十八至三十四〈和三氣興帝王法〉，頁 19～20）太平氣不至，要想天下「太平」是萬萬不可能的。因爲只要稍有一事不得、不和，天正氣將不至，天下因而充滿邪氣，如此欲期盼「太平氣」的降臨更是難上加難。

上述，《太平經》說明天下動亂及災異不斷的原因，而此原因正好又是「太平氣」難降臨的因素！並且太平氣的至與不至，又攸關天下「太平」與否。因此，「天下動亂、災異」便與「太平氣」及「太平」產生連結的關係！在天下動亂、災異紛呈之際，《太平經》於是提出「太平將至」的神秘信念，並通過類比天之四時氣的周流運轉，來增加其說服力，「願請問一事。」「平言之。」「今天將太平，寧亦可預知邪哉？」「然，可知占天五帝神氣太平，而其歲將樂平矣。」「何謂也？願聞之。」「然，春也青帝神氣太平，夏也赤帝神氣太

平，六月也黃帝神氣太平，秋也白帝神氣太平，冬也黑帝神氣太平。」……「是故古者上聖人，但明觀天五帝神氣平未，輒自知治得失且平與未哉？」（卷九十三〈敬事神十五年太平訣〉，頁 398～399）通過占測「天五帝神氣」（四時氣）平否？而得知「太平」至與未至。除了預言「太平將至」的神秘信念外，《太平經》並反覆宣揚「太平氣」已至的訊息：

> 卷三十五〈一男二女法〉：「今天太和平氣方至，王治且太平。」（頁37）〈興善上惡法〉：「今太平氣臨到，欲使謹善者日益興，惡者日衰卻也。」（頁39）

> 卷四十五〈起土出書訣〉：「所以使子問是者，天上皇太平氣且至，治當太平。」（頁125）

> 卷四十七〈上善臣子弟子為君父師得仙方訣〉：「見天師言，承知天太平之平氣眞眞已到矣。」（頁134）

> 卷四十八〈三合相通訣〉：「今天師書辭，常有上皇太平氣且至。」（頁146）

> 卷六十五〈斷金兵法〉：「今太平氣盛至，天當興陽氣。」（頁228）

> 卷六十六〈三五優劣訣〉：「書中比比道天上皇氣且下，今訖不知其為上皇氣云何哉？」（頁234）

> 卷六十七〈六罪十治訣〉：「今天上極太平氣立至，凡事當順，故以上下也。」（頁256）

> 卷七十二〈不用大言無效訣〉：「今太平氣垂到，邪氣當思息除去也。」（頁295）

這種「太平氣」，又稱「太和平氣」、「上皇太平氣」、「平氣」、「上極太平氣」及「天上皇氣」等等，名稱雖不一致，但其實質都一樣，只要它們一出現，天下即可太平。接著《太平經》便陳述「太平氣」降臨的具體功效：

> 卷五十一〈校文邪正法〉：「太平到矣，上平氣來矣，頌聲作矣，萬物長安矣，百姓無言矣，邪文悉自去矣，天病除矣，地病亡矣，帝王遊矣，陰陽悅矣，邪氣藏矣，盜賊斷絕矣，中國盛興矣，稱上三皇矣，夷狄卻矣，萬物茂盛矣，天下幸甚矣，皆稱萬歲矣。」（頁192）

卷六十五〈斷金兵法〉：「今太平氣盛至，天當興陽氣。」（頁228）

卷八十六〈來善集三道文書訣〉：「太陽興平氣盛出，德君當治，天下太平。」（頁325）

卷九十二〈三光蝕訣〉：「和平氣至，三光不復戰鬥蝕也。三光不相蝕，乃後始可言得天地之心矣。」（頁367）

卷一○八〈禁燒山林訣〉：「今天上乃上皇洞平氣俱至興盛，陽日光明，邪氣止休，正氣遂行，衰者消去，道德陽。」（頁668）

卷一二○至一三六〈太平經鈔〉辛部：「太平之氣至矣，而福國君萬民，萬二千物各得所矣。」（頁687）又「今太陽德盛，欲使天上天下，上無竟，下無極，旁行八洞外內。真神真精光悉出助帝王治，而致上皇洞平之氣。」（頁688）又「太平氣至，陽氣大興，天道嚴，神道明。明則天且使人俱興用之，神道用，則以降消鬼物之道也。」（頁696）

卷一三七至一五三〈太平經鈔〉壬部：「太平氣至，天道當理矣。」（頁712）

〈太平經佚文〉：「今平氣行矣，平亦是安。」（頁734）

可以看出當「太平氣」降臨時，天地間邪氣悉皆消除，陰陽調和、三光不蝕、四時和順、陽氣大興，並因此招致天地間的神靈悉出助人間帝王治；因而使人間盜賊不起，百姓安居樂業，萬二千物各得其所，而達到帝王治國太平的政治目的。

二、「太平」的定義與解釋

太平氣至，天下太平；太平氣不至，天下動亂、災異。《太平經》在此對「太平」作了定義：

卷十八至三十四〈和三氣興帝王法〉：「三氣合并為太和也，太和即出太平之氣。斷絕此三氣，一氣絕不達，太和不至，太平不出。陰陽者，要在中和。中和氣得，萬物滋生，人民和調，王治太平。」（頁19～20）

卷四十八〈三合相通訣〉：「太者，大也，迺言其積大行如天，凡事

大也，無復大於天者也。平者，乃言其治大均平，凡事悉理，無復姦私也。」（頁148）又「太者，大也；平者，正也；氣者，主養以通和也；得此以治，太平而和，且大正也，故言太平氣至也。」（頁148）又「太者，大也，言其積大如天，無有大於天者。平者，言治大均平，凡事悉治，無復不平。」（頁149）又「天氣悅下，地氣悅上，二氣相通，而爲中和之氣，相受共養萬物，無復有害，故曰太平。」（頁149）

卷九十三〈敬事神十五年太平訣〉：「太平者，乃無一傷物，爲太平氣之爲言也。凡事無一傷病者，悉得其處，故爲平也。」（頁398）又「太平者，乃謂帝王以下及臣大小，案行眞道，共卻邪僞。」（頁399）

卷九十八〈包天裹地守氣不絕訣〉：「平之爲言者，乃平平無冤者，故爲平也。」（頁451）

卷一五四至一七〇〈太平經鈔〉癸部：「太者，大也；大者，天也；天能覆育萬物，其功最大。平者，地也，地平，然能養育萬物。」（頁718）〈救四海知優劣法〉：「太平者以道行」（頁730）

〈太平經佚文〉：「三五氣和，日月常光明，乃爲太平。」（頁734）

「太」者，即大，稱天；「平」者，爲正，稱地。可見「太平」是指天地之間萬事萬物都以自己應有的狀態生存著，相互間發生聯繫，但不產生矛盾，彼此和諧發展。人們之間公平相待，和睦相處，每個人都盡自己的社會責任和義務，即所謂「凡事悉理」、「悉得其處」。而「太平」的產生是由天氣、地氣、中和之氣，或者說太陽之氣、太陰之氣、中和之氣，三氣合并而形成「太和」狀態；由太和狀態再產生「太平氣」，經由太平氣的降臨，而促成天下太平。換言之，天下太平的來臨，是由中和之氣來調和陰陽二氣以致「太和」而生太平之氣。可以看出，《太平經》中的「平」或「均」，無非是「中和」的代名詞。又根據《道教義樞》與《雲笈七籤》中對《太平經》之「太平」的敘述梁孟安排《道教義樞‧卷二‧七部義》云：「太平者，太言極大，平謂和平。明六合大通爲一，正平之氣斯行。故《太平經》云：今平氣行矣，有解三台正爲太平，有解景星見曰太平。今明此經見世，能使六合同文，萬邦共軌，君明物度，可謂太平。」（《道藏》（三家本），上海書店，第二十四冊，1994

年 8 月，頁 814）以及《雲笈七籤・卷六・三洞經教部・七部》中云：「太平者，太言極大，平謂和平。明六合大通爲一，正平之氣斯行。故《太平經》云：今平氣行矣。平亦是安。又云：欲復古太平之法，先安中氣也。又云：三五氣和，日月常光明，乃爲太平。《爾雅》云：明，成也。此亦可訓明。言明君治世，成濟品物，爲太平也。或有解云三階正爲太平。或有解云景星現日太平。此並一事爲釋耳。今明此經現世，能使六合同風，萬邦共軌，君明物度，可謂太平也。」（北京：華夏出版社，1996 年 8 月，頁 31）又《雲笈七籤・卷六・三洞經教部・四輔》中云：「澄清大亂，功高德正，故號太平。若此法流行，即是太平之時。」（同上，頁 32）因而《太平經》中的「太平」便具有：「和平」、「公平」、「公正」等性質，既不是什麼要求人們政治地位的平等，亦不是追求人民經濟條件的平均。〔註1〕

〔註 1〕在六十餘年來《太平經》的研究者中，對「太平」二字的解釋，呈現出相互對立的情形，如：(1)王戎笙對陽寬所解釋的「太平」即「小農平均主義思想」的看法作出批評（以上說法見於：楊寬，〈論《太平經》——我國第一部農民革命的理論著作〉，《學術月刊》，1959 年 9 月號，頁 29；王戎笙，〈試論《太平經》〉，《歷史研究》，1959 年十一期，頁 56～57）。(2)熊德基對侯外廬解釋的「太平」就是「大的生產和均等的勞動，平等的消費。」這一說法作出批判，並批評楊寬所解釋的「太平」爲「小農平均主義思想」及「大平均」的說法（以上說法見於：侯外廬，〈中國封建社會前後期的農民戰爭及其綱領口號的發展〉，《歷史研究》，1959 年四期，頁 47；熊德基，〈《太平經》的作者和思想及其與黃巾和天師道的關係〉，《歷史研究》，1962 年四期，頁 17～19）。(3)劉序琦對孫達人所解釋的「太平」爲「一個大膽、新穎的社會改造方案」的說法作出評論，並批評馮達文將「太平」解釋成以「財產共有和人人勞動爲主要內容的農民階級的平均思想」的看法（以上說法見於：馮達文，〈太平經剖析——兼談《太平經》與東漢末年農民起義的若干思想聯繫〉，《中山大學學報》，1980 年三期，頁 6～8；孫達人，〈《太平清領書》及其思想〉，收載於：孫達人，《中國古代農民戰爭史・一卷》，陝西人民出版社，1980 年 9 月，頁 167～176；劉序琦，〈略論《太平經》思想的幾個問題〉，《江西師院學報》，1983 年三期，頁 41～43）。(4)黎志添對卿希泰解釋「太平」爲「人人平等而又公平的平均主義原則」作出批評，並對李養正將「太平」界定爲：「(1)要求生存權利的平等，(2)要求在生活資料分配方面的平均，(3)自然氣候的調和與社會的安寧」的說法提出反駁（以上說法見於：卿希泰，〈試論太平經的烏托邦思想〉，收載於：《中國道教思想史綱・第一卷》，成都：四川人民出版社，1980 年 9 月，頁 77；李養正，〈論《太平經》的人民性〉，收載於：《道教經史論稿》，北京：華夏出版社，1995 年 10 月，頁 92～95；黎志添，〈試評中國學者關於《太平經》的研究〉，香港：《中國文化研究所學報》，新第五期，1996 年，頁 306）。另外，李剛在〈《太平經》致太平的政治哲學〉一文中，對「太平」所作的定義是：「均貧富」、「在經濟上的平均分配」、「財產共

如果具體地從《太平經》作者所描述的上古「太平之世」或是當「太平氣」將至的「太平之世」的景象來看，兩者並沒有中國學者所謂社會地位平等或財產平均分配的思想。《太平經》中的理想上古之世是：

> 是故上古三皇垂拱，無事無憂也。其臣謹良，憂其君，正常心痛，乃敢助君平天下也，尚復爲其索得天上仙方以予其君也，故其君得壽也。（卷四十七〈上善臣子弟子爲君父師得仙方訣〉，頁139）

而當太平氣降臨於世時，《太平經》描述人民在理想社會生活的景象爲：

> 今太平氣至，乃天與神兵共治，故斷刑罰兵杖爭訟，令使察察，萬世不復妄也。皆如日月，不可久蔽藏也。元氣自然樂，則合共生天地，悅則陰陽和合，風雨調。風雨調，則共生萬二千物。凡物樂，則奇瑞應俱出，生萬物之應，精上著天，三光更明察察也。三光樂而合，則四時順行。春樂生，夏樂長，秋樂收，冬樂藏。四時樂喜，五行不逆，則人民興。人民興則帝王壽，帝王壽則凡民樂，凡民樂則精物鬼邪伏矣。精邪伏則無天病之人，無天傷人，則太平氣至也。
>
> （卷一一五至一一六〈闕題〉，頁647～648）

因而可以說，《太平經》所嚮往的不能說是屬於現代人意識所謂平等主義的社會制度；相反而言，《太平經》祈求的理想社會形態是回到上古三皇之世的理想時代，當中是君臣民都能合於眞道教化，得天地之心，守天地元氣。結果就是「天地病除，帝王安且壽，民安其所，萬物得天年，無有怨恨，陰陽順行，群神大樂且喜悅。」（卷一〇二〈經文部數所應訣〉，頁468）

三、理想中的太平盛世

《太平經》中理想的社會形態是回到類似於上古三皇之世的太平時代，因而它描述上古的理想社會是：

> 卷七十三至八十五〈闕題〉：「古者聖人在位，常力求隱士賢柔，可以共理。……古者帝王得賢明乃道興，不敢以下愚不肖爲近輔。」

有，平均分享」以及「平冤獄，量刑要實事求是」（李剛，《〈太平經〉致太平的政治哲學〉，收載於：龔鵬程主編，《海峽兩岸道教文化學術研討會論文‧上冊》，1996年10月，頁301～305）。筆者認爲上述研究者對《太平經》中「太平」所作出的理解，認爲是一種農民嚮往的「平均主義」與「財產共有」的理想社會，這種推斷結果似乎是說明研究者讓現代政治主義過多地壟斷經文本身的意義。換言之，這些中國學者對《太平經》中的「太平」觀念的詮釋或許與經文的原意存在一段距離或落差。

（頁 304～305）

卷八十六〈來善集三道文書訣〉：「古者賢聖之治，下及庶賤者，樂
得異聞，以稱天心地意，以安其身也。故其治獨常安平，與天合同
也。」（頁 322）

卷一一二〈有過死謫作河梁誡〉：「上古之時，神聖先知來事，與天
共治，分布四方上下中央，各有部署，秩除高下，上下相望，不肅
而成，皆爲善。恐有不稱，皆同一心。」（頁 573～574）

上古太平社會凡事合順天心地意，是聖人政治、賢人政治，任用賢才，善於
傾聽不同意見，包括「庶賤者」的意見，上下同心，人皆爲善。上古社會之
所以值得推崇，主要在於當時人民皆純樸明智、力行眞道，《太平經》讚美上
古之人說：

卷五十六至六十四〈闕題〉：「上古之人，皆心開目明耳洞，預知未
然之事，深念未然，感動無情，卓然自異，未有不成之施。所言所
道，莫不篤達，不失皇虛之心，思慕無極之智，無極之言。」（頁
212）

卷七十二〈不用大言無效訣〉：「夫上古之人，人人各自知眞道，又
其時少邪氣。」（頁 295）

不過，自中古以來人開始發生變化，這種變化主要是道德上的墮落，特別是
遺棄了「眞道善德」，「中古以來，人教化多妒眞道善德，反相教逃匿之，閉
藏絕之，反以邪巧道相教，導化愚人，使俱爲非。」（卷九十七〈妒道不傳處
士助化訣〉，頁 432）人心的變化，導致社會風氣的改變；中古以降的社會風
氣形成江河日下的情景：

卷三十六〈事死不得過生法〉：「上古之人理喪，但心至而已，送終
不過生時，人心純樸，少疾病。中古理漸失法度，流就浮華，竭資
財爲送終之具，而盛於祭祀，而鬼神益盛，民多疾疫，鬼物爲祟，
不可止。下古更熾祀他鬼而興陰，事鬼神而害生民，臣秉君權，女
子專家，兵革暴起，奸邪成黨，諂諛日興，政令日廢，君道不行，
此皆興陰過陽，天道所惡，致此災咎，可不慎哉？」（頁 52～53）

卷六十五〈興衰由人訣〉：「上古時人，深知天尊道、用道、興行道、
時道王。中古廢不行，即道休囚，不見貴也；中古興用德，則德王。

下古廢至德，即德復休囚也。」（頁232）

卷七十二〈不用大言無效訣〉：「夫上古之人，人人各自知眞道，又其時少邪氣。太上中古以來，人多愚，好爲浮華，不爲眞道，又多邪氣狂精殃咎，故人多卒窮天年而死亡也。」（頁295）

卷九十六〈守一入室知神戒〉：「夫中古以來，人半愚，以爲選舉爲小事也，不詳察之，半得非其人，半亂天官，政半凶也。下古復承負中古輕事，復令自易，不詳察之，選舉多不俱得其人；汙亂天官，三光爲其不正，證上見於天，天不喜之也。故多凶年不絕，絕者復起，不知天甚怨惡之。」（頁418）

卷九十七〈妒道不傳處士助化訣〉：「古者聖人象天地爲行，以至道要德力教化愚人，使爲謹良，令易治。今世反多閉絕之，故愚人共爲狡猾，失天道，不自知爲非，咎在眞道善德不施行，故人多被天謫，當死不除也。」（頁433～434）〈事師如事父言當成法訣〉：「太上古之臣多仙壽，故能使其君壽；中古臣多知懷道德，故能使其君常無憂；下古臣多無眞道而愚，故多使其君愚甚。君愚，其洽（治）常亂憒，不得無心。」（頁436）

中古社會不如上古，下古社會又不如中古。從社會的治安來看，呈現出愈加混亂、動盪的跡象；從反映的社會風氣裡，亦是世風日下、人心不古；從君臣民的關係來看，更是不如上古之忠誠、敬愛。這種退化的現象，其問題的癥結所在，《太平經》將其歸咎於「眞道善德」的失落。因而在《太平經》中便試圖要恢復「上古太平盛世」，於是在經中多所讚頌「太平」盛世的景象：「太平到矣，上平氣來矣，頌聲作矣，萬物長安矣，百姓無言矣，邪文悉自去矣，天病除矣，地病亡矣，帝王遊矣，陰陽悅矣，邪氣藏矣，盜賊斷絕矣，中國盛興矣，稱上三皇矣，夷狄卻矣，萬物茂盛矣，天下幸甚矣，皆稱萬歲矣。」（卷五十一〈校文邪正法〉，頁192）

四、實現「太平」理想的條件

對下古社會嚴重衰退情形的刻劃，反過來更進一步襯托出上古太平盛世的氣象。但應該如何去獲致太平的降臨？換言之，實現「太平」理想的條件爲何？針對這個問題《太平經》提出下列基本條件：

（一）法天效地、合氣、順陰陽

卷十八至三十四〈和三氣興帝王法〉：「吾欲使帝王立致太平，豈可聞邪？」神人言：「但大順天地，不失銖分，立致太平。」（頁18～19）

卷三十五〈一男二女法〉：「太皇天上平氣將到，當純法天。故令一男者當得二女，以象陰陽。陽數奇，陰數偶也。迺太和之氣到也。」（頁38）又「順天地，法合陰陽，使男女無冤者，致時雨令地化生，王治和平。」（頁39）

卷四十〈努力爲善法〉：「其爲人君者樂思太平，得天之心。……其不能平其治者，治不合天心，不得天意。」（頁74）

卷四十二〈九天消先王災法〉：「治得天心意，使此九氣合和，九人共心，故能致上皇太平也。……太上皇氣太至，此九人皆來助王者治也。一氣不和，輒有不是者，故不能悉和陰陽而平其治也。」（頁89）

卷四十四〈案書明刑德法〉：「夫爲帝王制法度，先明天意，内明陰陽之道，即太平至矣。」（頁109）

卷五十三〈分別四治法〉：「帝王治將太平，且與天使其好惡而樂，象天治。」（頁198）

卷七十二〈齋戒思神救死訣〉：「太平氣垂至，調和陰陽。」（頁291）

卷九十三〈敬事神十五年太平訣〉：「是故欲知將平與未平，但觀五帝神平與未，足以自明，足以自知也。是故凡象，乃先見於天神也。天神不平，人安得獨稱平乎哉？是故五帝更迭治，可皆致太平。其失天神意者，皆不能平其治也。是故謹順四時，慎五行，無使九神戰也。故當敬其行而事其神。今天第一上平氣且至，故教真人敬四時五行，而令人大小共興用事其神事。古者但敬事四時五行，故致太平，遲三十年致平。今乃并敬事其神，故疾十五年而平也。」（頁400）

卷九十八〈爲道敗成戒〉：「夫太平之君治，乃當象天爲法。」（頁445）

卷一一五至一一六〈某訣〉：「天地爲法，王相之氣主太平也，囚廢絕氣主凶年。王相之氣多所生，多善事。故太平之歲，凡物具生，多善物，是明證也，天地之大效也。天地之大效也。天地之喜善效，乃及見於人民萬物，以是爲大效證驗也。故古者聖賢以是深自占相，自知行之得失也，明以同類同事同氣占相之也。……是故凶年之歲，少可生，無善應，無善物，是其同事同氣也。是故將太平者，得具作樂，樂者乃順樂王氣，平氣至也。……故王相之氣，德所居也。囚廢之氣，刑所居也。……故將太平者具樂者當順王氣。」（頁637～638）

卷一三七至一五三〈太平經鈔〉壬部：「天地之行，尚須陰陽相得和合，然後太平。」（頁706）

卷一五四至一七〇〈太平經鈔〉癸部：「太者，大也；大者，天也；天能覆育萬物，其功最大。平者，地也，地平，然能養育萬物。……天地失常道，即萬物悉受災。帝王上法皇天，下法后地，中法經緯，星辰嶽瀆，養育萬物。故曰大順之道。」（頁718）〈通神度世厄法〉：「天之生人，萬事畢備。故十月而生，與物終始，故可度災厄，致太平。」（頁724）

〈太平經佚文〉：「三五氣和，日月常光明，乃爲太平。」（頁734）

君王施政欲天下太平，就必須上法天、下效地，並順陰陽之法而合氣、謹順四時、五行之運行，以祈求王氣的降臨；當王氣降臨時，太和之氣亦隨之來臨，如此方能致太平。

（二）中和氣至、并力同心、三統共生

卷十八至三十四〈名爲神書訣〉：「太陰、太陽、中和三氣共爲理，更相感動，人爲樞機，故當深知之。皆知重其命，養其軀，即知尊其上，愛其下，樂生惡死，三氣以悅喜，共爲太和，乃應並出也。……故純行陽，則地不肯盡成；純行陰，則天不肯盡生。當合三統，陰陽相得，乃和在中也。古者聖人治致太平，皆求天地中和之心，一氣不通，百事乖錯。」（頁18）〈和三氣興帝王法〉：「元氣有三名，太陽、太陰、中和。形體有三名，天、地、人。天有三名，日、月、星，北極爲中也。地有三名，爲山、川、平土。人有三名，父、母、

子。治有三名，君、臣、民。欲太平也，此三者常當腹心，不失銖分，使同一憂，合成一家，立致太平，延年不疑矣。」（頁 19）又「三氣合并爲太和也，太和即出太平之氣。斷絕此三氣，一氣絕不達，太和不至，太平不出。陰陽者，要在中和。中和氣得，萬物滋生，人民和調，王治太平。……民氣不上達，和氣何從得興？中和乃當和帝王治，調萬物者各當得治。今三氣不善相通，太平安得成哉？」（頁 19～20）

卷三十五〈一男二女法〉：「今天太和平氣方至，王治且太平。」（頁37）

卷五十六至六十四〈闕題〉：「考天地陰陽萬物，上下相愛相治，立功成名，使心治一家，使人不復相憎惡，常樂合心同志。令太和之氣日自出，而大興平，六極同心，八方同計。所治者若人意，莫不皆響應而悅者。」（頁 216）

卷一○九〈兩手策字要記〉：「凡事相須而成事者，皆兩手也。……兩手者，言其齊同并力，無前無卻，乃後事可成也；兩手不并力者，事不可成也。故凡事者，象此兩手，皆當各得其人。并力同心，象此兩手，乃吉安太平之氣立至也；不象此兩手者，億億萬年不能出上皇太平氣也。太平氣常欲出，若天常欲由此兩手，久不調御之，故使閉不得通，出治悒悒可誓，咎在此兩手不調。若兩手平調者，此上皇太平氣出，前後至不相須。」（頁 518～519）

卷一三七至一五三〈太平經鈔〉壬部：「天地爲萬物之廬，賢人爲萬物工匠。帝王者象天，常欲生；后妃者象地，常欲養；大臣者象人，常欲思成。此三人并力，凡物從生到終，無有傷也。欲象平之道，爲法者必當如此矣。」（頁 703）又「夫天地各出半力，并心同欲和合，乃能發生萬物。晝夜各出半力，乃成一日。春夏秋冬各出半力而成一歲。月始生於西，長而東，行至十五日名爲陽，過十五日消，名爲陰。各出半力，乃成一月也。男女各出半力，同志和合，乃成一家。天地之道，乃一陰一陽，各出半力，合爲一，乃後共成一。故君與臣合心并力，各出半力，區區思同，乃成太平之理。」（頁715～716）

〈太平經佚文〉:「欲復古太平之法,先安中氣也。」(頁 734) 又「夫
人本生混沌之氣,氣生精,精生神,神生明。本於陰陽之氣,氣轉
為精,精轉為神,神轉為明。欲壽者當守氣而合神,精不去其形,
念此三合以為一,久即彬彬自見,身中形漸輕,精益明,光益精,
心中大安,欣然若喜,太平氣應矣。脩其內,反應於外。內以致壽,
外以致理。非用筋力,自然而致太平矣。」(頁 739)

欲「致太平」的先決條件,在於「中和之氣」的至與不至?而中和之氣的降
臨又取決於「陰陽合和」、「三氣相通」;因而《太平經》強調凡事必須「三合
相通」、「三統共生」,如此太和平氣才會降臨;當太和平氣致時,才會出現「天
下太平」的條件。因此《太平經》強調君王欲治致太平,只需做到「內以致
壽,外以致理」,自然能招致太和平氣的降臨,而達到天下太平的目的!

(三)遵行真道與《太平經》

卷四十六〈道無價卻夷狄法〉:「(天師云)使人身不知其老也,亦寧
能安天地,得萬國之歡心,令使八遠響應,天下太平耶哉?吾道乃
能上安無極之天,下能順理無極之地,八方莫不悅樂來降服,擾擾
之屬者,莫不被其德化,得其所者也。」(頁 127)

卷九十三〈敬事神十五年太平訣〉:「今上皇氣出,真道至以治,故
十五年而太平也。如不力行真道,安得空致太平乎?此十五歲而太
平者,乃謂帝王以下及臣大小,案行真道,共卻邪偽,故十五年而
平也。」(頁 399〜400)

卷一五四至一七〇〈七事解迷法〉:「治身安國致太平,乃當深得其
訣,御此者道也。」(頁 730)〈救四海知優劣法〉:「太平者以道行」
(頁 730)

卷三十五〈分別貧富法〉:「今真人以吾書付有道德之君,力行之令
效,立與天相應,而致太平。」(頁 32)

卷四十七〈上善臣子弟子為君父師得仙方訣〉:「天旦怒吾屬書於真
人,疾往付歸之,上德君得之以治。……善乎善乎!見天師言,承
知天太平之平氣真真已到矣。其所以致之者,文已出矣。」(頁 134)

卷七十一〈真道九首得失文訣〉:「今天師為太平之氣出授道德,以

興無上之皇，上有好道德之君，乃下及愚賤小民，其爲恩迺洞於六合，洽於八極，無不包裏。」（頁 81）

卷九十八〈包天裏地守氣不絕訣〉：「吾爲太平德君制作法度，不限一人也。夫太平氣來，有一人自冤不得其欲者，則上皇平氣不得俱來至也。故天教吾廣開闢其路，使得自恣自擇可爲也。賢明欲樂活者，可學吾文，思其意，入室成道，可得活；賢柔欲樂輔帝王治，象吾文爲之，可以致太平；欲樂居家治生畜財者，思吾文，可竟其天年而終死。故各爲得其所願，無大自冤者也。故太平之氣得來前也。」（頁 451）

卷一〇八〈要訣十九條〉：「欲得疾太平者，取訣於悉出眞文而絕去邪僞文也。」（頁 512）

卷一一二〈有過死謫作河梁誡〉：「洞極之經，名曰太平，能行者得其福。」（頁 576）

卷一二〇至一三六〈太平經鈔〉辛部：「今天上乃具出文書，以化除諸災害，以致善，是故吾自曉敕眞人出書也。今天上教吾大言，勿有蔽匿也。……故教人拘校古今文集善者，以爲洞極之經，定善不可復變易也，雖聖賢之人不能復致其文辭。夫文辭，天地陰陽之語也。故教訓人君賢者而敕戒之，欲令勤行致太平也。所以言蔽藏者，賢君得而藏於心，用於天下，育養萬物而致太平也。」（頁 686）

強調只要遵行「眞道」，最快十五年就可致太平；並說明天師造作《太平經》的原因是爲「太平之君作經」。因而當君王遵行《太平經》，將會招致「太平氣」的降臨，而收到「天下太平」的功效。

根據「宇宙系統論」的基本範疇之內容的討論順序，實現「太平」理想可歸納爲：「法天效地、合氣、順陰陽」、「中和氣至、并力同心、三統共生」及「遵行眞道與《太平經》」等三個條件。除了這些基本的先決條件外，尚需配合具體的運作方法。這些運作方法，可稱爲「實現太平的具體措施」！在這些具體措施中，可歸納成「治身」思想與「治國」思想兩大類。即「故端身靖身，乃治之本也，壽之徵也。無爲之事，從是興也。先學其身，以知吉凶。是故賢聖明者，但學其身，不學他人，深思道意，故能太平也。」（卷十八至三十四〈錄身正神法〉，頁 12）「夫人本生混沌之氣，氣生精，精生神，

神生明。本於陰陽之氣，氣轉爲精，精轉爲神，神轉爲明。欲壽者當守氣而合神，精不去其形，念此三合以爲一，久即彬彬自見，身中形漸輕，精益明，光益精，心中大安，欣然若喜，太平氣應矣。脩其內，反應於外。內以致壽，外以致理。非用筋力，自然而致太平矣。」（〈太平經佚文〉，頁739）

而在歷代文獻中對《太平經》主旨的陳述，一樣圍繞在「治身」與「治國」這兩個主題：

1. 晉代葛洪《神仙傳・卷七・宮嵩傳》云：「宮嵩者，琅琊人也。有文才，著書百餘卷。師事仙人干吉。漢元帝時，嵩隨吉於曲陽泉上遇天仙，授吉青縑朱字《太平經》十部。吉行之得道，以付嵩，後上此書。書多論陰陽否泰災眚之事，有天道、地道、人道。云治國者用之，可以長生，此其旨也。」（《神仙傳》，台北：廣文，1989年12月，頁5）

2. 唐代王懸河《三洞珠囊・卷一・救導品》引《神仙傳》佚文云：「干君者，北海人也。病癩數十年，百藥不能癒。見市中一賣藥公，姓帛名和，往問之，公言卿病可護。……（帛和）乃以素書二卷授干君，誡之曰：卿得此書，不但愈病而已，當得長生，干君再拜受書。公又曰：卿歸，更寫此書，使成百五十卷。干君思得其意，內以治身，外以消災救病，無不差愈。在民間三百年，道成仙去也。」（《道藏》（三家本），上海書店，第二十五冊，1994年8月，頁298）

3. 後唐王松年《仙苑編珠・卷中》引《神仙傳》佚文云：「于吉，北海人也。患癩瘡數年，百藥不愈。見市中有賣藥公，姓帛名和，因往告之。乃授以素書二卷。謂曰，此書不但愈疾，當得長生。吉受之，乃《太平經》也。行之疾愈。乃於上虞鈞臺鄉高峰之上，演此經成一百七十卷。」（《道藏》（三家本），上海書店，第十一冊，1994年8月，頁32～33）

4. 南宋陳葆光《三洞群仙錄・卷三》引《神仙傳》佚文云：「干君者，因病癩數十年，百藥不能愈。忽見市中賣藥公，姓帛，因往問之，（帛）云：可救，以素書二卷授之，曰：不但愈病而已，當得長年。干君再拜受之。干君思得其意，內以治身修性，外以消災救疾，無不愈者，道成仙去也。」（《道藏》（三家本），上海書店，

第三十二冊，1994 年 8 月，頁 256）

從上述四段引自晉代葛洪《神仙傳》的文字中，可知《太平經》一書的主旨在於「癒病」、「長生」、「成仙」之「治身」法，以及又兼及「消災」、「致太平」的「治國」之術。〔註 2〕

> 5. 南朝宋范曄《後漢書‧卷三十下‧郎顗襄楷列傳》云：「臣前上琅邪宮崇受干吉神書，不合明聽。……前者宮崇所獻神書，專以奉天地順五行爲本，亦有興國廣嗣之術。其文易曉，參同經典，而順帝不行，故國胤不興，孝沖、孝質頻世短祚。」（《後漢書》，北京：中華書局，1997 年 11 月第一版，頁 292）其書又云：「初，順帝時，琅邪宮崇詣闕，上其師干吉於曲陽泉水上所得神書百七十卷，皆縹白素朱介青首朱目，號《太平清領書》。其言以陰陽五行爲家，而多巫覡雜語。有司奏崇所上妖妄不經，乃收藏之。後張角頗有其書焉。」（同上，頁 293）

上述引文中所謂的「神書」、「《太平清領書》」，據唐代章懷太子李賢注的說法，即道家的《太平經》，「神書，即今道家《太平經》也。其經以甲、乙、丙、丁、戊、己、庚、辛、壬、癸爲部，每部一十七卷也。」（同上，頁 292）而《太平經》的主旨，據襄楷與范曄的說法，即在於闡述「治國」（興國、去災）與「治身」（廣嗣、除疾）之道。〔註 3〕

〔註 2〕 南宋陳葆光《三洞群仙錄‧卷三》引《抱朴子》佚文云：「宮嵩，有文才，年數百歲，色如童遇仙人干吉，得其書，多論陰陽否泰之事，有天道焉，有地道焉，有人道焉。治國用之以致太平，治身者用之以保長生，此其道也。」（《道藏》（三家本），上海書店，第三十二冊，1994 年 8 月，頁 254）此處說法與《神仙傳‧卷七‧宮嵩傳》所云相類似，筆者認爲可當作葛洪《神仙傳》以外對《太平經》主旨陳述的佐證。

〔註 3〕 襄楷於東漢桓帝延熹九年（166）所上的疏文中，雖僅言其書「專以奉天地順五行爲本，亦有興國廣嗣之術」，而未言之「治國」與「治身」之術；但從「而順帝不行，故國胤不興，孝沖、孝質頻世短祚」這句話來看，此書似含有所謂「治國」、「長身」之道。而據湯用彤先生在〈《太平經》書所見〉一文中，對襄楷這段疏文的分析，亦認爲其中「所陳多治國之道」（《國學季刊》第五卷第一號，1935 年，頁 15）。因此，可知襄楷再次詣闕進呈《太平清領書》，其用意即是希望帝王能依其書所言而行，而達至「興國」（治國）、「廣嗣」（治身）這兩個目的。至於范曄所說的「其言以陰陽五行爲家，而多巫覡雜語」這句話，據章懷太子李賢注引《太平經》經文來看，即「天失陰陽則亂其道，地失陰陽則亂其才，人失陰陽則絕其後，君臣失陰陽則其道不理，五行四時失陰陽則爲災。今天垂象爲人法，故當承順之也。」又曰：「天上有

6. 隋代唐初《太平經複文序》〔註4〕：「皇天金闕後聖太平帝君，……
作《太平複文》，先傳上相青童君，傳上宰西城王君，王君傳弟子
帛和，帛和傳弟子干吉。干吉初得惡疾，殆將不救，詣帛和求醫。
帛和告曰，吾傳汝《太平本文》，可因易爲一百七十卷，編成三百
六十章，普傳於天下，授有德之君，致太平，不但疾愈，兼而度
世。干吉授教，究極精義，敷演成教。」（《太平經合校》，頁744）

由此可見，《太平經》乃爲「致太平」、「癒疾」及「度世」之書，故其主旨亦
不外「治國」與「治身」二義。

7. 唐代釋玄嶷《甄正論》云：「有《太平經》百八十卷，是蜀人于吉
所造。此人善避行跡，不甚苦錄佛經。多說帝王理國之法，陰陽
生化等事，皆編甲子，爲其部帙。（《太平經合校》，頁748）

此處言「帝王理國之法」與「陰陽生化等事」，其主旨亦不外「治國」與「治
身」之道。

8. 宋代賈善翔《猶龍傳・卷四・授干吉太平經》：「此經有云干吉撰，
或云得之於水上。而內傳所載，即在孝成帝河平年間，混元分身，
下遊瑯琊郡曲陽泉，授北海人干吉《太平經》一百七十卷。其要
曰：且人之生也，天付之以神，地付之以精，中付之以氣。人能
保精愛神護氣，內則致身長生，外則致國太平。」（《道藏》（三家
本），上海書店，第十八冊，1994年8月，頁23）

常神聖要語，時下授人以言，用使神吏應氣而往來也。人眾得之謂神咒也。
咒百中百，十中十，其咒有可使神爲除災疾，用之所向無不愈也。」（范曄，
《後漢書》，北京：中華書局，1997年11月第一版，頁293）前者是指「君
王治國之道」，後者則是以「咒術除災治病」而言。又據湯用彤先生對范曄「以
陰陽五行爲家，而多巫覡雜語」之評論，認爲其中有「延年卻病驅邪之方」
及「延年救死之術」（《國學季刊》第五卷第一號，1935年，頁16）。因此，
根據襄楷和范曄的陳述，《太平經》一書的主旨，亦不外「治國」與「治身」
之道。

〔註4〕筆者認爲，由於〈《太平經》複文序〉中有：「爰自南朝湮沒，中國復興，法
教雖存，罕有行者。綿歷年代，斯文不泯，繕寫寶持，將俟賢哲。壬辰之運，
迎聖君下降，睹太平至理。仙侯蒞事，天民受賜，復純古斯文之功彰也。」（《太
平經合校》，頁745）這句話，故學者一般將〈《太平經》複文序〉斷爲隋代唐
初之作品，見於：(1)任繼愈主編，《道藏提要》，北京：中國社科院，1991
年7月，頁851；(2)吳楓主編，《中華道學通典》，海口：南海出版公司，1994
年4月，頁638；(3)朱越利，《道藏分類解題》，北京：華夏出版社，1996年
1月，頁46。

由此可知，《太平經》的內容性質是一部內以「治身」（長生），外以「治國」（太平）之書。

> 9. 明代白雲霽《道藏目錄詳註·卷四》云：「太上老君親授《太平經》。
> 其經以甲乙丙丁戊己庚辛壬癸爲部，每部一七十卷，編成一百五
> （七）十卷。皆以修身養性，保精愛神，內則治身長生，外則治
> 國太平，消災治疾，無不驗之者。」（《太平經合校》，頁 751）

可見《太平經》一書之主旨，即圍繞在內以「治身長生」與外以「治國太平」的消災、治疾之術上。

綜合以上所述來看，無論是東漢襄楷、晉代葛洪、南朝宋范曄、隋唐道士僧侶、宋代賈善翔，以至明代白雲霽《道藏目錄詳註》諸書，皆認定《太平經》是一部「消災」、「治病」、「長生」、「度世」、「成仙」、「理國」及「致太平」之書。易言之，《太平經》一書的主旨即圍繞在「治身」（長生）與「治國」（太平）這兩個主題上！

而在《太平經》的經文內容中，也同樣反映了「治國」與「治身」這兩個主題：

（一）要訣十九條

1. 其爲道者，取訣於入室外內批之。滿日數，開戶入視之，於期內自批者，勿入視也，其內不自批者，即樂人入視之也。開戶入視，欲出者便出之。

2. 其三道行書者，悉取訣於集議，以爲天信，即其之人上建也。

3. 其正神靈者，取訣於洞明萬萬人也，以爲天信矣。

4. 其凡文欲正之者，取訣於拘校，以爲天信。

5. 其欲樂知吾道書信者，取訣於督疾行之，且與天響相應。善者日興，惡者日消，以爲天信。

6. 其欲署置得善人者，取訣於九人。

7. 其問入室成與未者，取訣於洞明白也。形無彰蔽，以爲天信。

8. 其欲知身成道而不止者，取訣於身已成神也，即度世矣，以爲天信。

9. 其欲洽洞知吾書文意者，從上到下盡讀之，且自昭然心大解，。無復疑也。一得其意，不能復去也。

10. 其欲效吾書，視其眞與僞者，以治日向太平，以爲天信。

11. 其欲知壽可得與不者，取訣於太平之後也。如未太平，先人流災
    為害，難以效命，以為天信矣。

12. 太陽欲知太平者，取訣於由斷金也。

13. 水與火欲厭絕姦臣訞不得作者，取訣於由斷金衰市酒也。

14. 欲得天道大興法者，取訣於拘校眾文與凡人訣辭也。

15. 欲得良藥者，取訣於拘校凡方文而效之也。

16. 欲得疾太平者，取訣於悉出真文而絕去邪偽文也。

17. 欲樂思人不復殺傷女者，取訣於各居其處，隨其力衣食，勿使還
    愁苦父母而反逆也。

18. 欲除疾病而大開道者，取訣於丹書吞字也。

19. 欲知集行書訣也，如其文而重丁寧，善約束之。行之一日，消百
    害猾人心，一旦轉而都正也，以為天信。（卷一〇八〈要訣十九
    條〉，頁510～512）

這十九條「要訣」，或一事專列一訣，或數訣共言一事，析殊匯同，十九條之
內容大約可分為三類：一是關於《太平經》這部神書的造經方式及奉行之功
效，凡六條（第四、五、九、十、十四、十六）。二是治國之道，凡七條（第
二、六、十一、十二、十三、十七、十九），包括上行三道行書、集議、授官
署職、斷金兵、禁市酒、不殺傷婦女、促進人口增長以及治臻太平而人壽民
安。三是關於治身之法，凡六條（第一、三、七、八、十五、十八），涉及到
元氣無為、虛無自然、存思身中神之守一術、吞符治病以及索驗良藥仙方
等。易言之，即包括入室修行之法、醫藥治病之法、長壽之法與不死長生成
仙之法。

（二）六部界與一大集

　　天師與真人在談論《太平經》的主要內容分類和安排的順序時，便提出
所謂的「六部界」與「一大集」來，即：（天師）「真人前，子共記吾辭，
受天道文比久，豈得其大部界分盡邪？吾道有幾部，以何為極，以何為大
究竟哉？」（真人）「文中有道，六極六竟。愚生今說，不知以何為六極六
竟。」……（天師）「諾。六真人安坐，為子分別其部署。凡有六屬一大集。」
（卷九十六〈六極六竟孝順忠訣〉，頁405～408）緊接著在卷九十六〈守一入
室知神戒〉中，便是天師為真人解說《太平經》分為六屬（六部界）和一大
集的內容：

夫守一之道，得古今守一者，復以類聚之。上賢明力爲之，可得度
世；中賢明力爲之，可爲帝王良輔善吏；小人力爲之，不知喜怒，
天下無怨咎也。此者，是吾書上首一部大界也。（頁 409～410）

第一部界主要是在陳述「守一」修煉法。

其二部界者，其讀吾書道文，合於古今，以類相從，都得其要意，
上賢明翕然喜之，不能自禁止爲善也。乃上到於敢入茆室，堅守之
不失，必得度世而去也，⋯⋯其神乃助天地，復還助帝王化惡，恩
下及草木小微，莫不被蒙其德化者。是故古者賢明德師，乃能助帝
王致太平者，皆得此人也。⋯⋯其中賢力共讀吾文書，合於古今道
文書，以類相從，力共讀而不止。其賢才者，乃可上爲帝王良輔善
吏，助帝王化惡。⋯⋯其百姓俱共讀吾道文，上下通都，合計同策
爲一，無復知爲凶惡者也。⋯⋯如三人大賢中賢下賢及百姓俱爲之
占，天地之惡氣畢去矣，無復承負之厄會也。善乃合陰陽，天地和
氣瑞應畢出，遊於帝王之都，是皇天后土洽悦喜之證也。（頁 411～
412）

第二部界是說明循序漸進（經守一修煉法），則能入道、守道，而後敢下茆室
修煉，進而度世成仙。易言之，即是陳述所謂「守道」、「入室」之法。

第三部界者，夫人得道者必多見神能使之。⋯⋯故守一然後且具知
善惡過失處，然後能守道，入茆室精修，然後能守神，故第三也。
賢者得拘校古今神書以相證明也。⋯⋯如大賢中賢下賢及百姓，俱
守神道而爲之，則天地四時之神悉興，邪自消亡矣。⋯⋯如此則天
下地上，四方六屬六親之神，悉悦喜大興助人爲吉，以解邪害。上
爲帝王除災病，中爲賢者除疾，下爲百姓除惡氣，令奸鬼物不得行
也。（頁 412～413）

第三部界則敘述「守道」（守神道）的方法和功能，而「守神」基本上是「守
一」、「守道」、「入室」修行的後續修煉行爲。

夫賢明爲上德君拘校上古中古下古文書之屬，以類相從，更相證
明，道一旦而正，與日月無異。復大集聚大賢中賢下賢乃及人民男
女口辭訣事，以類相從，還以相證明，書文且大合，⋯⋯如此則天
地人情悉在，萬二千物亦然，故德君當努力用之。⋯⋯故德君盡以
正辭，而天地開闢以來承負之災厄悉除，無復災害。眞人欲重知其

大信也。夫正文正辭，乃為天地人萬物之正本根也。是故上古大聖賢案正文正辭而行者，天地為其正，三光為其正，四時五行乃為其正，人民凡物為其正。……人民為其行政（正），言正文正辭乃無復相憎惡者，則怨咎為其絕。天下凡善悉出，凡邪惡悉藏，德君但當垂拱而自治，何有危亡之憂，此即吾正文正辭為善根之明證效也。（頁415～416）

第四部界是在闡述「正文、正辭」乃為天地人萬物之正本根，並說明如何拘校所謂的「正文、正辭」，以及實行「正文、正辭」的功效。

帝王力行吾文，與天地厚，無復厄會也。善哉善哉！語真人一大要言也。上德之君得吾文，天法象以士臣，上至神人，下至小微賤，凡此九人。神、真、仙、道、聖、賢、凡民、奴、婢，此九人有真信忠誠，有善真道樂，來為德君輔者，悉問其能而仕之，慎無署非其職也，亦無逆去之也。……但因據而任之，而各問其所能，則無所不治矣。……夫中古以來，人半愚，以為選舉為小事也，不詳察之，半得非其人，半亂天官，政半凶也。下古復承負中古輕事，復令自易，不詳察之，選舉多不俱得其人；汙亂天官，三光為其不正，證上見於天，天不喜之也。故多凶年不絕，絕者復起，不知天甚怨惡之。人不深自責，反言天時運也。古者為有如此者。天道非人，反以其太過上歸天，下愚不自思過失，反復上共責歸過於帝王。天乃名此為大反逆之民，過在下傳欺其上，以惡為善，以善為惡，共致此災，反以上歸天。以歸天者，復上責其君，天下絕洞凶民臣無狀之人也。今天地神靈共疾惡之，故天乃親自謁，遣吾下為德君，更制作法也。選舉署人官職，不可不審且詳也。（頁417～418）

第五部界是在指示君王應依據「正文、正辭」、「仕臣九人」以治理天下，並說明「選舉」、「署人官職」不可不謹慎的原因。

大德上君已仕臣各得其人，合於天心，則當知治民除害之術。夫四遠伏匿，甚難知也。夫下愚之人，各取自利，反共欺其上，……天明知下古人且愚難治，正故故為其出券文名為天書也。書之為法，著也，明也。……故文書者，天下人所當共讀也，不為一人單孤生也。……故教其三道行書，大小賢不肖男女共為之參錯，共議是與非，令得其實核□□，乃可上也。中一人欲欺，輒記之，如是則天

地病已除，帝王無承負之貴（責）矣。……故天尤急此三道行書，
慎無復廢，故災不去也。（頁 419～420）

第六部界則是說明通上「三道行書」，而論述「治民除害之術」。

至於所謂「一大集」，是指對各類道書、聖經、賢傳及口語、人辭，進行
統一整理，辨難袪疑，而後定於一尊，因而形成《太平經》的過程。即：

天明知下古人且愚難治，正故故爲其出券文名爲天書也。書之爲法，
著也，明也。天下共以記事，當共所行也，可以記天下人之文章也。
故文書者，天下人所當共讀也，不爲一人單孤生也。故天下共以記
凡事也，聖人共以記天地文理，賢者用記聖人之文辭。凡人所當學
而共讀之，乃後得其意也。書之爲類，乃當共原共策共記共誦讀之，
乃以無奸也。故自古到今，聖賢之文也，幾何校，幾何傳，幾何實
核，幾何共安之，尚故故有餘邪文誤辭，不可純行。故大賢諸道士，
乃周流遍天下，考辭習語，視異同，以歸喻愚蒙。」（頁 419）又「故
吾書不敢容單言孤辭也，故教眞人拘校上古中古下古文以相明，拘
校天下凡人之辭以相證盟，然後天地之間可正，陰陽之間無病也。
以吾書往考古今之天文地神書與人辭，必且與響相應，與神無異也，
乃吾道且可信也。（頁 421）

而這「六大部界」與「一大集」，在《太平經》中的次序安排及意義，天師亦
有所說明，其言曰：

此本守一專善，得其意，故得入道，故次之以道文也。爲道乃道于
入室，入眞道，而入室必知神，故次之以神戒也。得守一得道得神，
必上能爲帝王德君良臣。臣者，必當助帝王德君，共安天地六方八
洞，得其意，乃國可長安也。欲安之，必當正文正辭正言，故以拘
校文辭，得以大正，必當群賢上士出，共輔帝王，爲其聰明股肱，
故次之以仕臣九人。九人各得其所，當共安天地，天下并力同心爲
一也。必常相與常通語言，相報善惡，故次之以三道行書也。人已
都知守一，已入道，已入神，已入正文，以尊卑仕臣，各得其處也。
已行文書，并力六事，已究竟，都天下共一心，無敢復相憎惡者。
皆相愛利，若同父母而生，故德君深得天心，樂乎無事也。以爲道
恐有遺失，使天地文不畢備，故復次之以大集之難，以解其疑。（頁
421～422）

由上述「要訣十九條」、「六大部界」與「一大集」的內容來看，其主旨主要
是在強調「治身」之法及「治國」之道。在次序上，是先言「治身」之法，
再述「治國」之道。易言之，就天師自述的《太平經》之內容主旨，似乎不
外「治身」與「治國」二義。

　　在「治身」與「治國」二義中，「治身」之法又爲「治國」之道之根本，
例如卷三十七〈試文書大信法〉便載云：

> （眞人）「大頑頓曰（日）益暗昧之生再拜，今更有疑，乞問天師上
> 皇神人。」（天師）「所問何等事也？」（眞人）「請問此書文，其凡
> 大要，都爲何等事生？爲何職出哉？」（天師）「善哉善哉！子之問
> 事，可謂已得皇天之心矣，此其大要之爲解。天地開闢已（以）
> 來，帝王人民承負生，爲此事出也。」（眞人）「今迺爲此事出，何
> 反皆先道養性乎哉？」……（天師）「眞人更明開耳聽。然凡人所以
> 有過責者，皆由不能善自養，悉失其綱紀，故有承負之責也。……
> 今先王爲治，不得天地心意，非一人共亂天也。天大怒不悅喜，故
> 病災萬端，後在位者復承負之，是不究乎哉？故此書直爲是出也。
> 是故古者大賢人本皆知自養之道，故得治意，少承負之失也。其
> 後世學人之師，皆多絕匿其眞要道之文，以浮華傳學，違失天道之
> 要意。令後世日浮淺，不能善自養自愛，爲此積久，因離道遠，謂
> 天下無自安全之術，更生忽事反鬥祿，故生承負之災。」（頁 54～
> 55）

由文中「天師」與「眞人」之對話可以知道，撰述和傳授《太平經》的主要
目的是爲了解除帝王與人民的「承負」之災；而「養性」之術，則爲其書之
首重者。由此可見，《太平經》的性質，就其解人民之災而言，基本上是一
「治身」（養性）之書；就其解帝王之災而言，則爲「治國」之書。此外，卷
六十八〈戒六子訣〉中也載有天師講述《太平經》內容要義的一段文字，其
文云：

> 吾將去有期，戒六子一言。夫道迺洞，無上無下，無表無裏，守其
> 和氣，名爲神；子近求則大得，遠求則失矣。故古君王善爲政者，
> 以腹中始起，眞能用道，治自得矣。……子六人連日問吾書，道雖
> 分別異趣，當共一事。然舌（后）能六極周，王道備，解說萬物，
> 各有異意。天地得以大安，君王得以無事。吾書乃知神心，洞六極

八方，自降而來伏，皆懷善心，無惡意。其要結近居內，比若萬物，
心在裏，枝居外。夫內興盛，則其外興，內衰則其外衰。故古者皇
道帝王聖人，欲正洞極六遠八方，反先正內。以內正外，萬萬相應，
億億不脫也；以外正內者，萬失之也。故古者大聖教人深思遠慮，
閉其九戶，休其四肢，使其渾沌，比若環無端，如胞中之子而無職
事也，迺能得其理。吾之道悉以是爲大要，故還使務各守其根也。（頁
258～259）

由此可見，《太平經》的主旨乃在於闡述「正內」、「守根」之道，而以此道自
能「治身」，並能「治國」平天下。

第二節　「治身」思想研究

在《太平經》的「治身」之道中如加以細分，又可分爲「除疾」（醫療）、
「長壽」（養生）與「成仙」（神仙）三個層次：

卷四十九〈急學眞法〉：「上士忩然惡死樂生，往學仙，勤能得壽
耳，……中士有志，疾其先人夭死，忩然往求道學壽，勤而竟其天
年耳，……其次疾病多而不得常平平，忩然往學，可以止之者，勤
能得復其故，已小困於病，病乃學，想能禁止之，已大病矣。其次
大病劇，乃求索道術，可以自救者已死矣。是故吾書教學人，乃以
天長壽之法，旦夕自力爲之。」（頁161）

此外，在卷一〇八〈要訣十九條〉中之第八、十一、十五、十八，分別有「度
世」、「得壽」及「除疾（得藥）」之訣，亦可獲得證明，載文如下：

8. 其欲知身成道而不死者，取訣於身已成神也，即度世矣，以爲天
　　信。（頁511）

11. 其欲知壽可得與不者，取訣於太平之後也。如未太平，先人流災
　　爲害，難以效命，以爲天信矣。（頁511）

15. 欲得良藥者，取訣於拘校凡方文而效之也。（頁512）

18. 欲除疾病而大開道者，取訣於丹書吞字也。（頁512）

在這三個層次中，「長生成仙」（度世）無疑是「治身」之道的最終極目標及
核心內容。而《太平經》在陳述「長生成仙」這個主題時，是有其論述的路
徑：

一、由重人貴生進而追求長生成仙

　　《太平經》首先揭示了天地之中人的生命最為貴重，如「天地之性，萬二千物，人命最重。」（頁 34）「夫壽命，天之重寶。」（頁 22）及「要當重生，生為第一。」（頁 613）由人的生命最貴重而引出長壽的價值，如「三萬六千天地之間，壽最為善。」（頁 222）「天上度世之士，皆不貪尊貴也，但樂活而已。」（頁 288）及「賢明智迺包裹天地，積書無極，而不能自壽益命，此名空虛，無實道也。」（頁 310）對應於長壽，因而認為死亡為天下之大凶事，即「死亡，天下大凶事也。」（頁 297）「凡天下人死亡，非小事也，壹死，終古不得復見天地日月也，脈骨成塗土。死命，重事也。人居天地之間，人人得壹生，不得重生也。」（頁 298）及「夫人死者乃盡滅，盡成灰土，將不復見。今人居天地之間，從天地開闢以來，人人各一生，不得再生也。」（頁 340）在面對死亡的問題時，所提出的解決之法──學習「長生成仙」之道！「其付有道，使善人行之，其壽命與天地為期。……道行，身得度世。」（頁 732）「道成畢身，與天地為域。」（頁 725）「天生人，幸得有賢知，可以學問長生。」（頁 248）與「人欲去凶而遠害，得長壽者，本當保知自愛自好自親，以此自養，乃可無凶害也，身得長保。」（頁 466）

　　由上可知，《太平經》是先肯定人的生命最貴重，由人生命的貴重而引出長壽的價值；對應於長壽的價值因而認為死亡為天下的大凶事，且人只能一生不得重生。最後在面對死亡這個問題時，其提出了學習「長生成仙」的解決方法。

二、人能長生成仙的依據

　　既然《太平經》在面對死亡的生命問題時，所提出的解決之道是「長生成仙」。那麼我們不禁要問：人憑什麼可以「長生成仙」？也就是說，人有「長生成仙」的條件嗎？對於這個問題，一般人皆知：人有生，必有死。生死乃自然之道。那麼為何《太平經》欲認為人可以長生成仙？其理由依據如下：

（一）從「道」的永恆性與人身中有道，推出人能長生成仙

　　《太平經》認為「道」是萬物的根源與本體，如「夫道何等也？萬物之元首，不可得名者。六極之中，無道不能變化。」（頁 16）「夫道者，乃大化之根，大化之師長也。故天下莫不象而生者也。」（頁 662）及「天地大小，無不由道而生者也。」（頁 16）既然道是萬物的根源與本體，則萬物之中必然

含有「道」，如「萬二千物精神，共天地生，共一大道而出，有大有中有小。何謂也？乃謂萬二千物有大小，其道亦有大小也，各自生自容而行。」（頁 218）而人是萬物之一，同樣也必然具有「道」的性質，如「夫天將生人，悉以眞道付之物具。」（頁 259）及「天下人乃俱受天地之性（道）」；因爲「道」具有永恆性，「天道廣從，無復窮極。」（頁 448）而人身中又存在著「道」，所以人就擁有與「道」同爲永恆的性質。換句話說，人就具有了道的性質——永恆；此是人能「長生成仙」的依據之一。

（二）由「元氣」化生萬物與人作本源的合類，推出人能長生成仙

在《太平經》看來，「元氣」是萬物的本源，萬物都是由它化生。如「元氣迺包裹天地八方，莫不受其氣而生。」（頁 78）「一氣爲天，一氣爲地，一氣爲人，餘氣備散萬物。」（頁 726）及「夫物始於元氣」（頁 254）；既然萬物爲元氣所化生，那元氣所擁有的性質，萬物必然亦擁有之，即如《太平經》所說：「同氣者以類相明，求其類而聚之」（頁 169）。換言之，相同的本源，具有相同的本質；本質相同的事物可以歸爲一類。由此，我們可以說，人是屬於萬物之一，因此人亦是由元氣化生的；於此人亦具有元氣的本源性質，於是人可以與元氣同歸爲一類。既然，人與元氣同爲一類，那人只要能善於保養自己所秉得的元氣，就完全可以不死長生，如「天地之道所以能長且久者，以其守氣而不絕也。故天專以氣爲吉凶也，萬物象之，無氣則終死也。子欲不終窮，宜與氣爲玄牝，象天爲之，安得死也。」（頁 450）此是人能「長生成仙」的依據之二。

三、人能長生成仙的方法

既然，得道與守住元氣就能長生，而每個人身中本來就存有道與元氣，那麼照理說不就人人都能長生不死，那又爲何人還會有死亡呢？對於這個問題，《太平經》提出的解釋是：「夫道若風，默居其傍，用之則有，不用則亡。」（頁 193）及「夫天將生人，悉以眞道付之物具。故在師開之導之學之，則可使無不知也；不闚其門戶，雖受天眞道，無一知也。」（頁 259）也就是說，人身中有道，那只能說人身上存在得道的可能性；或者說，人身上存在潛在的道。

要想開發這潛在的道，就必須從其師而學習。如「夫人愚學而成賢，賢學不止成聖，聖學不止成道，道學不止成仙，仙學不止成眞，眞學不止成神，

皆積學不止所致也。」（頁 725）換句話說，要想長生成仙是有其實際的方法可尋的。

對於《太平經》中人能「長生成仙」的方法，筆者將其分成「修身」與「養身」兩部分。而分成這兩大類的分類標準是：

1. 修身這一大類，大致與內在的精神煉養、調伏及道德修養有關。
2. 養身這一大類，大致和身體（body）的調養與疾病的預防、治療有關。〔註5〕

（一）修身部份

在《太平經》「長生成仙」的方法中，「修身」部份的內容大致是與「天」、「道」、「元氣」、「一」等宇宙系統論的基本範疇之內容有關：

1. 思道、學道、得道、守道、行道

卷三十六〈三急吉凶法〉：「古者聖賢飲食氣而治者，深居幽室思道，念得失之象，不敢離天法誅分之間也。居清靜處，已得其意，其治立平，與天地相似哉！」（頁 48）

卷九十八〈包天裏地守氣不絕訣〉：「入室思道，自不食與氣結也。」（頁 450）

此處言修煉者深居幽室修煉時，第一要務為「思道」，如此則可得長壽久存之功效。

卷十八至三十四〈闕題〉：「學道積久，成神真也，與眾絕殊。」（頁 26）

卷三十九〈解師策書訣〉：「處天地間活而已者，當學真道也，浮華之文不能久活人也；諸承負之厄會，咎皆無實核之道故也，……天以此書正眾賢之心，各自治病，守真去邪；仙可待也，……治真道者，活人法也，故言仙可待也。」（頁 66～67）

〔註5〕在《太平經合校・附錄・太平經佚文》中有言：「神以道全，形以術延。」（頁736）「修身」這一大類，大致即是《太平經》所謂「神」之煉養、調伏部份；而「養身」這一大類，則可歸屬於《太平經》中「形」之保養、醫療部份。而之所以將「長生成仙」的方法分為「修身」與「養身」的原因，乃是基於《太平經》中對於「形」、「神」觀念之區別，再加上筆者以「歸納法」的方式，將有關「長生成仙」方法的資料進行分類，因而才分成「修身」與「養身」這兩大類。

卷六十七〈六罪十治訣〉：「求眞道以致壽」（頁 255）

卷七十一〈致善除邪令人受道戒文〉：「故古者帝王好道而學，不聽邪者，盡得萬萬歲。」（頁 288）又「道亦可學耶？」神人言：「然，有天命者，可學之必得大度，中賢學之，亦可得大壽，下愚爲之，可得小壽。」（頁 289）

卷九十〈冤流災求奇方訣〉：「天爲其生眞道奇方，可以自防，而得小壽者。物生皆自有老終，而愚人不肯力學眞道善方，何以小增其年，不死遲老者。」（頁 341）

卷一一七〈天咎四人辱道誡〉「學道爲長生」（頁 661）
這裡說明修煉者「學道」可獲得長壽，進而達至長生成仙的境地。

卷七十一〈眞道九首得失文訣〉：「人無道之時，但人耳，得道則變易成神仙。」（頁 282）〈致善除邪令人受道戒文〉：「夫且得道，臨且成之時，乃與諸神交結也，與精神爲鄰里，出入相見睹，……夫道，乃重事也，或悔與人，且欲奪人道，故先試人，試人堅不。共來欺人，使人妄語，得其辭語，堅閉之，愼無傳之也，即可得壽也，久可得眞道矣。」（頁 285～286）又「子好道如此，成事，得上天之階矣。……持心若此，成神戒矣。成事，乘雲駕龍，周流八極矣。大道坦坦，已得矣。命已長壽無極矣。」（頁 288）

卷九十二〈萬二千國始火始氣訣〉：「得眞道，因能得度世去者。」（頁 372）

卷九十八〈神司人守本陰祐訣〉：「眞道者多善，其文乃入神，故能睹神，與神爲治。所治若神入神，則眞道也。乃多成於幽室，或有使度於室中而去者，或有一出一入未能去者，或有但見神而終古不去者。」（頁 438）又〈包天裏地守氣不絕訣〉：「故得道者，則當飛上天，亦是其去世也。……不死得道，則當上天。」（頁 450）

卷一二〇至一三六〈太平經鈔〉辛部：「天上諸學道之爲法也，人精求道也已。小合於小道，見諸神爲小得道，門戶未合於中道，乃得至於大道。至於大道，乃能致於眞神也。小合小道者致小神，合於中道者致中神，合於大道者致大神。大神至乃得度世長存。」（頁

696）

卷一五四至一七○〈利尊上延命法〉：「道成畢身，與天地同域。」
（頁725）

〈太平經佚文〉：「後學得道，各有品階，至于指極，聖眞仙人。」
（頁735）

此處言明修煉者如果「得道」以後的種種情形，有：見神、招神、乘雲駕龍、周遊天地八極、長壽及長生成仙等情景。

卷十八至三十四〈錄身正神法〉：「故人乃道之根柄，神之長也。當
知其意，善自持養之，可得壽老。」（頁12）

卷七十〈學者得失訣〉：「身無道而不成神」（頁278）

卷七十三至八十五〈闕題〉：「子守道可長久，隨氣而化。」（頁309）

卷八十九〈八卦還精念文〉：「道以自然爲洞虛，無一旦自來，其道
仁良。子爲之孝，臣爲其忠，信知則令人愛其身，不敢妄言，守而
不止，命無窮焉。」（頁339）

此言「守道」就可以使修煉者長壽而成神，進而達至長生成仙的目的。

卷十八至三十四〈行道有優劣法〉：「夫王者靜思道德，行道安身，
求長生自養。」（頁17）

卷五十二〈胞胎陰陽規矩正行消惡圖〉：「夫道若風，默居其傍，用
之則有，不用則亡。……天與守道力行故長生，人不肯爲故死。」
（頁193）

卷一○○〈東壁圖〉：「好道者長壽」（頁456）

卷一一二〈七十二色死尸誡〉：「務道求善，增年益壽，亦可長生。」
（頁569）

卷一二○至一三六〈太平經鈔〉辛部：「帝王行之（道），天下興昌。
垂拱無爲，度世命長。」（頁688～689）

卷一五四至一七○〈救迷輔帝王法〉：「其付有道，使善人行之，其
壽命與天地爲期。……道行，身得度世。」（頁732）

這裡說明修煉者「行道」，可得增年益壽、長生、度世之功效。

綜合言之，修煉者由「思道」進而「學道」，學道有成而「得道」，得道不易故進而「守道」，守道不止而後「行道」。修煉者經由「思」、「學」、「得」、「守」、「行」這一修煉路徑去闡揚「道」，於是得到自養、長壽、長生成仙等功效！

2. 思守元氣（氣）、思氣致神

卷三十六〈守三實法〉：「天下人本生受命之時，與天地分身，抱元氣於自然。」（頁43）

卷七十三至八十五〈闕題〉：「失氣則死，有氣則生，……真人積氣，聚神明，故道終常獨行，萬民失氣故死。」（頁309）

卷八十六〈來善集三道文書訣〉：「夫氣者，所以通天地萬物之命也；天地者，乃以氣風化萬物之命也；而氣口節不通者，是天道閉，不得通達之明效也。」（頁317）

卷九十八〈包天裹地守氣不絕訣〉：「然天地之道所以能長且久者，以其守氣而不絕也。故天專以氣為吉凶也，萬物象之，無氣則終死也。子欲不終窮，宜與氣為玄牝，象天為之，安得死也。」（頁450）

這四則引文，主要在說明人受元氣而生，氣不但是天地萬物的本質，同時也是天地萬物窮通、變化的根源。因此人如果欲活命而長壽，就必須做到「思氣」、「守氣」的功夫。而人如果實行「思氣」與「守氣」的功夫，將會獲得延年益壽的成果。引文如下：

卷九十一〈拘校三古文法〉：「太平上皇之氣立出，延年立來。」（頁355）

卷一一三〈樂怒吉凶訣〉：「君氣盛則致延年益壽，則上老壽。」（頁589）

卷一一五至一一六〈某訣〉：「先順樂動天地四時帝氣，一事加三倍以樂天，令天大悅喜，帝王老壽，……先順樂動天地四時王氣，再倍以樂地，地氣大悅，不戰怒，令王者壽。」（頁640～641）

不論是「太平上皇之氣」、「君氣」、「王氣」，只要氣一流行引動，就可為人們（君王、凡民）帶來延年長壽的功效。

《太平經》中之「氣」，除了具有生化及延年長壽的性質及功效外，尚具

有「神化」的潛能。「夫人本生混沌之氣，氣生精，精生神，神生明。」（頁739）這是說氣具有「神」與「明」的潛能，換言之，即「氣」具有生化和意識的能力。接著，《太平經》進一步將氣神化，「三氣共一，爲神根也。一爲精，一爲神，一爲氣。此三者共一位也。」（頁 728）「神者主生」（頁 727）及「神者乘氣而行，故人有氣則有神，有神則有氣，神去則氣絕，氣亡則神去。」（頁 96）此處將同一的氣分成三種形態來看，其實「神」與「氣」在這裡是指同一事物，將其劃分只是爲了突顯氣具有生化的潛能，因而《太平經》中之氣便是具有神化潛能的氣。

因爲氣具有神化的潛能，如此便能因思氣而致神。「請問四時之神氣以助理致善除惡，何者致大神？何者致中神？何者致小神？日思月建帝氣者致大神，思相氣致中神，思殺氣者致小神。」（頁 698）

3. 守神、思神與還神、召神

人可因思氣而致神，而人與天地、四時、五行之氣是相感應的，「四時五行之氣來入人腹中，爲人五藏精神。」（頁 292）「天下人乃俱受天地之性，五行爲藏，四時爲氣。」（頁 393）又「此四時五行精神，入爲人五藏神，出爲四時五行精神。」（頁 292）四時、五行之氣因人的思念，並藉著氣的作用而進入人體成爲「五臟神」。而人體中「神」的存在與否關係到人的壽命長短問題，「凡萬物生自有神，千八百息人爲尊，故可不死而長仙。」（頁 472）「長生之道，近在三神，……三命之神，近在心間。」（頁 565）因此，如何保有存在於人身中之「神」，在《太平經》的「長生成仙」之道中，便具有舉足輕重的地位。

（1）守神、思神

「守神」與「思神」是《太平經》保有存在於人身中之「神」的先決條件與步驟。

> 卷十八至三十四〈錄身正神法〉：「故端神靖身，乃治之本也，壽之徵也。」（頁 12）〈闕題〉：「神靈不語而長仙，皆以內明而外闇，故爲萬道之端。夫神靈出入，無有穴竅，清靜而無聲，安枕而臥，神光自生。」（頁 26）

> 卷七十三至八十五〈闕題〉：「形若死灰守魂神，魂神不去乃長存。」（頁 305）

卷九十六〈守一入室知神戒〉：「入茆室精修，然後能守神。」（頁
412）

卷一三七至一五三〈太平經鈔〉壬部：「人生精神，悉皆具足，而守
之不散，乃至度世。」（頁716）

卷一五四至一七〇〈盛身卻災法〉：「靜身存神，即病不加也，年壽
長矣，神明祐之。故天地立身以靖，守以神。」（頁722）

「守神」的先決步驟是「清靜」，當修煉者入茆室修行時，第一要務為使身心
清靜，如此則可收到「端神靖身」的效果；進而守住魂神而產生「內明外闇」
與「神光自生」等現象，而後因守神的功夫而達到長壽、長存的功效。當守
神法未能得到預期的效果時，便可使用「思神」法。

卷五十二〈胞胎陰陽規矩正行消惡圖〉：「瞑目內視，與神通靈。」
（頁193）

卷六十八〈戒六子訣〉：「深思遠慮，閉其九戶，休其四肢，使其渾
沌，比若環無端，如胞中之子而無職事也，迺能得其理。」（頁259）

卷七十〈學者得失訣〉：「思養性法，內見形容，昭然者是也。」（頁
277）

卷七十三至八十五〈闕題〉：「入室思存，五官轉移，隨陰陽孟仲季
為兄弟，應氣而動，順四時五行天道變化以為常矣。」（頁309）

卷八十七〈長存符圖〉：「五官五王為道初，為神祖，審能閉之閉門
戶。外闇內明，何不洞睹？守之積久，天醫自下，百病悉除，因得
老壽。愚者捐去，賢者以為重寶，此可謂長存之道。」（頁330）

卷九十六〈忍辱象天地至誠與神相應大戒〉：「真人但安坐深幽室閒
處，念心思神，神悉自來到。」（頁427）

卷一二〇至一三六〈太平經鈔〉辛部：「凡人腹中，各有天子，五氣
各有王者。天有五氣，地有五位。其一氣主行，為王者主執正。凡
事居人腹中，自名為心。心則五臟之王，神之本根，一身之至也。
主執為善，心不樂為妄內邪惡也。凡人能執善，清靜自居，外不妄
求端正，內自與腹中王者相見，為明能還睹其心也。心則王也，相
見必為延命。」（頁687～688）

卷一三七至一五三〈太平經鈔〉壬部：「眩目內視，以心內理，陰明
反洞於太陽，內獨得道要。猶火令明照內，不照外也，使長存而不
亂。今學度世者，象古而來內視，此之謂也。」（頁 709）又「念而
不休，精神自來，莫不相應，百病自除，此即長生久視之符也。」
（頁 716）

所謂「思神法」，就是思念人身中之五臟神。思念的方法是：修煉者先「閉其
九戶，休其四肢」，使心神不受到外物、感官的干擾；而後「瞑目內視」體內
之五臟神，如此守之積久，便能內見五臟神之形容，更可達到百病悉除、長
壽延命及長存、長生之功效。

（2）還　神

「守神」與「思神」是思守人身中之五臟神，但人身中之五臟神會出游
不還而造成人的疾病，（真人）「凡人何故數有病乎」（神人）「故肝神去，出
遊不時還，目無明也；心神去不在，其唇青白也；肺神去不在，其鼻不通也；
腎神去不在，其耳聾也；脾神去不在，令人口不知甘也；頭神去不在，令人
眴冥也；腹神去不在，令人腹中央甚不調，無所能化也；四肢神去，令人不
能自移也。」（頁 27）「故人生百二十上壽，八十中壽，六十下壽，過此皆夭
折。此蓋神游於外，病攻其內也。」（頁 723）因此，若要恢復健康，則需要
還神，「夫人神乃生內，返遊於外，遊不以時，還為身害，即能追之以還，自
治不敗也。」（頁 14）「道之生人，本皆精氣也，皆有神也。假相名為人，愚
人不知還全其神氣，故失道也。能還反其神氣，即終天年，或增倍者，皆高
才，或求度厄。」（頁 723）

然而，要如何「還神」？首先必須要「齋戒」，「欲思還神，皆當齋戒，
懸象香室中，百病消亡。」（頁 27～28）「先齋戒居閒善靖處，思之念之。」
（頁 292）及「其為之法，當作齋室，堅其門戶，無人妄得入。」（頁 723）
如果「不齋不戒，精神不肯還反人也。」（頁 28）因為「夫神精，其性常居空
閑之處，不居污濁之處也。」（頁 27）

在齋戒的同時，必須經過「懸像還神」的步驟，以將出游未返的神精追
還回來。其方法如下：

卷十八至三十四〈以樂卻災法〉：「追之如何，使空室內傍無人，畫
象隨其藏色，與四時氣相應，懸之窗光之中而思之。上有藏象，下
有十鄉，臥即念以近懸象，思之不止，五藏神能報二十四時氣，五

行神且來救助之，萬疾皆愈。男思男，女思女，皆以一尺爲法，隨四時轉移。春，青童子十。夏，赤童子十。秋，白童子十。冬，黑童子十。四季，黃童子十二。」（頁 14）又〈懸象還神法〉：「夫神生於內，春，青童子十。夏，赤童子十。秋，白童子十。冬，黑童子十。四季，黃童子十二。此男子藏神也，女神亦如此數。男思男，女思女，皆以一尺爲法。畫使好，令人愛之。不能樂禁，即魂神速還。」（頁 22）又〈闕題〉「欲思還神，皆當齋戒，懸象香室中，百病消亡；不齋不戒，精神不肯還反人也。皆上天共訴人也。所以人病積多，死者不絕。」（頁 27～28）

卷七十二〈齋戒思神救死訣〉：「先齋戒居閒善靖處，思之念之，作其人畫像，長短自在。五人者，共居五尺素上爲之。使其好善，男思男，女思女，其畫像如此矣。」（頁 292）又「其先畫像於一面者，長二丈，五素上疏畫五五二十五騎，善爲之。東方之騎神持矛，南方之騎神持戟，西方之騎神持弓弩斧，北方之騎神持鑲楯刀，中央之騎神持劍鼓。思之當先睹是內神已，當睹是外神也，或先見陽神而後見內神，睹之爲右此者，無形象之法也。」（頁 293）

卷一五四至一七〇〈分別形容邪自消清身行法〉：「其爲之法，當作齋室，堅其門戶，無人妄得入；日往自試，不精不安復出，勿強爲之。如此復往，漸精熟即安。安不復欲出，口不欲語，視食飲，不欲聞人聲。關鍊積善，瞑目還觀形容，容象若居鏡中，若闚清水之影也，已爲小成。無鞭策而嚴，無兵杖而威，萬事自治。豈不神哉？謂入神之路也。」（頁 723～724）

「懸像還神」時，一定要先想像五臟神的容貌，人身中之神是有形象的，在實行還神法時要把這些神像描繪出並掛起來。而男女應存思的神像與尺寸是有規定的「男思男，女思女，皆以一尺爲法」。因此，此種還神法稱爲「思五臟神法」。在懸像同時，修行者（或求醫者）還要先履行齋戒、沐浴與焚香等手續。在進行「還神法」的過程中，神可能不會立刻出現，因此應該抱持著「循序漸進」、「持之以恆」的態度，切不可操之過急。

卷一五四至一七〇〈以自防卻不祥法〉：「順用四時五行，外內思正，身散邪，卻不祥，懸象而思守，行順四時氣，和合陰陽，羅網政治鬼神，令使不得妄行害人。立冬之後到立春，盛行用太陰氣，微行

少陽之氣也。常觀其意，何者病為人使，其神吏黑衣服，思之閑處四十五日，上至九十日，令人耳目聰明。立春盛德在仁，氣治少陽，王氣轉在東方，興木行，其氣弱而仁，其神吏青衣，思之幽閑處四十五日，至九十日，令人病消以留年。行不止，令人日行仁愛。春分已前，盛行少陽之氣，微行太陽之氣，以助少陽，觀其意無疑，深思其意，百邪服矣。立夏日盛德火，王氣轉在南方，太陽之氣以中和治。其神吏用之得其意，口中生甘，神吏赤衣守之，百鬼去千里。夏至之日，盛德太陽之氣，中和之氣也，其神吏思之可愈百病。季夏六月，盛德合治，王氣轉在西南，迴入中宮，其神吏黃衣思之，令人口中甘，每至季思之十八日。立秋日盛德在金，王氣轉在西方，斷成萬物，其神吏白衣，思之四十五日至九十日，可除病，得其意，令骨強老壽。秋分日少陰之氣，微行太陰之氣也，逆疾順之。立冬之日，盛德在水，王氣轉在北方，其神吏黑衣。令人志達耳聰，守之四十五日至九十日，百病除。此五行四時之氣，內可治身，外可治邪，故天用之清，地用之寧。天用之生，地用之藏，人用之興，能順時氣，忠臣孝子之謂也。此名大順天地陰陽四時五行之道。」

（頁720～722）

另外，又以「大順天地陰陽四時五行之道」，亦即「靜室行氣」、「懸像思神」的修煉方術，說明：只要按照四時節氣，排列春夏秋冬和季夏六月之五行「王（旺）氣」的流轉、推移順序，並標示出五行「神吏」的服飾，陳述具體的「行用」（氣功修煉）方法與「思守」的日期，點出各自所能獲得的功效，以期能達到「內可治身，外可治邪」的目的。其間涉及到四時節氣中「陰氣」與「陽氣」之間的關係問題，即：「陰中之陽」、「陽中之陰」、「陽中之陽」及「陰中之陰」等交參互含的問題。

因此，所謂「懸像思神法」（或思五臟神法），本質上即是一種食氣的方術。因此說：「夫人，天且使其和調氣，必先食氣；故上士將入道，先不食有形而食氣，是且與元氣合。故當養置茅室中，使其齋戒，不睹邪惡，日練其形，毋奪其欲，能出無間去，上助仙真元氣天治也。」（頁90）也就是說，食氣之方術最終仍與「元氣」相結合。

（3）召　神

因為《太平經》中之「氣」，是具有神化潛能的氣。因而實行食氣之方術

時，不僅能「還神」，而且還可「召神」。而召神的種類可分成九種境界：

> 卷七十一〈真道九首得失文訣〉：「一事名爲元氣無爲，二爲凝靖虛
> 無，三爲數度分別可見，四爲神游出去而還反，五爲大道神與四時
> 五行相類，六爲刺喜，七爲社謀，八爲洋神，九爲家先。」（頁282）

這九種境界是神化之氣以人爲門戶，所表現出來的：

> 一事者各分爲九，九九八十一首，殊端異文密用之，則共爲一大根，
> 以神爲使，以人爲門戶。（頁282）

而這九種境界又可類分爲三個修行的層次：

> 其上三九二十七者，可以度世；其中央三九二十七者，可使真神吏；
> 其下三九二十七者，其道多耶，其神精不可常使也。令人惚惚悅悅，
> 其中時有不精之人，多失妄語，若失氣者也。（頁282）

最上的層次，可使人「度世」（長生成仙）。第二個層次中，人則能夠驅使「真神吏」。而最下的層次中，則多不真之道及不易驅使的神精，容易使人在驅使的過程中惚惚悅悅、失態妄語。

在這種不同修爲層次的前提下，我們可以進一步闡明九種「召神」境界的差異處：

> 其上第一元氣無爲者，念其身也，但思其身洞白，若委氣而無形，
> 常以是爲法，已成則無爲無不知也。（頁282）

第一爲「元氣無爲」，它要求意念其身，靜思無極，呼吸吐納，以達到四方皆暗，腹中洞照，太和之明的境地，好像積氣而無形。經常作此法，練成之後，則無所不能爲，無所不能知。

> 其二爲虛無自然者，守形洞虛自然，無有奇也；身中照白，上下若
> 玉，無有瑕也；爲之積久久，亦度世之術也，此次元氣無爲象也。（頁
> 282）

第二爲「虛無自然」，它要求守形虛外，獨存其心，達到嬰兒般的純淨狀態，順適本然固有的情感，沒有任何雜念，身中透明發白，渾身若無瑕之玉。這樣日積月累地長期修煉，也可度世成仙，其是僅次於元氣無爲的道術。

> 三爲數度者，積精還自視也，數頭髮下至足，五指分別，形容身外
> 內，莫不畢數，知其意，當常以是爲念，不失銖分，此亦小度世之
> 術也，次虛無也。（頁282～283）

第三爲「數度」，它要求積精內視，意念和想像從頭髮到腳趾人身每個部分的

形體容顏，身體內外，莫不畢備。知曉期術後，應當經常修煉，其應驗程度，不差毫釐。這種道術可謂度世之術，其等級僅次於虛無自然。

　　以上三種召神境界：「元氣無為」、「虛無自然」與「數度」，大致是屬於最上層次的「度世」方術！

　　　　四為神游出去者，思念五藏之神，畫出入，見其行游，可與語言也；
　　　　念隨神往來，亦洞見身耳，此者知其吉凶，次數度也。（頁283）

第四為「神游出去」，它要求思念五臟神，白天可見其出入軀體，四處行游，可與之交談。這種意念隨神往來，亦可洞見其身，預知吉凶。此道術的等級僅次於數度。

　　　　五為大道神者，人神出，迺與五行四時相類，青赤白黃黑，俱同藏
　　　　神，出入往來，四時五行神吏為人使，名為具道，可降諸邪也。（頁
　　　　283～284）

第五為「大道神」，這種道法中，身中神離開身體之後，乃與四時、五行之神相類似，青赤白黃黑，五行配屬之五色，都與五臟神相同。身中神出入往來，四時、五行之神吏為人所驅使，名為配備之道。因而，此道法可以降伏諸邪！

　　　　六為刺喜，以刺擊地，道神各亦自有典，以其家法，祠神來游，半
　　　　以類眞，頗使人好巧，不可常使也，久久愁人。（頁284）

第六為「刺喜」，它把召神的名帖擲於地上，道路之神持之以為典則，同時以其自家之法，使路神來游，被招來的路神半眞半邪，容易使人眞假難辨。這種道術不可以經常使用，否則會給人帶來不幸！

　　以上三種召神境界：「神游出去」、「大道神」、「刺喜」，不論是驅使內神或外神，大致是屬於第二層次中的驅使「眞神吏」之方術！

　　　　七為社謀者，天地四時，社稷山川，祭祀神下人也，使人恍惚，欲
　　　　妄言其神，暴仇狂邪，不可妄為也。（頁284）

第七為「社謀」，天地四時、社稷山川祭祀神，下臨人身，則使人恍惚，妄言稱神（類似乩童）。這些被人奉祀的神靈，會讓它們所憎惡的仇人或仇人做出狂暴的舉動來，因而不可輕易招動社謀。

　　　　八為洋神者，言其神洋洋，其道無可繫屬，天下精氣下人也，使人
　　　　妄言，半類眞，半類邪。（頁284）

第八為「洋神」，在指人「身中神」放蕩無羈、無可歸屬時，上天派下精氣降臨人身，使人胡言亂語，半眞半邪。

> 九爲家先，家先者純見鬼，無有眞道也，其有召呼者，純死人之鬼
> 來也。此最道之下極也，名爲下士也。（頁 284）

第九爲「家先」，它純粹只是看見祖先的靈魂，沒有眞道可言。因而其所召喚
的靈魂，純粹是死人鬼魂的到來。這是最下等的道術，名爲下等的召鬼術。

以上三種召神境界：「社謀」、「洋神」、「家先」，大致是屬於最下的第三
層次中之道術！

上述這九種「召神」境界，第一至第三項是屬於「度世」之方術，第四
至第六項則屬於驅使「眞神吏」的方術，而第七至第九項所驅使的神精則是
屬於外道、邪道。

根據氣具有神化之潛能的性質，所以一切氣的內在都具有神力。而這種
內在的神力，正是天地間一切變化的根源。因而經過召神術後，人可以將內
在的神力發揮到極點，直至與委氣相合爲一。然而，在未能將內在神力發揮
出來時，仍然可運用一些感應、思念的技巧，運使外在不純粹之神力。而這
就是第五至第九境界所論及的內容。由於這種驅使外在神力的方式，是利用
間接感應，因而所發揮的威力有限。同時，可以受到驅使的外在神力，一般
皆是不純粹的神力，有時反而對驅使者自身有害。因此《太平經》在敘述九
種「召神」境界後便云：

> 人行之所致也，守本者得上，好身神出入游者得中也，愚人迺損其
> 本守末，他游神者得下。守本者能盡見之，守中者半見之，守末者
> 不能還自鏡見之道也。（頁 284）

而這九種「召神」境界，乃是有上下統屬關係的，「得其上道者，能並使其下，
得其下道者，不能使其上也。」（頁 284）

4. 形神相守與神、精、氣三者合一

修煉者可運用「守神」與「思神」的方式，思守人體內之身中神，並可
因而發揮身中神的最大功效——長壽、成仙。更可利用「還神」及「召神」
的方法，使身中神復還返人身，並可驅使外在神力而達到祛疾、延壽的目
的。在這一連串「思」、「守」、「還」、「召」神靈的過程中，存在著一個關鍵
問題——即「形神關係」！《太平經》在陳述「形神關係」時，有如下的說
明：

> 卷七十三至八十五〈闕題〉：「形若死灰守魂神，魂神不去乃長存。」
> （頁 305）

卷八十七〈長存符圖〉：「獨貴自然，形神相守。」（頁330）

卷一一二〈有過死謫作河梁誡〉：「神在中守，司人善惡。何須遠慮，七政司候神門戶。求道得生，無離舍宅。」（頁577）

此處「形」比喻為舍宅，「神」是寓居在舍宅（形）中。當神不離舍宅——「形神相守」時，人即能獲得長存。

而人要如何「形神相守」？對於這個問題《太平經》運用了「神」、「精」、「氣」三者來作說明：

卷一五四至一七○〈令人壽治平法〉：「三氣共一，為神根也。一為精，一為神，一為氣。此三者，共一位也，本天地人之氣。神者受之於天，精者受之於地，氣者受之於中和，相與共為一道。」（頁728）

〈太平經佚文〉：「夫人本生混沌之氣，氣生精，精生神，神生明。本於陰陽之氣，氣轉為精，精轉為神，神轉為明。」（頁739）

《太平經》認為人的生命結構是由「神」、「精」、「氣」三者所組成的，而「神」、「精」、「氣」三者分別來自「元氣」（混沌之氣）中的太陽（天之氣）、太陰（地之氣）、中和（人之氣）等三氣。因而「神」、「精」、「氣」三者的本質都是「氣」。

「神」、「精」、「氣」三者雖然同生於「元氣」，但它們彼此之間卻存在著轉化的先後關係：

卷一五四至一七○〈還神邪自消法〉：「人氣亦輪身上下，神精乘之出入。」（頁727）又〈令人壽治平法〉：「故神者乘氣而行，精者居其中也。三者相助為治。」（頁728）

〈太平經佚文〉：「夫人本生混沌之氣，氣生精，精生神，神生明。本於陰陽之氣，氣轉為精，精轉為神，神轉為明。」（頁739）

「神」、「精」、「氣」三者，「氣」為根本，神需要氣的支持才能發生作用，而精是居於神、氣之間。從生成的過程看，「氣」是「神」、「精」的基礎；而從主從關係上看，形體的基礎是「氣」，「神」、「精」是可以游離、出入於人體之外。易言之，「氣」是「神」與「精」所賴以運作的物質基礎，神與精都是由氣轉化過來的。氣透過精，轉化成神，神具有思辨能力，所以稱「明」。因此，就先後次序言，是先氣、後精、後神；就層次高低言，當然是神高，氣

低，精則是扮演中介者的角色。氣是生理生命力，神、精則是心理生命力，說神、精由氣轉化而來，則顯然認定心理生命力是由生理生命力轉化而成的。不過，三者之間既然有相轉、相化的關係，自然也就有了相依、相賴的聯繫關係：

> 卷四十二〈四行本末訣〉：「神者乘氣而行，故人有氣則有神，有神則有氣，神去則氣絕，氣亡則神去。故無神亦死，無氣亦死。」（頁96）

> 卷一五四至一七○〈還神邪自消法〉：「神精有氣，如魚有水，氣絕神精散，水絕魚亡。」（頁727）

神、精、氣三者，具有相轉、相化、相依、相賴的關係，但「神」、「精」二者卻可以與「氣」分離，成為獨立於氣之外的神精狀態，「故形體為家也，以氣為輿馬，精神為長吏，興衰往來，主理也。若有形體而無精神，若有田宅城郭而無長吏也。」（卷一二○至一三六〈太平經鈔〉辛部，頁699）把形體比作家宅、城郭，氣比為輿馬，精神比作長吏，主興衰往來。當長吏（精神）乘坐輿馬（氣）在家宅、城郭（形體）內往來的時候，就是人生命存在的時候；當長吏乘坐輿馬去到家宅、城郭以外，即表示精神脫離形體而去時，人也就失去了生命。此處認為「神」、「精」可以離開形體而獨立活動、存在。而在卷一五四至一七○〈是神去留效道法〉中，還用人清醒時和睡夢時神情狀態不同反應的例子，來說明神精可以離開形體而獨立存在，「人不臥之時，行坐言語，分明白黑，正行住立，文辭以為法度，此人神在也。及其瞑目而臥，光景內藏，所念得之，但不言，神在內也。及其定臥，精神去遊，身不能動，口不能言，耳不能聞，與眾邪合，獨氣在，即明證也。」（頁731）

當神精離開形體時，形體只剩氣的存在，如此則產生「形神關係」說，如卷一三七至一五三〈太平經鈔〉壬部所云：「人有一身，與精神常合并也。形者乃主死，精神乃主生。常合即吉去則凶。無精神則死，有精神則生。常合即為一，可以長存也。」（頁716）這裡說明，有生命的人，是神精與形體的結合體。當神精合於（住於）形體則生，形體無神精的作用則呈現死亡狀態。而人如果長期保守神精與形體的結合，使神不離身，就可以達到長生久視的目的。此處可以看出「神」、「精」、「氣」三者在「形神關係」上的繫屬關係，粗略可分為：「形」為氣的存在體，「神」則為神、精的簡稱。「神」寓居於「形」中，代表人形體中存在著「神」、「精」、「氣」三者。卷一五四至

一七〇〈分別形容邪自消清身行法〉有云：「分別三氣所長，還神守身。太陽天氣故稱神。形者，太陰主祇，包養萬物，故精神藏於腹中，故地神稱祇。精者，萬物中和之精。……神者主生，精者主養，形者主成。此三者乃成一神器。」（頁727）

因此，對於人要如何「形神相守」的這個問題，答案就是「神」、「精」、「氣」三者合一（精氣神合一）！

《太平經》認爲「神」、「精」、「氣」三者是人生命結構的組成要素，「天之授性，各自有精神。」（頁639）「道之生人，本皆精氣也，皆有神。」（頁723）及「人本生時乃名神也，乃與天地分權分體分形分神分精分氣。」（頁726）因而人欲袪疾、長壽、度世就當「神」、「精」、「氣」三者合一，「神明精氣，不得去離其身，則不知老不知死矣。夫神明精氣者，隨意念而行，不離身形。神明常在，則不病不老。」（頁698～699）「無精神則死，有精神則生。常合即爲一，可以長存也。……念而不休，精神自來，莫不相應，百病自除，此即長生久視之符也。……人生精神，悉皆具足，而守之不散，乃至度世。」（頁716）「故人欲壽者，乃當愛氣尊神重精也。」（頁728）及「欲壽者當守氣而合神，精不去其形，念此三合以爲一。」（頁739）否則人將會死亡，「精神消亡，身即死矣。」（頁286）「精神減則老，精神老則死，此自然之分也。」（頁699）「人不守神，身死亡。」（頁727）「精神不可不常守之，守之即長壽，失之即命窮。」（頁731）及「群神將逝，形當死矣。」（頁742）

「形神相守」（神形不離），其實就是神、精、氣三者合一。即是將形、神視爲組成人體的兩種結構要素，並認爲人的生命存在狀態有賴於這兩種要素的結合。但「形」、「神」作爲構成人體的兩種不同結構要素，其結合是短暫的，在自然的情況下，形、神遲早是要分離的──死亡。因而，此處便產生「形」、「神」二者是如何能夠永久不分離的問題來。換言之，即「神形不離」的條件是什麼？

對於這個問題，《太平經》提出「神形不離」的條件在「氣」！也就是說，因爲「神」、「精」、「氣」三者分別出自於「元氣」中的太陽、太陰、中和三氣，因而「神」、「精」、「氣」三者的本質都爲「氣」，這表示「神」、「精」、「氣」三者在本質上是一致的。相同的本源，具有相同的本質；本質相同的事物可以歸爲一類。因爲「神」、「精」、「氣」三者的本質皆爲「氣」，因此便可以和

合爲一。「三氣共一，爲神根也。一爲精，一爲神，一爲氣。此三者，共一位也，本天地人之氣。神者受之於天，精者受之於地，氣者受之於中和，相與共爲一道。」（頁 728）

「神形不離」的可能性在「氣」，爲什麼「氣」爲神形不離的條件，答案是「神」、「精」、「氣」三者皆由「氣」（元氣）所構成，所以可以復返而向本源去合類。

5.清靜、守一與思本、思反、守柔、自然

「形神相守」（神形不離），就是神、精、氣三者合一。神、精、氣三者又是構成人生命的三要素，因此修煉者想要養生、長壽，當然得從這三者間去調理，尤其是「氣」的調理著手。「故人欲壽者，乃當愛氣尊神重精也。」（頁 728）「欲壽者當守氣而合神，精不去其形，念此三合以爲一。」（頁 739）及「天地之道所以能長且久者，以其守氣而不絕也。故天專以氣爲吉凶也，萬物象之，無氣則終死也。子欲不終窮，宜與氣爲玄牝，象天爲之，安得死也。」（頁 450）

而要如何「愛氣、尊神、重精」、「守氣而合神，精不去其形」——調理「神」、「精」、「氣」，《太平經》首先提出「清靜」的原則：

> 卷七十三至八十五〈闕題〉：「求道之法靜爲根」（頁 305），又〈闕題〉：「久久自靜，萬道俱出，長存不死，與天相畢，爲之必和，與道爲一。……守靜不止不喪，幸可長命而久行。」（頁 306）

> 〈太平經佚文〉：「爱清爱靜，是知理道。」（頁 734）又「求道之法，靜爲基先。心神已明，與道爲一。」（頁 735）

「清靜」是求道之法的先決條件，而此處之道可以「長存不死」，很顯然地是指長生之道而言。修煉者在進行長生之道的修煉時，「清靜」是入門的先決條件與基礎。

除了「清靜」的要領外，《太平經》又提出「守一」的法門，其意義如下：

其一，就精神層面而言，「守一」即是「守神」。「一者，心也，意也，志也。念此一身中之神也。凡天下之事，盡是所成也。」（卷九十二〈萬二千國始火始氣訣〉，頁 369）「心則五臟之王，神之本根，一身之至也。」（卷一二○至一三六〈太平經鈔〉辛部，頁 687）「守一之法，不言其根，謹閉其門；不敢泄漏，謹守其神。」（〈太平經佚文〉，頁 741）「守一之法，內有五守，外

有六候，十一之神，同一門戶。」（同上，頁741）「守一之法，有三百六十六數。數有一精，精有一神。守一功成，此神可睹。」（同上，頁742）「守一之法，內常專神。」（同上，頁743）就精神層面而言，人身上的「一」，就是他的心神意念。因此，「守一」便是要守住這心神意念。換言之，「守一」則是守住「身中神」，使其不離人身而內守。「人有一身，與精神常合并也。形者乃主死，精神乃主生。常合即吉去則凶。無精神則死，有精神則生。常合即為一，可以長存也。常患精神離散，不聚於身中，反令使隨人念而遊行也。故聖人教其守一，言當守一身也。念而不休，精神自來，莫不相應，百病自除，此即長生久視之符也。」（卷一三七至一五三〈太平經鈔〉壬部，頁716）「守一者，眞眞合為一也。人生精神，悉皆具足，而守之不散，乃至度世。」（同上，頁716）在「守一」即是「守神」的前提下，《太平經》強調了「守神」與長壽的關係，「人不守神，身死亡。」（卷一五四至一七〇〈還神邪自消法〉，頁727）「精神不可不常守之，守之即長壽，失之即命窮。」（卷一五四至一七〇〈是神去留效道法〉，頁731）因此人們只要能「守神」，自然可達到長生成仙的目的。

其二，就身體層面而言，「守一」即是存念身體形骸中為主的形軀與器官。「頭之一者，頂也。七正之一者，目也。腹之一者，臍也。脈之一者，氣也。五藏之一者，心也。四肢之一者，手足心也。骨之一者，脊也。肉之一者，腸胃也。」（卷十八至三十四〈修一卻邪法〉，頁13）分開來說，身體形骸各部分有各部分的核，因而就有各部分的「一」，這些都市在進行「守一」時所應著重的地方。整體來說，整個身體形軀的中心位置在腹部，因此「守一」也就變成「守腹」，「心神在人腹中，與天遙相見，音聲相聞，安得不知人民善惡乎？」（卷一一一〈大聖上章訣〉，頁545）「守一明法，四方皆闇，腹中洞照。」（〈太平經佚文〉，頁740）「夫欲守一，乃與神通；安臥無為，反求腹中。」（〈太平經佚文〉，頁741）而「腹之一」在臍，由此可推知，「守腹」就是把心神意念集中在腹部，尤其是「臍」的地方，使「精、氣、神」在此合為一。換言之，在腹中「臍」之部位，將「精、氣、神」三者合為一，便是所謂的「守腹」。

綜合上述，《太平經》中所謂的「守一」，就是在精神層面上的「守神」與在身體層面上的「守腹」。易言之，「守一」便是把心神意念集中在腹中「臍」的部位，將精神的「一」與身體的「一」相結合，全身的「精、氣、神」在

此得到合一。〔註6〕

　　修煉者在進行長生之道的修煉時，尚有一些基本原則需要把握，即：「思本」、「思反」、「守柔」、「自然」，引文如下：

> 卷七十三至八十五〈闕題〉：「古者將學問者，皆正其本。比若種木也，本索善種，置善地，其生也，本末枝葉悉善。本者是其本師，枝時者是其弟子。是故古之學，悉先念思本，乃學其道也。」（頁307～308）又〈闕題〉：「入室獨居，思經道之本，所須出入，賢者先得其意，其次隨之，遂俱入道，與邪相去矣。」（頁309）

「思本」，是修煉者在思學長生之道時，首先必須先把握道之根本處，而後才能進行修煉的工夫。

> 卷三十六〈三急吉凶法〉：「眩亂於下古者，思反中古；中古亂者，思反上古；上古亂者，思反天地格法；天地格法疑者，思反自然之形；自然而惑者，思反上元靈氣（元氣）。」（頁48）

> 卷五十〈胞胎陰陽規矩正行消惡圖〉：「反嬰兒則無凶，老還反少與道通。……天道常在，不得喪亡，狀如四時周反鄉，終老反始，故長生也。」（頁193）

「思反」，是希望修煉者在進行長生之道的修行時，能有復返還於根本的心態，如此便可與上元靈氣（元氣）和合，而達到長生的目的。

> 卷九十四至九十五〈闕題〉：「古始學道之時，神遊守柔以自全。」（頁403）

〔註6〕在本論文的第五章，筆者在論述「宇宙系統論」的基本範疇中「一」這個範疇時，曾談及「守一」的內容，其中包括：何謂「守一」、「守一」之方法、「守一」之功效及「守一」時所產生的相關問題。在「何謂守一」中，大致是介紹守一的定義與性質；在「守一之方法」裡，主要是陳述進行守一修煉時的方法：(1)須先選擇清靜場所、(2)姿勢為端坐與安臥、(3)個人內心必須具備的條件與要領、(4)應各因其性、循序漸進、(5)「守一」中應注意之事項。而在「守一之功效」中，主要是說明當修煉者確實的按照「守一」之操作方法進行修煉，且在修煉中著重所應該注意的事項，就會有下列的功效產生：(1)致神與通神、(2)知過、賢身、除憂與避禍、(3)袪病延年與長生成仙、(4)解除承負之責與助帝王、凡民治。最後在「守一時所產生的相關問題」中，是說明在進行「守一」修煉法時，由於修煉者個人的特殊性與進行的方式及境界有所不同，因此在修煉者的身、心理中，便會有不同的「現象」產生，計有：(1)感覺與反應(2)「守一」的偏差現象。（以上說法的詳細內容見於：第五章，頁146～155）

卷一○一〈西壁圖〉：「守柔者長壽」（頁 458）

卷八十七〈長存符圖〉：「獨貴自然，形神相守。……子失自然，不
可壽也。」（頁 330）

「守柔」、「自然」，則是冀望修煉者能在順從天地自然之道的前題下，進行修
煉的工夫。

上述在《太平經》的長生成仙說的修身方法中，大致是與「宇宙系統論」
的基本範疇內容之「道」、「元氣」及「一」有關。換言之，修身方法是在宇
宙論（道、氣、一）的基礎上立說的！

（二）養身部份

《太平經》中有言：「神以道全，形以術延。」（頁 736）「養身」這一大
類，則可歸屬於《太平經》中「形」之保養及醫療部份。換言之，「養身」部
份大致和人體的調養與疾病的預防、治療有關。經筆者歸納後可分成：食氣
與不食長生法、醫學、巫術三個方向來加以敘述。

1. 食氣與不食長生法

《太平經》認為人體是由「形」與「神」所組合而成，形神又可細分為
「神」、「精」、「氣」三者。而不論是「形神」兩者或「神」、「精」、「氣」三
者皆是由「元氣」所化生，因而它們的本質都為「氣」。因此，人若想要「形
神相守」（神形不離）及「神」、「精」、「氣」三者合一（精氣神合一），就必
須守住「氣」（元氣）。那麼人要如何守住「氣」，《太平經》提出「食氣」的
對應辦法。「思反上元靈氣。故古者聖賢飲食氣而治者，深居幽室。」（頁 48）
「上士修道，先當食氣，是欲與元氣和合，當茅室齋戒，不睹邪惡，日鍊其
形，無奪其欲，能出入無間。」（頁 91）及「天之遠而無方，不食風氣，安能
疾行，周流天之道哉？又當與神吏通功，共為朋，故食風氣也。」（頁 717）

「食氣」的作用是要與元氣和合。修煉者在進行食氣時必須在幽室齋戒、
密鍊其形，如此方能周流天下與神靈相通。在「食氣」的方法中又可細分為
「辟穀」與「習內氣」（胎息）兩種：

（1）辟　穀

卷四十二〈九天消先王災法〉：「夫人，天且使其和調氣，必先食氣；
故上士將入道，先不食有形而食氣，是且與元氣合。」（頁 90）

卷一三七至一五三〈太平經鈔〉壬部：「上中下得道度世者，何食之

乎？」答曰：「上第一者食風氣，第二者食藥味，……當與地精并力，
和五土，高下山川，緣山入水，與地更相通，共食功，不可食穀，
故飲水而行也。」（頁 716～717）

所謂「辟穀」，就是不食五穀雜糧，而改食水或食氣。辟穀的作用是要使修煉
者在進行修煉時能儘快「入道」，並調和其氣而與元氣和合。

（2）習內氣（胎息）

卷三十六〈守三實法〉：「天下人本生受命之時，與天地分身，抱元
氣於自然，噓吸陰陽氣而活，不知飢渴，久久離神道遠，小小失其
指意，後生者不得復知，真道空虛，日流就偽，更生飢渴，不飲不
食便死。」（頁 43）

卷一二○至一三六〈太平經鈔〉辛部：「請問胞中之子，不食而取氣。
在腹中，自然之氣。已生，呼吸陰陽之氣。守道力學，反自然之氣。
反自然之氣，心若嬰兒，即生矣。隨呼吸陰陽之氣，即死矣。」（頁
699）又「請問胎中之子，不食而氣者何也？天道迺有自然之氣，迺
有消息之氣。凡在胞中，且而得氣者，是天道自然之氣也；及其已
生，噓吸陰陽而氣者，是消息之氣也。人而守道力學，反自然之氣
者生也，守消息之氣者死矣。故夫得真道者，乃能內氣，外不氣也。
以是內氣養其性，然後能反嬰兒，復其命也。故當習內氣以內養其
形體。」（頁 699～700）

人在母體孕育時，是靠「自然之氣」而存活；等到出生後便呼吸陰陽之氣，
此氣又稱爲「消息之氣」。而呼吸消息之氣的人，不飲不食便會死亡且又有壽
命的極限。因此，修煉者在進行「食氣」法時，當以返還「自然之氣」而捨
棄「消息之氣」爲主。因爲返還「自然之氣」時，就如同回到母體孕育時的
胎兒狀態；如此，修煉者便能以「自然之氣」（內氣）來養其性命及形體，而
達到類似胎兒的身、心裏狀態，所以這套返還「自然之氣」（習內氣）的方法
又可稱爲「胎息」。

「食氣」法中的「辟穀」與「習內氣」（胎息），在修煉的過程中是合併
的。修煉者在進行「食氣」法時，先是實行「辟穀」法，以便與元氣和合。
而後再進行「習內氣」，以便達到還復自然之氣的境地。

《太平經》在「神形相守」而合一「神精氣」方面，除了「食氣」法，
另外又提出「不食」法：

卷七十三至八十五〈闕題〉:「不食而自明,百邪皆去遠禍殃。」(頁306)

卷九十八〈包天裹地守氣不絕訣〉:「子欲不終窮,宜與氣爲玄牝,象天爲之,安得死也。亦不可卒得,乃成幽室也。入室思道,自不食與氣結也。」(頁450)

卷一二〇至一三六〈太平經鈔〉辛部:「請問不食而飽,年壽久久,至于遂存,此乃富國存民之道。比欲不食,先以導命之方居前,因以留氣。服氣藥之後,三日小飢,七日微飢,十日之外,爲小成無惑矣。已死去就生也。服氣藥之後,諸食有形之物堅難消者,以一食爲度。食無形之物,節少爲善。百日之外可不食,名不窮之道。……食主少者爲吉,多者爲凶,全不食亦凶,腸胃不通。通腸之法:一食爲適,在食爲增,三食爲下,四食爲腸脹,五食飢大起,六食大凶惡,百疾從此而生,至大飢年當死。節食千日之後,大小腸皆滿,終無料也,令人病悉除去,顏色更好,無所禁防古者得道老者皆由不食。」(頁684)

此處將在不食五穀前的準備工作、注意事項及食藥後會產生的情況說明的很清楚,其目的是要修煉者逐步進入「不食」的階段。而修煉者在進入不食的階段後將會有:袪疾、去邪、遠禍、長壽及長生等功效產生。

「食氣」法與「不食」法,它們的功用在於合一「神、精、氣」而使「神形相守」,最後則臻至長生不死的境地。因此,修煉者在進行「食氣」法及「不食」法時它的步驟是:少食→食氣(辟穀、習內氣)→不食。「上中下得道度世者,何食之乎?」答曰:「上第一者食風氣,第二者食藥味,第三者少食,裁通其腸胃。」又云:「天之遠而無方,不食風氣,安能疾行,周流天之道哉?又當與神吏通功,共爲朋,故食風氣也。其次當與地精并力,和五土,高下山川,緣山入水,與地更相通,共食功,不可食穀,故飲水而行也。次節食爲道,未成固象,凡人裁小別耳。故少食以通腸,亦其成道之人。」(頁716～717)修煉者在進行「少食→食氣→不食」的修煉法後,會有不死長生之功效。「入室少食,久久食氣,便解去不見。」(頁278)及「食者命有期,不食者與神謀,食氣者神明達,不飲不食,與天地相卒也。」(頁700)

2. 醫　學

在醫學方面，主要包括：「診斷」、「藥物治療」與「針灸治療」三項。

（1）診　斷

卷五十〈灸刺訣〉：「直置一病人前，名爲脈本文，比若書經道本文也。令眾賢圍而議其病，或有長於上，或有長於下，三百六十脈，各有可睹，取其行事，常所長而治訣者以記之，十十中者是也，不中者皆非也，集眾行事，愈者以爲經書，則所治無不解決者矣。」（頁 180）

這裡的說法，類似於近代醫學臨床上的「群醫會診」。

（2）藥物治療

在藥物治療中，可分成「草木方」與「生物方」兩種。

① 草木方

卷五十〈草木方訣〉：「草木有德有道而有官位者，乃能驅使也，名之爲草木方，此謂神草木也。治事立愈者，天上神草木也，下居地而生也。立延年者，天上仙草木也，下居地而生也。治事立訣愈者，名爲立愈之方；一日而愈，名爲一日而愈方；百百十十相應愈者是也。此草木有精神，能相驅使，有官位之草木也，十十相應愈者，帝王草也；十九相應者，大臣草也；十八相應者，人民草也；過此而下者，不可用也，誤人之草也。是乃救死生之術，不可不詳審。方和合而立愈者，，記其草木，名爲立愈方；一日而愈者，名爲一日愈方；二日而治愈者，名爲二日方；三日而治愈者，名爲三日方。……或愈或不愈，名爲待死方。慎之慎之，此救死命之術，不可易，事不可不詳審也。」（頁 172～173）

② 生物方

卷五十〈生物方訣〉：「生物行精，謂飛步禽獸跂行之屬，能立治病。禽者，天上神藥在其身中，天使其圓方而行。十十治愈者，天神方在其身中；十九治愈者，地精方在其身中；十八治愈者，人精中和神藥在其身中。此三者，爲天地中和陰陽行方，名爲治疾使者。……得而十十百百而治愈者，帝王上皇神方也；十九治愈者，王侯之神方也；十八治愈者，大臣白衣至德處士之神方也；各有所爲出，以此候之，萬不失一也。」（頁 173）

此處將藥品分為「植物性藥物」與「動物性藥物」兩大類，其中有三點是值得注意的：

第一，十分重視「單味藥」效用的高低。如分成：「帝王方」、「大臣方」、「人民方」與「天神方」、「地精方」、「人精方」，其作用是要鑑別兩類藥物效用高下而生的稱謂。

第二，十分重視「配藥醫方」療效的高低。如分成：「立愈方」、「一日方」、「二日方」、「三日方」與「帝王方」、「王侯方」、「大臣方」，主要是要區別兩類藥方療效的高低所產生的稱謂。

第三，特別強調治病用藥乃是「救死生之術，不可不詳審」，此處是重視「醫德」的具體說明。

③針灸治療

> 卷五十〈灸刺訣〉：「灸刺者，所以調安三百六十脈，通陰陽之氣而除害者也。三百六十脈者，應一歲三百六十日，日一脈持事，應四時五行而動，出外周旋身上，總於頭頂，內繫於臟。衰盛應四時而動移，有疾則不應度數，往來失常，或結於傷，或順或逆，故當治之。灸者太陽之精，公正之明也，所以察奸除惡害也。針者，少陰之精也，太白之光，所以用義斬伐也。治百中百，治十中十，此得天經脈讖書也，時與脈相應，則神為其驅使，治十中九失一，與陰脈相應，精為其驅使，治十中八，人道書也，人意為其使；過此而下，不可以治疾也，反或傷神。」（頁179～180）又「人有小有大，尺寸不同，度數同等，常以竅穴分理乃應也。道書古今積眾，所言各異，名為亂脈也；陽脈不調，反治陰脈，使人被笞，賊傷良民，使人不壽。脈乃與天地萬物相應，隨氣而起，周者反始。故得數者，因以養性。」（頁180）又「古者聖賢，坐居清靜處，自相持脈，視其往來度數，至不便以知四時五行得失，因反知其身衰盛，此所以安國養身全形者也，可不慎乎哉！」（頁180）

此處陳述了針灸治療法的大要，細分析其內容可分成三點來說明：

第一，闡明灸刺可以調脈、通氣、治病。並特別提到脈能與天地四時、五行相應，隨氣而起；但有病時則不能相應，所以必須治病。

第二，分析了人有大小、尺寸的不同，所以在灸刺取穴時，不能默守陳規，必須因人、因病而異。

第三，最後強調灸刺的關鍵是：正確無誤的診脈以把握病因，之後準確的取穴，方能做到「察姦除惡」、「養身全形」的目的。

3. 巫　術

在巫術方面，其訴求與前述的醫學一樣，皆是在治療疾病，以達至養身的目的。如《太平經》所云：「天減人命，得疾有病，不須求助，煩醫苦巫，錄籍當斷，何所復疑。」（頁 566）及「書有戒而不用其行，得病乃惶，豈可免焉？⋯⋯使神勞心煩若，醫巫解除。欲得求生，不忘為過時。」（頁 620）而解除疾病的方法，可分成下列兩種：

（1）祭祀禳解法

> 卷一一四〈某訣〉：「行有疾苦，心中惻然，叩頭醫前，補寫孝言。承事恭敬，以家所有，貢進之上。敬稱其人，醫工見是，心敬其人。盡意為求真藥新好，分部谷令可知，迎醫解除。常垂涕而言，謝過於天，自搏求哀，叩頭於地，不避瓦石泥塗之中。輒得令父母平安，教兒婦常在親前，作肥甘脆，恣口所食。⋯⋯天見其孝心，令得愈，更如平素，心中乃喜欣。復身得能食穀者，齋戒市賣，進所有上於天，還謝先人，諸所得祟，輒辛香潔，不敢負言，是孝子所宜行也。」（頁 591～592）

此即是說，為人子女當父母罹患疾病時，除了迎醫求藥之外，還應當齋戒、祭祀，向天地鬼神告罪謝過，以便解除其身譴祟，使父母得以痊癒。

> 卷一一四〈病歸天有費訣〉：「故天常為其上，司人是非，使神往來，知人所為，善惡輒白，何有失者。⋯⋯過無大小，上聞於天。⋯⋯書有戒而不用其行，得病乃惶，豈可免焉？⋯⋯何不即自悔責？⋯⋯所有禱祭神靈，輕者得解，重者不貰。⋯⋯今世之人，行甚愚淺，得病且死，不自歸於天，守過自搏叩頭，家無大小，相助求哀，積有日數，天復原之，假其日月，使得蘇息。後復犯之，叩頭無益。⋯⋯有病自歸於天，可省資費，無為大煩。」（頁 619～621）〈不承天書言病當解謫誡〉：「病人之家，當為解陰解謫，使得不作；謫解得除之，不解其謫，並者不止，復責作之。」（頁 624）

此處認為，人會因為惡行而遭受鬼神譴祟、謫罰而得病，不過只要其所犯罪行不重，不累犯，透過禱祭悔過的「解除」儀式，自然可得痊癒。並說明病人之家當為其解陰、解謫，如果「不解其謫」，那麼「病者不止」。所以我們

稱此種解除疾病的方法爲「祭祀禳解法」。

（2）丹書祝除法

卷一〇八〈要訣十九條〉：「欲除疾病而大開道者，取訣於丹書吞字也。」（頁512）

卷九十二〈洞極上平氣無蟲重複字訣〉：「請問重複之字何所主？主導正，導正開神爲思之也。端及入室，以爲保券。……精者吞之，謂之神也。……以丹爲字，以上第一，次下行將告人，必使沐浴端精，北面西面南面東面告之，使其嚴以善酒如清水，已飲，隨思其字，……病爲其除去，面目亦潤澤。或見其字，隨病所居而思之，名爲還精養形。或無病人爲之，日亦安靜。或身有彊邪鬼物，反且變爭，雖忿自若，力思勿惑也；久久且服去矣。……或今日吞吾字，後皆能以他文教，教十十百百而相應，其爲道須臾之間，乃周流八方六合之間，精神隨而行治病。」（頁380～381）

卷八十七〈長存符圖〉：「天符還精以丹書，書以入腹，當見腹中之文，大吉，百邪去矣。五官五王爲道初，爲神祖。審能閉之閉門戶，外闇內明，何不洞睹？守之積久，天醫自下，百病悉除，因得老壽。愚者捐去，賢者以爲重寶，此可謂長存之道。」（頁330）

卷五十〈丹明耀禦邪訣〉：「丹明耀者，天刻之文字也，可以救非禦邪。十十相應者，天上之文，與眞神吏相應，故事效也。十九愈者，地文書，與陰神相和，十八相應愈者，中和人文也。以此效之，其餘皆邪文，不可用也。所以拱邪之文也，乃當與神相應，不愈者皆誤人，不能救死也。」（頁172）

以上即是說，吞食「丹書」（複文、天符）可以治療、消除疾病。而所以會有此種療效，乃是因爲此種丹書具備有驅使鬼神的功效。所以是屬於神力加持的「以文除疾」治療法。巫術中除了丹書、符書外，所謂「神祝（咒）」也具有驅使鬼神以治疾病的功能，如：

卷五十〈神祝文訣〉：「天上有常神聖要語，時下授人，以言用使神吏應氣而往來也。人民得之，謂爲神祝也。……其祝有神伭爲除疾，皆聚十十中者用之所向無不愈者也。但以言愈病，此天上神識語也。良師帝王所宣用也，……是乃所以召群神使之，故十愈也。十九中

> 者，眞神不到，中神到，大臣有也，本以召呼神也，相名字時時下
> 漏地，道人得知之，傳以相語故能以治病。」（頁 181）

此處的「神祝（咒）」，是屬於「以言愈病」的神力加持治療法。

總之，無論是「以文除疾」還是「以言愈病」，他們的道理皆相同——神力加持，所以可以將它們合稱爲「丹書祝除法」。

上述關於「醫學」與「巫術」兩方面的方法，其主要功效在於治療疾病以達到養身的目的。《太平經》認爲此兩類方法是可以合併使用，並希望人人都能具備這些技能，以便作爲亂世存亡救危之用。「今承負之後，天地大多災害，鬼物老精凶殃尸咎非一，尙復有風濕疽疥，今下古得流災眾多，不可勝名也。或一人有百病，或有數十病。假令人人各有可畏，或有可短。或各能去一病；如一卜卦工師中知之，除一禍祟之病；大醫長於藥方者，復除一病；刺工長刺經脈者，復除一病；或有復長於灸者，復除一病；或復有長於劾者，復除一病；或有長於祀者，復除一病；或有長於使神自導視鬼，復除一病。此有七人，各除一病，這除去七病。……故當豫備之，救吉凶之源，安不忘危，存不忘亡，理不忘亂，則可長久矣。」（頁 293～294）

（三）「生命——倫理」之間的關係

人能「長生成仙」的方法，分成「修身」與「養身」兩大類。「修身」這一大類，大致即是《太平經》所謂「神」之煉養、調伏部份；而「養身」這一大類，則可歸屬於《太平經》中「形」之保養、醫療部份。《太平經》中人能「長生成仙」的方法，不僅在宇宙論（天、道、氣、一）的基礎上提出長生成仙的操作方法，更從「道德修養」方向提出另外一些操作方法。也就是說，將長生成仙之生命問題的解決和道德修養的高低及行爲的善惡聯繫起來，形成一種特有的「生命——倫理」關係。〔註7〕

〔註 7〕李剛先生曾將《太平經》中這種「把生命問題的解決和道德修養的高低聯繫起來」的操作方式，稱爲「生命倫理學」。換言之，即是將生命哲學與倫理學衙接起來，形成別具一格的「生命倫理學」。也就是說，所謂「生命倫理學」即是要解決生命存在的問題（以上說法的詳細論述見於：(1)李剛，〈論《太平經》的生命倫理觀〉，《道教研究》第一輯，四川人民出版社，1994 年 2 月，頁 65～74；(2)李剛，《勸善成仙——道教生命倫理》，四川人民出版社，1994 年 7 月，頁 1～11；(3)李剛，《漢代道教哲學》，四川：巴蜀書社，1995 年 5 月，頁 142～153）。以上對「生命倫理學」的定義，應該是李剛先生的個人見解。因爲所謂「生命倫理學」的定義是：生命倫理學（bioethics）由兩個希臘詞構成：bio（生命）和 ethike（倫理學）。生命主要指人類生命，但與之有關

在「生命──倫理」之間的關係中，人壽命的長短是與行爲的善惡有著緊密的關係，「善自命長，惡自命短」（頁 525），「善者命長」（頁 569）及「善自得生，惡自早死。」（頁 625）因此，要想延長壽命，人就必須努力爲善。由此，人的道德行爲成爲自我生命的主宰。既然道德修養成爲區判個人的壽命長短之裁定者，那麼「道德修養」的主要操作內容爲何？歸納起來有：

1. 思善、行善、積善

卷五十一〈校文邪正法〉：「吾所以常獨有善意者，吾學本以思善得之，故人悉老終，吾獨得在；而吾先人子孫盡已亡，而吾獨得不死。」（頁 189）

卷九十四至九十五〈闕題〉：「努力思善，身可完全。」（頁 403）

卷一二〇至一三六〈太平經鈔〉辛部：「常思善，精神集來隨人也；……乃入人腹中，隨趨人所思，使悁悒不能忘之矣。」（頁 699）

卷一三七至一五三〈太平經鈔〉壬部：「古者賢人聖人腹中，長陰念爲善，故得善應。凡人腹中常陰念惡，故得惡應，不能自禁。各在

也涉及到動物生命和植物生命。倫理學是指對道德的哲學研究。換言之，「生命倫理學」爲根據道德價值和原則對生命科學和衛生保健領域內的人類行爲進行系統的研究。生命科學是研究生命體和生命過程的科學部門，包括：生物學、醫學、人類學與社會學。衛生保健是指對人類疾病的治療和預防以及對健康的維護。也就是說，生物技術的進步，使醫學面臨了許多前所未有的新難題，並對傳統的倫理觀念提出了新挑戰，這是產生生命倫理學的根本原因。因此，所謂「生命倫理學」是將倫理學應用於解決生物醫學技術所引起的難題和挑戰的。它的核心內容世人們對人體、人心、生命質量控制技術的關心。生命倫理學就是要幫助人們決定在影響出生、死亡、人性、生命質量等生物醫學領域中應如何行動，這在許多方面涉及社會和國家的政策。所以，生命倫理學是涉及人類生命領域的決策的理論基礎（以上說法的詳細內容見於：(1)邱仁宗，《生命倫理學》，上海人民出版社，1987 年 5 月，頁 1～26；(2)邱仁宗，《生死之間──道德難題與生命倫理》，台灣：中華書局，1988 年 9 月，頁 1～25）。因此，李剛先生將《太平經》中關於「生命──倫理」之間的關係，稱爲「生命倫理學」，應該是屬於道教式的生命倫理學；是有別於「生命倫理學」一詞的基本涵意，可以說是李剛先生對「生命倫理學」一詞的道教式詮釋法。之後，李剛先生便將這套道教式的「生命倫理學」，認爲其是《太平經》中長生成仙的生命哲學之重要構成要素。筆者認爲，李剛先生對「生命倫理學」的道教式詮釋是可以被接受的。但筆者爲了慎重起見，還是將《太平經》中「把生命問題的解決和道德修養的高低聯繫起來」的操作方式，稱爲「生命──倫理」之間的關係！

常陰念善惡，鬼神因而趨善惡。」（頁 706）

此處發揮「天人感應」的思想，認爲修煉者本身「思善」或「思惡」，就會感應、招致相應的神鬼；並說明「思善」能得到長生、不死的效果。修煉者在修煉的過程中不僅要思善，而且更要「行善」：

卷十八至三十四〈解承負訣〉：「凡人有三壽，應三氣，太陽太陰中和之命也。上壽一百二十，中壽八十，下壽六十。……如行善不止，過此壽謂之度世。行惡不止，不及三壽，皆夭也。」（頁 22～23）

卷一○○〈東壁圖〉：「善者自興，惡者自病，吉凶之事，皆出於身，以類相呼，不失其身。天道無私，但行之所致。……得長壽身不敗，故爲善。」（頁 456）

卷一一一〈大聖上章訣〉：「行善可盡年命，行惡失長就短。惡惡不止，禍及未生，……努力爲善，子孫延年。」（頁 549）

卷一一二〈貪財色災及胞中誡〉：「爲善，竟其天年；惡下黃泉。」（頁 566）又〈七十二色死尸誡〉：「務道求善，增年益壽，亦可長生。」（頁 569）又〈有過死謫作河梁誡〉：「爲善有功益年」（頁 579）

卷一一四〈見誡不觸惡訣〉：「可復得增年，精華潤澤，氣力康彊，是行善所致。」（頁 601）又〈不用書言命不全訣〉：「大化行善，壽亦無極。」（頁 614）又〈大壽誡〉：「汝努力心爲善，勿行遊蕩，治生有次，勿取人財，才可足活耳。」（頁 618）又〈病歸天有費訣〉：「努力爲善，無入禁中，可得生活竟年之壽。」（頁 621）又〈爲父母不易訣〉：「行善之人，無惡文辭。天見善，使神隨之，移其命籍，著長壽之曹神，遂其成功。……行善之人，天自佐之，不令逢惡，是行所致。……大善之人行，天必令壽，神鬼祐之不敢失。」（頁 625～626）

「行善」，是修煉者在思善後的具體表現。而修煉者行善後的功效計有：身體「精華潤澤」、「氣力康彊」、竟其天年（一百二十歲）、增年益壽、子孫延命長壽、天神護祐及移命籍於長壽之曹而達致長生成仙（度世）的目的。

修煉者在思善、行善後，因積有善功──「積善」，所以可成爲上天的「種民」。種民是上升天界成仙的候選人，成爲「種民」後的好處計有：天增其壽命、竟其天年、得神仙度化及長生成仙等優點。

卷一至十七〈太平金闕帝晨後聖帝君師輔歷紀歲次平氣去來兆候賢
聖功行種民定法本起〉：「天地混齏，人物麋潰。唯積善者免之，長
爲種民。種民智識，尚有差降，未同決一，猶須師君。君聖師明，
教化不死，積鍊成聖，故號種民。種民，聖賢長生之類也。」（頁1
～2）

卷一一四〈某訣〉：「善者其願皆令其壽，白首乃終。上至百二十，
下百餘歲。」（頁593）又〈九君太上親訣〉：「天亦信善人，使神仙
度之也。」（頁596）又〈不承天書言病當解謫誡〉：「不當見神仙之
人，皆以孝善，乃得仙耳，其壽可極。」（頁623）

不論是「思善」、「行善」及「積善」，「善」是關鍵所在。而何謂善？《太平
經》中有這樣的說法，「夫爲善者，乃事合天心，不逆人意，名爲善。善者，
乃絕洞無上，與道同稱。」（頁158）及「太上善人之爲行也，……令得天心
地意，從表定裏，成功於身，使得長生，在不死之籍。」（頁554）所謂「善」，
就是凡事合乎天心地意，並不違背人意。換言之，合於天地人的自然法則，
而所行之事即稱爲「善」。

2. 守道德與忠孝、誠信

卷四十七〈上善臣子弟子爲君父師得仙方訣〉：「眞道德多則正氣多，
故人少病而多壽也。」（頁139）

卷七十三至八十五〈闕題〉：「子守道可長久，……而守德成大道。」
（頁309）

卷九十二〈萬二千國始火始氣訣〉：「嚮使先生凡民人常守要道與要
德，雖遭際會，不死亡也。」（頁373）

卷九十四至九十五〈闕題〉：「積德不止道致仙」（頁403）

守住眞道要德，修煉者就可以避禍、少病、長壽及長生成仙。「眞道要德」之
所以會有上述的功效，乃是因爲「道德」是天地萬物之本質，天地萬物皆因
有道德的存在而運行、生長。「故自天地四時五行日月星宿，共以眞道要德養
萬二千物，下及六畜糞土草，皆被服其祕道要德而以得生長。」（頁432）修
煉者在修煉的過程中，除了應守眞道要德外，還必須有「忠孝」、「誠信」的
態度與行爲，因爲「天下之事，孝忠誠信爲大。」（頁543）

《太平經》認爲，「人生之時，爲子當孝，爲臣當忠，爲弟子當順；孝忠

順不離其身。」（頁 408）並認爲不孝、不順、不忠之人，必定會遭到天地人神的共同聲討，而死有餘辜。「子不孝，則不能盡力養其親；弟子不順，則不能盡力修明其師道；臣不忠，則不能盡力共敬事其君。爲此三行而不善，罪名不可除也。天地憎之，鬼神害之，人共惡之，死尚有餘責於地下。」（頁 405～406）對應於此，《太平經》提出忠孝順之人可得長壽，「見長命之人問之，言有忠孝，不失天地之心意。」（頁 550）而在「忠孝」二者中，《太平經》特別強調「孝」，引文如下：

> 卷一一四〈某訣〉：「行孝之人，思成其功，功著名太上，聞帝廷，州郡所舉，一朝被榮，是非孝所致耶？子孫承之，可竟無極之世。此念恩不忘，爲天所善，天遣善神常隨護，是孝所致也。其家一人當得長生度世，後生敬之，可無禍患，各以壽終，無有中夭。」（頁 592）又「天下之事，孝爲上第一，……天定其錄籍，使在不死之中，是孝之家也。」（頁 593～594）又〈不可不祠訣〉：「人居世間，作孝善而得壽，子孫相續，復見尊官重祿。」（頁 604）又〈大壽誡〉：「孝善之人獨得壽有子孫，……作善有孝慈，使各竟其年，或得增命，子孫相次，無中夭時。」（頁 616）又〈不承天書言病當解謫誡〉：「不當見神仙之人，皆以孝善，乃得仙耳，其壽可極。」（頁 623）

> 卷一一七〈天咎四人辱道誡〉：「不孝而爲道者，乃無一人得上天者也。」（頁 656）

行孝之人除了個人可以得到世間的官位、名位、壽命外，又可使子孫榮昌；更可因此而感動上天派遣神靈護衛，進一步而達到得度成仙、位入仙籍的境地。而關於「誠信」，《太平經》認爲誠信是象天道地德之德行，關鍵在人心，心誠則能感動天地，招來神靈護佑。「夫至誠者，名爲至誠，乃言其上視天而行，象天道可爲；俯視地而行，象地德而移。……還考之於心乃行。心者，最藏之神尊者也。……故人爲至誠，心中正疾痛應。心神至聖，乃上白於日，日乃上白於天。故至誠於五內者，動神靈也。」（頁 426）又「故求道德凡人行，皆由至誠，乃天地應之，神靈來告之也。如不至誠，不而感動天地、移神靈也。」（頁 427）

可見《太平經》既講誠信心的重要，另外又加上一個神靈（身中神），言此身中神在人身中，暗地監視人的一舉一動，甚至小至你的意念活動及你的心是否有誠信心，皆瞞不過身中神。所以修煉者切不可有「欺心」的意念和

行爲，否則身中神會上告於天。此處可看出是「倫理道德」與「神學」的結合。

3.思過、悔過、改過

修煉者在修煉的過程中，難免會因爲疏忽而犯下過錯。但犯下過錯後，不代表就此陷入萬劫不復的境地而無法挽回。因爲挽回的措施就是「懺悔改過」！人如果能在犯錯後眞心的懺悔並不再犯，就可得到來自上天的饒恕與寬宥。而「懺悔改過」的過程，大致可分爲三個階段，即「思過」、「悔過」及「改過」：

> 卷一一〇〈大功益年書出歲月戒〉：「但思無極，不敢有不思過須臾也。」（頁538）

> 卷一一二〈貪財色災及胞中誡〉：「思過，復得延期。」（頁566）

「思過」，是懺悔改過的第一步驟。去思量自己從過往而至今有無過失處，是修煉者對自身在修煉的過程中，做一總體檢查。如果發現有過失處，就必須從事第二步驟——「悔過」的工夫：

> 卷一一〇〈大功益年書出歲月戒〉：「聞人有過，助其自悔。……天恩廣大，多所愛傷，使得自思，悔過命長。」（頁539）

> 卷一一一〈大聖上章訣〉：「天君言，人能自責悔過者，令有生錄籍之神移在壽曹，百二十使有續世者。」（頁546）又〈有德人祿命訣〉：「反正悔過，可復竟年。」（頁549）又〈善仁人自責年在壽曹訣〉：「念恩於天地，不敢望報，自責而已。復有過失，承負所起，自責有歲數，乃感動耳。……叩頭自搏而啼鳴，……晨夜自悔。」（頁550～551）又「使神見自責悔，人還上天道言，有悔過人啼淚而行，未曾有止時，恐見不活，以故自責。大神聞知，言天君常救諸神曰，有功善之人爲忠孝順，所言進獨其人也。因白天君。天君言：「聞知此人自責悔過，有歲數也。此本俗人耳，而自責過無解已，更爲上善人也。大神數往占視之，知行何如有善意，欲進者且著命年在壽曹，觀其所爲，乃得復補不足。」大神言：「此人自責大久，承負除解，請須有闕上補，名爲太上善人。」（頁551）又「有性之人，自無惡意，雖有小惡，還悔其事，過則除解。有文書常入之籍，惡者付下曹，善者白善，惡者白惡，吉凶之神，各各自隨所入，惡能自

悔，轉名在善曹中。」（頁 552）

卷一一四〈不可不祠訣〉：「天下之人，何不自責，而使過少，積過
何益於人身乎？但有不全人命耳！」（頁 604）又〈病歸天有費訣〉：
「過無大小，上聞於天。是自人過，何所怨天書。……何不即自悔
責，……所有禱祭神靈，輕者得解，重者不貰。」（頁 620）又「今
世之人，行甚愚淺，得病且死，不自歸於天，首過自搏叩頭，家無
大小，相助求哀。積有日數，天復原之，假其日月，使得蘇息。後
復犯之，叩頭無益。……有病自歸於天。可省資費，無爲大煩。」
（頁 621）

「悔過」，是改過的前提，即對所犯的錯誤要有正確的認識和態度，對過失要
有痛悔的表現與改正的決心。如此，修煉者就能因爲眞切的「悔過」，而得到
上天的寬宥，令有病者轉癒，小過者得以消解，承負之責得以解除；更可使
人轉在長壽之曹，而上補於天成爲太上善人。不過，這些因悔過而得的功效，
在於修煉者不能有二過或過錯不能太重及必須眞心悔過等前提，否則「悔過」
是無效的。悔過是爲了改過，改過必須有堅定的決心，否則舊習就容易復發。
「改易其惡，采取眾善。」（頁 528）及「見善進之，見惡當改，勿有所疑。」
（頁 542～543）

綜合上述，在「生命——倫理」之間的關係中，無論是「思善、行善、
積善」、「守道德與忠孝、誠信」及「思過、悔過、改過」，都與宇宙系統論的
基本範疇內容之「天」有關連。換言之，修煉者在實行「生命——倫理」關
係之操作方式時，之所以會有赦罪、袪疾、竟天年、延命長壽及成仙度世等
功效，原因在於這一切的區判者在「天」手上，「天」會根據修煉者的所作所
爲而進行審核評判。也就是說，天能審查人的行爲善惡並決定人的生死與壽
命長短。

卷四十五〈起土出書訣〉「人命在天地，天地常悅喜，乃理致太平，
壽爲後，是以吾居天地之間，常駭忿天地，……天地不和，不得竟
吾年。」（頁 122）又「夫人命乃在天地，欲安者，乃當先安其天地，
然後可得長安也。」（頁 124）

卷八十六〈來善集三道文書訣〉：「今凡人命屬天地，天地不喜，返
且害病人，則不得竟吾天年壽矣。」（頁 313）

卷一一四〈不用書言命不全訣〉：「天稟人壽，不可再得，作惡年減，

何有相益時乎？」（頁 615）

「天」依據人的行爲善惡而進行賞罰，賞罰的結果表現於人的「壽命」長短上：

> 卷十八至三十四〈解承負訣〉：「凡人有三壽，應三氣，太陽太陰中和之命也。上壽一百二十，中壽八十，下壽六十。……如行善不止，過此壽謂之度世。行惡不止，不及三壽，皆夭也。」（頁 22～23）

> 卷一○二〈經文部數所應訣〉：「天受人命，自有格法。天地所私者三十歲，比若天地日月相推，有餘閏也，故爲私命，過此者應爲仙人。天命：上壽百二十爲度，地壽百歲爲度，人壽八十爲度。」（頁 464）

> 卷一一一〈善仁人自貴年在壽曹訣〉：「人命有短長，春秋冬夏，更有生死無常。故使相主，移轉相問，壽算增減，轉相付授。故言四時五行日月星宿皆持命，善者增加，惡者自退去，計過大小，自有法常。案法如行，有何脫者？天上地下，相承如表裏，復置諸神并相使。故言天君敕命曹，各各相移，更爲直符，不得小私，從上占下，何得有失。」（頁 552）

人的行爲善惡標準爲何？換言之，「天」是以什麼標準來判定人的行爲善惡進而增減壽命，答案即是人有無順乎天心地意行事——合乎天心！

> 卷九十二〈三光蝕訣〉：「得天意，命乃長全也；不得天意，亂命門也。」（頁 367）

> 卷一一一〈善仁人自貴年在壽曹訣〉：「見長命之人問之，言有忠孝，不失天地之心意。」（頁 550）

> 卷一一二〈七十二色死尸誡〉：「思行天上之事，神靈所舉，可得度久生，長與日月星辰相睹。」（頁 568）

> 卷一一四〈見善不觸惡訣〉：「殊能思行天上之事，得天神要言，用其誡，動作使可思，可易命籍，轉在長壽之曹。」（頁 602）又〈爲父母不易訣〉：「殊能行天上之事，與天同心志合，可得仙度錄，上賢聖精神增加，其壽何極？」（頁 626）

人只要凡事合乎天心地意行事，就是所謂「善」。合乎天心，人就可以得到神仙度化、轉移命籍在長壽之曹，進而長生成仙。

可以看出，《太平經》中「生命──倫理」之間的關係中，是以「天」（神）為中心，天是人類行為善惡與壽命長短的裁定者。但，人類卻不是完全被天所宰制。因為「天」所作的裁決，完全取決於人類自身的行為表現。因而「生命──倫理」之間的關係，又回到以「人」為中心。如此，「生命──倫理」之間的關係，便成為「天」與「人」之間的關係！

綜合上述，《太平經》中的「治身」之道，不論是「修身」部份、「養身」部份或者是「生命──倫理」的關係部份之內容，大體上是與宇宙系統論的基本範疇之內容──「天」、「道」、「元氣」、「一」等有關。這些修煉方法與方術，大致的功效可分為「除疾」（醫療）、「長壽」（養生）與「成仙」（神仙）三個層次。在這三個層次中，「長生成仙」（度世）無疑是「治身」之道的最終極目標及核心內容。〔註8〕

因而《太平經》中便陳述了人能長生成仙的兩種形式：一是「尸解」，二是「白日昇天」。

> 卷七十二〈不用大言無效訣〉：「人居天地之間，人人得壹生，不得重生也。重生者獨得道人，死而復生，尸解者耳。是者，天地所私，萬萬未有一人也。」（頁298）

> 卷一一一〈善仁人自貴年在壽曹訣〉：「或有尸解分形，骨體以分。尸在一身，精神為人尸，使人見之，皆言已死。後有知者，見其在也，此尸解人也。」（頁553）

> 卷一一四〈九君太上親訣〉：「尸解之人，百萬之人乃出一人耳。」

〔註8〕《太平經》中關於「長生成仙」（度世）的方式，除了分成「修身」部份與「養身」部份兩大類外，另外《太平經》中又提出「二十四種」與「十九種」兩類修煉方術，引文如下：「（二十四種）請受《靈書紫文》、口口傳訣在經者二十有四：一者真記諦，冥諳憶；二者仙忌詳存無忘；三者採飛根，吞日精；四者服開明靈符；五者服月華；六者服陰生符；七者拘三魂；八者制七魄；九者配皇象符；十者服華丹；十一者服黃水；十二者服迴水；十三者食鐶剛；十四者食鳳腦；十五者食松梨；十六者食李棗；十七者服水湯；十八者鎮白銀紫金；十九者服雲腴；二十者作白銀紫金；二十一者作鎮；二十二者食竹筍；二十三者食鴻脯；二十四者配五神符。備此二十四，變化無窮，超瀁三界之外，遊浪六合之中。災害不能傷，魔邪不敢難。」（頁8）「（十九種）青童君採飛根，吞日景，服開明靈符，服月華符，服陰二符，拘三魂，制七魄，配星象符，服華丹，服黃水，服迴水，食鐶剛，食鳳腦，食松梨，食李棗，白銀紫金，服雲腴，食竹筍，配五神符。備此變化無窮，超瀁三界之外，遊浪六合之中。」（頁627）

（頁 596）

所謂「尸解」，即是「尸解分形，骨體以分。尸在一身，精神爲人尸」。換言之，即是骨肉身體已經分化，而屍體尚在。其體內的眾精靈和眾神靈已經化作仙人而去，只存留其屍體使人見睹。而能以「尸解」的形式而成仙者，是百萬人中才會有一人出現。

> 卷一一一〈大聖上章訣〉：「白日昇天之人，求生有籍，著文北極天君內簿有數通。」（頁 546）又〈善仁人自貴年在壽曹訣〉：「久久有歲數，次上爲白日昇天者。使有歲數功多成，更生光照，助天神周片偏。復還止雲中。」（頁 553）

> 卷一一四〈九君太上親訣〉：「白日昇天之人，自有其眞。姓自善，心自有明。動搖戒意不傾邪，財利之屬不視顧，衣服麤粗，衣纔蔽形，是昇天之人行也。……白日之人，百萬之人，未有一人得者也。」
> （頁 596）

所謂「白日昇天」，是指修煉者積功累行而達至功德圓滿的境地後，飛昇成仙的一種形式。以「白日昇天」之形式而成仙的修煉者，必須具有性善、心地光明、自性堅定、不重財利及外在物質條件等特性。同「尸解」的方式一樣，以「白日昇天」之形式而成仙的修煉者亦是百萬人中才會有一人出現。

第三節　「治國」思想研究

在第一節曾言：欲「致太平」的先決條件，在於「中和之氣」的至與不至？而中和之氣的降臨又取決於「陰陽合和」及「三氣相通」；因而《太平經》強調凡事必須「三合相通」與「三統共生」，如此太和平氣才會降臨；當太和平氣至時，才會出現「天下太平」的條件。「天下太平」除了取決於「中和氣至」的先決條件外，尚需配合具體的運作方法——「實現太平的具體措施」！在這些具體措施中，可歸納成「治身」思想與「治國」思想兩大類。

一、「治國」思想必須遵循的基本原則

（一）三合相通、三統共生

因此，《太平經》在「治國」思想方面，便以「三合相通」與「三統共生」爲依據，去解決「君、臣、民」三者的相互關係。

卷四十八〈三合相通訣〉:「君爲父,象天;臣爲母,象地;民爲子,
象和。天之命法,凡擾擾之屬,悉當三合相通,并力同心,迺共治
成一事,共成一家,共成一體也。」(頁150)又「君臣民三,并力
同心相通,故能相治也。⋯⋯三相通即天氣平矣。」(頁155)

《太平經》認爲人類社會的各種關係都是與自然界的現象相應的,自然界有
「天、地、和」,與此相對應,家庭就有「父、母、子」,國家就有「君、臣、
民」。由「天、父、君」、「地、母、臣」及「和、子、民」這三類,構成了一
個從自然界到人類社會的和諧結構。在這個結構中,「治國」思想方面著重在
「君、臣、民」三者的關係上,因爲「君、臣、民」三者是構成國家的基本
要素。「君臣民相通,并力同心,共成一國。」(頁149)「君、臣、民」是社
會國家的三個組成部份,三者缺一不可;因此,君、臣、民應并力同心、相
須相得。「君者須臣,臣須民,民須臣,臣須君,迺後成一事,不足一,使三
不成也。故君而無民臣,無以名爲君;有臣民而無君,亦不成臣民;臣民無
君,亦亂,不能自治理,亦不能成善臣民也;此三相須而立,相得迺成,故
君臣民當應天法,三合相通,并力同心,共爲一家也。」(頁150)

此外,以「三合相通」與「三統共生」爲依據,《太平經》又提出「君明」、
「臣良」、「民順」之太平長治的基本條件:

卷一五四至一七〇〈救四海知優劣法〉:「天生人凡有三等:第一天
生,第二地生,第三人種類。受命天者爲人君,受命地者爲人臣,
受命人者爲民。君者應天而行,臣者應地而行,順承其上;爲民者
屬臣,轉相事。凡是三氣共一治,然後能成功。故上之安者,其臣
良也。臣職理者,其民順常。民臣俱善,其君明,其治長。太平者
以道行,三氣悉善,合乎章也,懷道德不相傷也。」(頁730)

君者天生,受命於天;臣者地生,受命於地;民者人生,受命於人。君、臣、
民「三氣共一治,然後能成功」。此處運用了「三合相通」與「三統共生」的
觀點,指出「君明」、「臣良」、「民順」之三氣悉善,是太平長治的基本條件。
圍繞著這三個基本條件,《太平經》提出「治國」思想的一系列論述。

在「治國」思想中,除了應遵循「三合相通」與「三統共生」的原則
外,還必須依循下列基本條件:「法天」、「守道」及「守元氣」三點。而這三
點基本條件的討論順序,乃是依據宇宙系統論的基本範疇之內容的次序進行
的!

（二）法　天

卷三十五〈興善止惡法〉：「爲政當象天」（頁 41）

卷四十〈努力爲善法〉：「其爲人君者樂思太平，得天之心，其功倍也。……其不能平其治者，治不合天心，不得天意，爲無功於天上。」（頁 74）又〈樂生得天心法〉：「治莫大於象天也」（頁 80）

卷四十四〈案書明刑德法〉：「天乃爲人垂象作法，爲帝王立教令，可儀以治，萬不失一也。」（頁 108）又「夫爲帝王制法度，先明天意，內明陰陽之道，即太平至矣。」（頁 109）

卷四十八〈三合相通訣〉：「願聞治之當云何乎哉？。」「急象天法」（頁 151）

卷五十三〈分別四治法〉：「帝王治將太平，且與天使其好惡而樂，象天治。」（頁 198）

卷五十六至六十四〈闕題〉：「天者，至道之眞也，不欺人也，萬物所當親愛，其用心意，當積誠且信，但常欲利不害，不負一物，故爲天也。夫帝王者，天之子，人之長，其爲行當象此。……古者帝王將行，先仰視天心，中受教，乃可行也」（頁 219～220）

卷一三七至一五三〈太平經鈔〉壬部：「爲人君者，當象天而行。」（頁 712）

「天」爲人垂象作法，特別是爲「帝王」。因此，爲人君者在施行治國之道時，當以天作爲準則，去推行政令。因而天便爲人事的法則，是帝王政令的指導者。君王只要順天法而行，其治必能合乎天心而萬不失一。

（三）守　道

卷四十六〈道無價卻夷狄法〉：「夫要言大賢珍道，乃能使帝王安枕而治，大樂而致太平，除去災變，安天下。」（頁 128）

卷四十八〈三合相通訣〉：「故道爲有德君出，不敢作文，皆使還守實，求其根，保其元，迺天道可理，國自安。」（頁 155）

卷五十〈生物方訣〉：「當深知天道至要意，乃能明天道性，有益於帝王治。」（頁 174）

卷六十七〈六罪十治訣〉:「助帝王治,大凡有十法,一爲元氣治,二爲自然治,三爲道治,……人者,順承天地中和,以道治。」(頁254)又「夫要道迺所以安君也,以治則得天心。」(頁256)

卷六十八〈戒六子訣〉:「夫道迺洞,無上無下,無表無裡,守其和氣,名爲神。子近求則大得,遠求則失矣。故古君王善爲政者,以腹中始起,眞能用道,治自得矣。」(頁258)

卷六十九〈天讖支干相配法〉:「夫天法,帝王治者常當以道與德。」(頁263)

卷九十三〈敬事神十五年太平訣〉:「今上皇氣出,眞道至以治,……如不力行眞道,安得空致太平乎?……太平者,乃謂帝王以下及臣大小,案行眞道,共卻邪僞。」(頁399)

卷九十七〈妒道不傳處士助化訣〉:「夫要道祕德,乃所以承天心而順地意,可以長安國家,使帝王樂者也。」(頁433)

卷一五四至一七〇〈通神度世厄法〉:「上士學道,輔佐帝王,當好生積功乃久長。中上士學道,欲度其家。下士學道,纔脫其軀。」(頁724)〈七事解迷法〉:「治身安國致太平,乃當深得其訣,御此者道也。」(頁730)

君王能「守道」,即可治國以致太平。因爲眞道、要道乃是承天心、順地意的,因此君王只要遵行眞道,就可以致太平、除災變而治國安天下。

(四)守元氣

卷十八至三十四〈修一卻邪法〉:「天地開闢貴本根,乃氣之元也。欲致太平,念本根也。」(頁12)

卷五十六至六十四〈闕題〉:「考天地陰陽萬物,上下相愛相治,立功成名,使心治一家,使人不復相憎惡,常樂合心同志。令太和之氣日自出,而大興平,六極同心,八方同計。所治者若人意,莫不皆響應而悅者。本天地元氣,合陰陽之位,邪惡默然消去,乖逆者皆順,明大靈之至道,神祇所好愛。」(頁216)

卷六十七〈六罪十治訣〉:「助帝王治,大凡有十法:一爲元氣治,……故天使元氣治,使風氣養物。」(頁253~254)

〈太平經佚文〉：「夫人本生混沌之氣，氣生精，精生神，神生明。
本於陰陽之氣，氣轉爲精，精轉爲神，神轉爲明。欲壽者當守氣而
合神，精不去其形，念此三合以爲一，久即彬彬自見，身中形漸輕，
精益明，光益精，心中大安，欣然若喜，太平氣應矣。脩其内，反
應於外。内以致壽，外以致理。非用筋力，自然而致太平矣。」（頁
739）

君王能「守元氣」，即可治國以致太平。因爲「元氣」化生萬物，爲天地萬物
之根本。君王爲政欲致太平，應當以守元氣、行元氣治爲首要工作。如此，
方能合陰陽、六極同心，而達到天下太平的理想境地。

　　《太平經》中的「治國」思想與神學的「天」及宇宙系統論的基本範疇
之内容──「天」、「道」、「元氣」和宇宙系統論的結構模式──「三合相通」、
「三統共生」等有關。換言之，君王治國之道是在「神學」與「宇宙論」（天、
道、氣、三合相通）的基礎上立說的！

二、「治國」思想的具體操作方式

　　《太平經》中的「治國」思想，在「神學」及「宇宙論」的基本原則、
條件下，提出一系列有關治國之道的具體操作方法。易言之，在解決「治國」
思想之政治、社會方面的問題時，《太平經》是尋求聯結「神學」及「宇宙論」
的方式來解決「治國」思想方面所面臨的問題。而這些關於治國之道的「具
體操作方式」計有：

（一）無為而治與帝、師並置

　　《太平經》強調助帝王治大凡有十法，即：「一爲元氣治，二爲自然治，
三爲道治，四爲德治，五爲仁治，六爲義治，七爲禮治，八爲文治，九爲法
治，十爲武治。」（頁 254）其中「元氣治」、「自然治」與「道治」三項，可
以看出是將君王治國之法與「神學」及「宇宙論」相結合。換言之，即是冀
望君王在推行治國、施政之道時，能夠做到法天順地、合乎天地之心的地步。
即：

卷四十三〈大小諫正法〉：「古者聖賢，旦夕垂拱，能深思慮，未嘗
敢失天心也。」（頁 101）

卷四十七〈上善臣子弟子爲君父師得仙方訣〉：「常樂帝王垂拱而自
治也，……其治乃上得天心，下得地意，中央則使萬民莫不懽喜，

無有冤結失職者也。」（頁 133）

卷七十三至八十五〈闕題〉：「君者，當承天地，順陰陽，常務得其意，以理道爲事。」（頁 311）

卷九十三〈方藥厭固相治訣〉：「古者聖王知天法象格明，……故其治常平，不用筋力，而得天心者，以其重愼之也。」（頁 385）

卷九十八〈署置官得失訣〉：「天之爲行，不奪人所欲爲也；地之爲行，亦不奪人所欲爲也；明君之爲行，亦樂象天地不奪人所爲也。與天地相似，故能獨長稱天地，得其心也。」（頁 452）

卷一五四至一七〇〈太平經鈔〉癸部：「帝王上法皇天，下法后地，中法經緯，星辰嶽瀆，育養萬物。故曰大順之道。」（頁 718）

君王治國、施政如能上法於天、下法於地，自然就能合乎天地之心意，而達到「垂拱而治」的目的。君王能垂拱而治——「無爲而治」，自然政治清明、國家太平。「德君但當垂拱而自治，何有危亡之憂。」（頁 416）而帝王要如何施行「無爲而治」？答案即是「法道」！

卷六十八〈戒六子訣〉：「夫道迺洞，無上無下，無表無裡，守其和氣，名爲神。子近求則大得，遠求則失矣。故古君王善爲政者，以腹中始起，眞能用道，治自得矣。動不失其法度數，萬物自理，近在胸心，散滿四海。古者聖人名爲要道。治樂欲無事，愼無失此。」（頁 258）

卷一五四至一七〇〈利尊上延命法〉：「道成畢生，與天地同域。古者爲之，萬神自得，欲知其效，瑞應自至，凶禍自伏。帝王以治，不用筋力，……故聖人之教，非須革皮揣擊而成，因其自然性立教。帝王所以能安天下者，各因天下之心而安之，故得天下之心矣。」（頁 725～726）又〈七事解迷法〉：「治民乃有大術也。使萬物生，各得其所，能使六極八方遠近懽喜，萬物不失其所。乃當自然，能安八方四遠，行恩不失氂毛。……治身安國致太平，乃當深得其訣，御此者道也。」（頁 729～730）

「道」是天地萬物的根本及運行準則，而眞道、要道更是承順天地之心意。因此君王治國只要「法道」並遵行「眞道」以作爲施政的法則，就可以成爲「無爲而治」的君王。因此《太平經》中所謂的「無爲」，乃是「無違」的意

思。君王治國、施政勿違背天地自然的運行法則，勿違背天下人之心，能夠使「天」、「地」、「人」三者皆歡欣喜悅，就是所謂的「無爲而治」，即「上古所以無爲而治，得道意，得天心意。」（頁 46）

　　君王施行「無爲而治」的基本原則是：「法天順地」、「法道」、「合乎天地人之心意」，而君王「無爲而治」的另外一個條件是提出「師」的地位來。「師」在《太平經》中的定位、職責及功用如下：

　　　卷七十三至八十五〈闕題〉：「師者，迺曉知天地之意，解凡事之結。」
　　（頁 311）

　　　卷九十〈冤流災求奇方訣〉：「古者聖賢皆事明師，以解憂患也。故聖賢悉有師法也。」（頁 346）

　　　卷九十四至九十五〈闕題〉：「夫師，開矇爲道之端。」（頁 403）

　　　卷一〇九〈兩手策字要記〉：「夫師者，乃天地凡事教化之本也。」
　　（頁 517）

　　　卷一一五至一一六〈闕題〉：「天時且吉樂，故生善師，使善言善化。」
　　（頁 651）

　　　卷一三七至一五三〈太平經鈔〉壬部：「師者悉解天下辭，悉乃得稱大師者，所謂能解天下天下文也。故得稱皇帝王君師也。……常誦大師之法，則守其繩墨，然後天心可安，地意可得，四時自順，五行不戰，三光常明，鬼神精氣不害，五官五土各得其所，盜賊不發，帝王垂拱，俱稱萬歲。」（頁 705〜706）

「師」在《太平經》中是定位爲通曉天地之意、天下文辭之人。其職責是：開矇、教化、解析天下凡事之癥結及分析、說明天下之文辭等。而其功用計有：安定天地之心意、調順和諧三光四時五行、解天下人之憂及助帝王垂拱而治等功效。因此，君王「無爲而治」的另外一項意義，即是由「天師」來輔佐帝王治國、施政。換言之，即是君王只是政權的一個象徵而已，眞正推行治理天下之事者，是天師而非帝王。君王不直接統治人民，而是透過天師的輔弼來治理天下之事。即：

　　　卷十八至三十四〈闕題〉：「夫道者，乃無極之經也。前古神人治之，以眞人爲臣，以治其民故民不知上之有天子也，而以道自然無爲自治。其次眞人爲治，以仙人爲臣，不見其民時將知有天子也，聞其

教敕而尊其主也。其次仙人爲治，以道人爲臣，其治學微有刑被法令彰也，而民心動而有畏懼，巧詐將生也。」（頁 25）

卷四十二〈九天消先王災法〉：「其無形委氣之神人，職在理元氣；大神人職在理天；眞人職在理地；仙人職在理四時；大道人職在理五行；聖人職在理陰陽；賢人職在理文書，皆授語；凡民職在理草木五穀；奴婢職在理財貨。……九人各異事，何益於王治乎不也？」「治得天心意，使此九氣合和，九人共心，故能致上皇太平也。……太上皇氣太至，此九人皆來助王者治也。」（頁 88～89）

卷四十五〈起土出書訣〉：「今者天都舉，故乃錄委氣之人神人眞人仙人道人聖人賢人，皆當出輔德君治。」（頁 125）

君王施行「無爲而治」除了需「法天順地」、「法道」、「合乎天地人之心意」這些基本條件外，還必須有「天師」出世輔弼治理，才能實際達成垂拱無爲而治的目的。「夫要言大賢珍道，乃能使帝王安枕而治，大樂而致太平，除去災變，安天下。」（頁 128）及「古者帝王承天意，受師教，力行以除去災害，以稱天心，得延年益命，此之謂也。造之者天，明之者師，行之者帝王，此三事者相須而成。天不出文，師無由得知；師不明文，帝王無從得知治。故天將興帝王，必有奇文出；明師使教帝王縣官，令得延年益壽，是祐帝王之明證也。」（頁 704）此處可以看出，《太平經》中所提出的政治體制是「帝、師並置」型結構。「無爲而治」非君王一人可獨立完成，尚須「天師」出世輔弼治理方能成功！

（二）尊道、重德、行仁與減省刑罰

《太平經》中云：「爲人君上者，當象天而行，乃以道德仁爲行三統。」（頁 712）並總結、歸納了往昔君王的治世情況名爲「五治」，即：「古者上君以道服人，大得天心，其治若神，而不愁者，以眞道服人也；中君以德服人；下君以仁服人；亂君以文服人；凶敗之君將以刑殺傷服人。是以古者上君以道德仁治服人也，不以文刑殺傷服人也。」（頁 32）「五治」中以「道、德、仁」三治爲明君所取法。另外，在助帝王治之十法中亦提及有：「道治」、「德治」、「仁治」三項。（頁 254）

綜合上述可知，明君治國、施政除了應法天順地外，還必須實行「道、德、仁」三治。換言之，「道治」、「德治」、「仁治」三項爲明君的政治倫理

規範！

　　在「道、德、仁」三治中，《太平經》強調必須先「尊道重德」，「古者聖賢深知道重氣平也，故不以和土，但付歸有德。有德知天地心意，故尊道重德。」（頁 129）並且認為君王治國理民應以「道德」為準則，並以此作為施政的依據，即：

　　　卷十八至三十四〈以樂卻災法〉：「君宜守道，臣宜守德，道之與德，若衣之表裏。」（頁 15）又〈安樂王者法〉：「君者當以道德化萬物，令各得其所也。不能變化萬物，不能稱君也。」（頁 20）又〈闕題〉：「帝王居百里之內，其用道德，仁善萬里，百姓蒙其恩。……帝王居內，失其道德，萬里之外，民臣失其職，是皆相去遠萬萬里，其由一也。」（頁 24）

　　　卷六十九〈天讖支干相配法〉：「夫天法，帝王治者常當以道與德。」（頁 263）

　　　卷九十二〈萬二千國始火始氣訣〉：「夫天命帝王治國之法，以有道德為大富，無道德為大貧困。」（頁 373）

　　　卷九十六〈忍辱象天地至誠與神相應大戒〉：「上德之君，命繫天地，當更象天地以道德治。」（頁 425）

在「尊道重德」的前提下，君王應法天順地而以「道德」作為治國與施政的依據與標準。「道德」之所以能成為君王治國的根據，乃是因為「道德」二者分別為天地的本質所派生，具有「生」與「養」的性質。

　　　卷五十六至六十四〈闕題〉：「道者，天也，陽也，主生；德者，地也，陰也，主養。……夫道興者主生，萬物悉生，德興者主養，萬物人民悉養。」（頁 218～219）

　　　卷六十五〈興衰由人訣〉：「道者主生，故物悉生於東方。德者主養，故物悉養於南方。天之格法，凡物悉歸道德。」（頁 231）

　　　卷六十九〈天讖支干相配法〉：「故東方為道，道者主生；南方為德，德者主養，故南方主養也。」（頁 263）

　　　卷七十三至八十五〈闕題〉：「天者好生道，故為天經；積德者地經，地者好養，故為地經。……道者，天經也。天者好生，道亦好生，

故爲天經。修積德者，地經也。地者好養，德亦好養，故爲地經。」
（頁 307～308）

卷九十六〈忍辱象天地至誠與神相應大戒〉：「天者純爲道，地者純
爲德，……象於天行，當有眞道而好生；象地，當有善德而好養長。」
（頁 424）

「道德」爲天地的本質所派生，「天者，乃道之眞，道之綱，道之信，道之所
因緣而行也。地者，乃德之長，德之紀，德之所因緣而止也。」（頁 423）因
此與天地一樣具有生養、化育的性質。而在此一性質下，君王如果治國爲政
能施行「道德」，便會有以下的功效產生：

卷六十九〈天讖支干相配法〉：「國有道與德，而君臣賢明，則民從
也。國無道德，則民叛也。」（頁 264）

卷七十三至八十五〈闕題〉：「帝王行道德興盛，日大明，……天下
安寧，瑞應出，大光遠。搖觀天象，風雨時善，夷狄歸心，災害自
消。」（頁 303）

卷九十二〈萬二千國始火始氣訣〉：「要道與德絕，人死亡，天地亦
亂毀矣。……故道德連之使同命。是故天地睹人有道德爲善，則大
喜；見人爲惡，則大怒忿忿。」（頁 374）

卷九十七〈妒道不傳處士助化訣〉：「今要道善德出之以教化，小人
得之守道德，更相倣學，不敢爲非。其中小賢得善道德，可爲良順
之吏。其中大賢，可上爲國家輔。其中最下極無知者，猶爲善人。」
（頁 430）又「夫要道祕德，乃所以承天心而順地意，可以長安國
家，使帝王樂者也。」（頁 433）

君王以「道德」治國，上可和順天地之心意而使四時、五行和諧、風調雨順、
瑞應並出；中可使政治清明、臣吏良順；下可使夷狄歸心、人民善化易治。
簡言之，施行「道德」可使：天地悅喜、國家長安、帝王長樂。「眞道要德」
之所以會有上述的功效，乃是因爲「道德」是天地萬物的本質，天地萬物皆
因有道德的存在而運行、生長。「故自天地四時五行日月星宿，共以眞道要德
養萬二千物，下及六畜糞土草，皆被服其祕道要德而以得生長。」（頁 432）

《太平經》認爲「道」是天心，「德」是地意，「仁」是人意。而三者的
關係是：「道爲首，德爲腹，仁爲足而行之。」（頁 698）因此「仁」是「道德」

二者的載體。作爲人意的「仁」，也貫徹了天心、地意。換言之，天心、地意是通過「仁」而實現的。「仁」也就是天心、地意、人意三位一體的精神體現。因而《太平經》將「仁」作爲「道德」的實踐，把它視爲人之與禽獸相異之處。「夫不仁之人，乃與禽獸同路，人之與禽獸同心，愈於死少耳。」（頁 158）及「不仁之人，言即逆於凡事，傷人心，不合天意，反與禽獸相似，故古者聖賢不與其同路也。」（頁 159）

那麼，《太平經》中「仁」的定義爲何？

> 卷三十五〈分別貧富法〉：「人者當用心仁，而愛育似於天地，故稱仁也。」（頁 32）

> 卷四十九〈急學眞法〉：「仁者，乃能恩愛，無不包及。」（頁 157）

> 卷一一九〈道祐三人訣〉：「仁者主用心故愛」（頁 682）

可以看出，所謂「仁」，《太平經》中將其解釋爲「愛」。「愛」是「道德」的具體表現，更是天心、地意的顯現。人只要心存「道德」，並以愛心將其推行、實踐，就是所謂「仁」。當人實行「仁」時，就是天心、地意、人意三位一體的總體表現——「愛」。因此，《太平經》強調君王治國、理民當合「道、德、仁」三統以爲治。

> 卷三十五〈分別貧富法〉：「力行眞道者，迺天生神助其化，故天神善物備足也。行德者，地之陽養神出，輔助其治，故半富也。行仁者，中和仁神出助其治，故小富也。」（頁 31）又「道者，乃天所案行也。天者最神，故眞神出助其化也。地者養，故德神出助其化也。人者仁也，故仁神出助其化也。」（頁 32）

> 卷一三七至一五三〈太平經鈔〉壬部：「生者，道也；養者，德也；成者，仁也。一物不生，一道閉不通；一物不養，一德不修治；一德（物）不成，一仁不行；欲自知有道德與仁否，觀物可自知矣。……故理之第一善者，莫若樂生，其次善者樂養，其次善者樂施。故生者象天，養者象地，施者象仁。此三者，天地人之大綱也。」（頁 704）又「爲人君上者，當象天而行，乃以道德仁爲行三統。……故古聖王之理者，一曰常生，二曰常養，三曰常施。……以此分別，第一之君純生，第二之君純養，第三之君純施，……生者延年國昌，養者增算，施者無過。」（頁 712～713）又「王者御天道，以民臣

爲股肱；爲御不良，則亂其道矣。古者聖人將御天道，索道德仁賢
明共御之，乃居安也。……夫理眞道者，但有生心；理眞德者，但
有養心；理仁者，但有施心。非此三統道德仁，非謂太平之君矣。」
（頁 714～715）

當君王施行「道德仁」三統以治國時，就會產生「生」（生化）、「養」（養育）、
「施」（施成）的功效，並進而達到治國太平。因此，《太平經》認爲君王治
國、施政當以「道德仁」三統爲依據，而反對所謂的「刑罰之治」。

卷三十五〈分別貧富法〉：「古者上君以道德仁治服人也，不以文刑
殺傷服人也。」（頁 32）

卷四十七〈服人以道不以威訣〉：「古者聖賢，乃貴用道與德，仁愛
利勝人也，不貴以嚴畏刑罰，驚駭而勝服人也。」（頁 144）

卷四十九〈急學眞法〉：「夫道者，乃與皇天同骨法血脈，故天道疾
惡好殺，故與天爲重怨；地者與德同骨法血脈，故惡人傷害，與地
爲大咎；夫仁與聖賢同骨法血脈，故聖賢好施仁而惡奪，故與聖人
仁爲大仇。是故昔者聖賢，深知此爲三統所案行，故其制法，不敢
違離眞道與德仁也。」（頁 166）

《太平經》之所以反對「刑罰之治」的原因，第一個根據是「天性上道德而
下刑罰」：

卷三十五〈分別貧富法〉：「天迺好生不傷也。」（頁 32）

卷五十〈生物方訣〉：「夫天道惡殺而好生。」（頁 174）

卷六十五〈興衰由人訣〉：「天性上道德而下刑罰。」（頁 231）

卷九十三〈方藥厭固相治訣〉：「古者聖王知天法象格明，故不敢妄
用刑也，乃深思遠慮之極也。」（頁 385）

這是將神學與宇宙論中之「天」，作爲反對「刑罰之治」的根據。而第二個根
據，即是宇宙論中的「陰陽」。《太平經》認爲：「陽」爲道、好生、主生氣；
「陰」爲刑、好殺、主死氣。

卷十八至三十四〈錄身正神法〉：「陽者好生，陰者好殺。陽者爲道，
陰者爲刑。」（頁 12）

卷四十四〈案書明刑德法〉：「德者與天并力同心，故陽出亦出，陽

入亦入；刑與地并力同心，故陰出亦出，陰入亦入。德者與生氣同
力，故生氣出亦出，入亦入；刑與殺氣同力，故殺氣出亦出，入亦
入。」（頁110）

此外，在卷四十四〈案書明刑德法〉中，《太平經》亦提出君王施政、刑賞之
依據，其中對於「刑」、「德」兩者的陳述是利用「乾」、「坤」兩卦六爻配十
二月月氣，並用「室中」、「明堂」、「庭」、「門」、「外道巷」、「六遠八境」、「四
遠野」共七個分布處所，來比喻「刑」、「德」兩者之初起、上升、移進、對
等、延伸、擴散、終極的不同情形；更進而述說「陽進陰退——德升刑降」
與「陰進陽退——刑升德降」的態勢與過程。

卷四十四〈案書明刑德法〉：「夫刑德者，天地陰陽神治之明效也，
為萬物人民之法度。」（頁105）又「觀天地陰陽之大部也，從春分
到秋分，德居外，萬物莫不出歸王外，蟄蟲出穴，人民出室。從秋
分到春分，德在內，萬物莫不歸王內，蟄藏之物悉入穴，人民入室；
是以德治之明效也。從春分到秋分，刑在內治，萬物皆從出至外，
內空，寂然獨居。從秋分到春分，刑居外治外，無物無氣，空無士
眾，悉入從德；是者明刑不可以治之證也。故德者與天并心同力，
故陽出亦出，陽入亦入；刑者與地并心同力，故陰出亦出，陰入亦
入。……故古者聖人獨深思慮，觀天地陰陽所為，以為師法。」（頁
110～111）

「刑」，指陰氣克殺萬物的屬性與功能；「德」，指陽氣化生萬物的屬性與功能。
在卷四十四〈案書明刑德法〉中，對於「刑」、「德」兩者的陳述是利用「乾」、
「坤」兩卦六爻配十二月月氣，並用「室中」、「明堂」、「庭」、「門」、「外道
巷」、「六遠八境」、「四遠野」共七個分布處所，來比喻「刑」、「德」兩者之
初起、上升、移進、對等、延伸、擴散、終極的不同情形；更進而述說「陽
進陰退——德升刑降」與「陰進陽退——刑升德降」的態勢與過程（見於：《太
平經合校》，頁105～110）。最後歸納出：「從春分到秋分，德居外」，德居外，
指陽氣由「門」→「外道巷」→「六遠八境」→「四遠野」→「六遠八境」
→「外道巷」→「門」的順序流轉；「從秋分到春分，德在內」，德在內，指
陽氣由「門」→「庭」→「明堂」→「室中」→「明堂」→「庭」→「門」
的順序流轉；「從春分到秋分，刑在內治，」刑內治，指陰氣由「門」→「庭」
→「明堂」→「室中」→「明堂」→「庭」→「門」的順序流轉；「從秋分到

春分，刑居外治外」，刑居外治外，指陰氣由「門」→「外道巷」→「六遠八境」→「四遠野」→「六遠八境」→「外道巷」→「門」的順序流轉。〔註9〕

隨著「八卦方位圖」上十二月和地支的運行與乾、坤兩卦六爻上的升降，「德」隨陽氣，符合春生、夏長、秋冬入室的人民生活習慣，所以合於天法，因此君王爲政用「德」不用「刑」。以上說法，將十二月、十二支、乾卦六爻、坤卦六爻與「刑」、「德」相配的情形，見於第五章中之列表（頁199）！

《太平經》透過了神學與宇宙論中之「天」與「陰陽」這兩個範疇——「天性上道德而下刑罰」及「陽德陰刑」，來勸說君王不要實行「刑罰之治」。但這並表示君王治國、施政只能重道德而不能刑罰，它主要是說明在「重德輕刑」的前提下，君王治國盡量以「尊道、重德、行仁」爲基本原則，如果要施行「刑罰」時要十分愼重、判刑要適當，盡量避免加重刑罰與擴大波及無辜。在卷四十〈樂生得天心法〉中，談到「凡人之行，君王之治，何者最善」的問題時，其中列有八個等次：前三等爲「樂生」、「樂成」、「仁施」，是屬於「道、德、仁」的層次；後五等則屬於法治與用刑的層次。後五等寫道：

> 其次莫若善爲設法，不欲樂害，但懼而置之，迺可也。其次人有過莫善於治，而不陷於罪，迺可也。其次人既陷罪也，心不欲深害之，迺可也。其次人有過觸死，事不可奈何，能不使及其家與比伍，迺可也。其次罪過及家比伍也，願指有罪者，愼毋盡滅煞人種類，迺可也。……是以聖人治，常思太平，令刑格而不用也。（頁80）

這段話表明，《太平經》冀求君王實行以「德治」爲主、「刑治」爲輔之「重德輕刑」的政治措施，反對濫用刑罰，罪及無辜，甚至株連九族、滿門抄斬、滅絕人種的大屠殺行爲。因此，《太平經》希望君王能依法判刑，勿羅織人罪。「不爲制作重刑死法，……今天下之事，各以其罪罪之爲平也。」（頁515）「君國子民，當爲教道，導其善惡，務得情實。無天（夭）人命，絕人世類，刑從其刑，數見賢智，以爲首尾。」（頁568）及「比若明王考人過責，非肯即殺之也。猶當隨其罪大小詣獄，大罪大獄，小罪小獄治之，使其人服，自

〔註9〕在卷四十四〈案書明刑德法〉中，對於「刑」、「德」兩者與「乾」、「坤」兩卦六爻配十二月月氣及「室中」、「明堂」、「庭」、「門」、「外道巷」、「六遠八境」、「四遠野」共七個分布處所的配對情形，見於：(1)楊寄林《太平經》釋讀》（收載於：吳楓主編，《中華道學通典》，海口：南海出版公司，1994年4月第一版，頁320～324）；(2)羅熾主編《太平經注譯・上》（重慶：西南師範大學出版社，1996年8月第一版，頁184～191）。

知乃死，不恨而無言也。如不窮其辭語，會自言冤，懷恨而死。」（頁663）

緊接著，《太平經》陳述君王施行「刑罰之治」的缺點與後果，「故以刑治者，外恭謹而內叛，故士眾日少也。」（頁106）「刑不可輕妄用，傷一正氣，天氣亂；傷一順氣，地氣逆；傷一儒氣，眾儒亡；傷一賢，眾賢藏。凡事皆有所動搖。」（頁109）「復枉急其刑罰，災日多，天不悅喜。」（頁376）及「故好用刑罰者，其國常亂危而毀也。」（頁406）君王施行「刑罰之治」，除了對治亂上有影響外，並且對人君的「壽命」長短同樣產生影響，「故得天下之歡心，其治日興太平，無有刑，無窮物，無冤民。天地中和，盡得相通也。故能致壽上皇，所以壽多者，無刑不傷，多傷者迺還傷人身。故上古者聖賢不肯好為刑也，中古半用刑，故壽半，下古多用刑，故壽獨少也。」（頁206）而君王之所以用刑「不得壽」，乃是因為「刑者其惡迺干天，逆陰陽，畜積為惡氣，還傷人。」（頁206）及「好用刑迺與陰氣并，陰者殺，故不得大壽。」（頁207）此處可以看出，君王「治國」（治亂）與「治身」（壽命）之間的關係。

因此，《太平經》以上古聖賢德君為楷模，形容上古太平社會「用德不用刑」的美好景象：

> 卷四十七〈服人以道不以威訣〉：「古者三皇上聖人勝人，乃以至道與德治人；勝人者，不以嚴畏智詐也。」（頁143）又「古者聖賢，乃貴用道與德，仁愛利勝人也，不貴以嚴畏刑罰，驚駭而勝服人也。」（頁144）

> 卷九十三〈方藥厭固相治訣〉：「古者聖王知天法象格明，故不敢妄用刑也，乃深思遠慮之極也。故其治常平，不用筋力，而得天心者，以其重慎之也。」（頁385）

上古聖賢、德君用道德仁愛「勝服人」，不亂用刑罰，所以政治、社會清明太平。但自中古以來，特別是下古社會，霸道大興，好用刑罰，因此出現吏民難治，社會動亂的局面：「上古有道德之君，不用嚴畏智詐治民也；中古設象，而不敢用也；下古小用嚴畏智詐刑罰治民，而小亂也。夫下愚之將，霸道大興，以威嚴與刑罰畏其士眾，故吏民數反也。」（頁143）

因而，《太平經》希望君王能以「道德之治」代替「刑罰之治」，「守道德，畏退刑罰」（頁110）、「教導之以道與德，乃當使有知自重自惜自愛自治。」（頁164）及「守其道德禮義，則刑罰不起矣；失其道德禮義，則刑罰興起矣。」

（頁 374）

（三）以民為本、守三急與杜絕浮華──反對殘殺女嬰、厚葬及大 興土木與主張禁酒

《太平經》希望君王治國能「尊道、重德、行仁」與減省刑罰。與「道、德、仁」之治相聯繫，則要求明君應該實行「以民為本」的政策。因為《太平經》中云：

> 卷四十八〈三合相通訣〉：「君少民，迺衣食不足，令常用心愁苦。故治國之道，迺以民為本也。無民，君與臣無可治，無可理也。是故古者大聖賢共治事，但旦夕專以民為大急，憂其民也。」（頁 151）

> 卷六十九〈天讖支干相配法〉：「民者，職當主為國家王侯治生。」（頁 264）

君王施政當以民為本，乃是因為「人民」是君王衣食的供應者，君王失去了人民將會「衣食不足」；再者，假使沒有人民，君王連統治的對象都沒有，如何談得上治理國家？所以《太平經》強調明君施政當「以民為本」。與以民為本思想相聯繫，《太平經》進一步主張「以多民為富」。

> 卷六十九〈天讖支干相配法〉：「治國之大要，以多民為富，少民為大貧窮。」（頁 264）

多民可以生產財富，以供給君王，故君王富。少民則生產力減弱，以致於君王因而大貧困。〔註10〕

針對「貴民」、「多民」的主張，《太平經》提出「反對殘殺女嬰」的訴求。

> 卷三十五〈分別貧富法〉：「今天下失道以來，多賤女子，而反賊殺之，令使女子少於男，故使陰氣絕，不與天地法相應。天道法，孤陽無雙，致枯，令天不時雨。女者應地，獨見賤，天下共賤其真母，

〔註10〕根據梁方仲編著的《中國歷代戶口、田地、田賦統計》一書中〈甲表5‧後漢各朝戶口數、每戶平均口數及戶數的升降百分比〉指出：漢順帝永和五年全國的總人口數為 49,150,220、建康元年為 49,730,550、沖帝永嘉元年減為 49,524,183、質帝本初元年減為 47,566,772。以及〈甲表 8‧後漢永和五年各郡國人口密度〉中可看出漢順帝永和五年每平方公里人口數最多為225.9，最少為 0.1（上海人民出版社，1985 年 2 月，頁 20～21、26～27）。上述的資料可看出東漢中晚期，由於不斷的天災與戰爭，使人口大量銳減，土地大量荒廢；特別是東漢末年，人民顛沛流離，不能安居樂業，有地無人可耕種，因而產生經濟蕭條，民生凋敝的情形。

共賊害殺地氣，令使地氣絕也不生，地大怒不悦，災害益多，使王治不得平。何也？天男者，乃天之精神也。女者，乃地之精神也。物以類相感動，王治不平，本非獨王者之過也。迺凡人失道輕事，共爲非，其得過非一也，乃萬端；故使治難平乖錯也。天地之性，萬二千物，人命最重，此賊殺女，深亂王者之治，大咎在此也。」（頁34）又「今天下一家殺一女，天下幾億家哉？或有一家乃殺十數女者，或有妊之未生出，反就傷之者，其氣冤結上動天，奈何無道理乎？……大中古以來，人失天道意，多賊殺之，迺反使男多而女少不足也。大反天道，……夫男者迺承天統，女者承地統；今迺斷絕地統，令使不得復相傳生，其後多出絕滅無後世，其罪何重也！」（頁26）

此處按照「陰陽相須」、「孤陽不生」和「天人一體」的天地之法及最重人命的「天地之性」，說明殘殺婦女、女嬰和女胎，將導致陰氣絕滅。陰氣絕滅，將使地氣滅絕不生；地氣絕不生，地將因此大怒不悦而造成災害日多，並使王治不太平，即：「賊殺女，深亂王者之治」。緊接著，《太平經》陳述當時人民殘殺婦女、女嬰和女胎的原因及解決方法。

卷三十五〈分別貧富法〉：「然天下所以殺女者，凡人少小之時，父母自愁苦，絕其衣食共養之。非獨人也，跂行亦皆然。至於老長巨細，當各隨其力而求衣食，故萬物尚皆去其父母而自衣食也。賢者得樂，不肖得苦。又子者年少，力日強有餘。父母者日衰老，力日少不足也。夫子何男何女，智賢力有餘者，尚乃當還報復其父母功恩而供養之也。故父母不當隨衣食之也。是者名爲弱養強，不足筋力養有餘也，名爲逆政。少者還愁苦老者，無益其父母，父母故多殺之也。今但爲乏衣食而殺傷之，孰若養活之者，而使各自衣食乎？」（頁34～35）

當時人民殘殺婦女、女嬰和女胎的原因，乃是婦女在當時社會並沒有謀生的能力，其衣食皆由父母或夫家所提供。因此，爲了生存與經濟上的因素，殘殺女嬰與女胎便成爲當時社會的習俗。針對上述的問題，《太平經》提出的解決之道是：「女之就夫家，迺當相與併力同心治生，乃共傳天地統，到死尚復骨肉同處，當相與併力，而因得衣食之。」（頁35）又「欲樂思人不復殺傷女者，取訣於各居其處，隨其力衣食，勿使還愁苦父母而反逆也。」（頁512）

　　除此之外，又提出「二女共事一男」的對治方法：「且應天地之法也，一男者得二女也。故天制法，陽數者奇，陰數者偶。」（頁 36）又「陰陽所以多隔絕者，本由男女不和。男女者，乃陰陽之本也。夫治事乃失其本，安得吉哉？……太皇天上平氣將到，當純法天。故令一男者當得二女，以象陰陽。陽數奇，陰數偶也。迺太和之氣到也。如大多女，則陰氣興；如大多男，則陽氣無雙無法，亦致凶。……今太平氣至，不可貴貞人也，……凡人亦不可過節度也，故使一男二女也。」（頁 38）

　　「以民為本」的治國之道，專以民為大急。《太平經》認為民之大急有三，即：「飲食」、「男女」、「衣服」。這三件事被稱為「三急」或「三實」，是人民生活中最急迫的問題，也是人類生存之必須與基本要素。卷三十六〈守三實法〉中云：「天下大急有二，小急有一，……不飲不食便死，是一大急。……如男女不相得，便絕無後世。天下無人，何有夫婦父子君臣師弟子乎？以何相生而相治哉？天地之間無牝牡，以何相傳，寂然便空，二大急也。天道有寒熱，不自障隱，半傷殺人。故天為生萬物，可以衣之；不衣，但穴處隱同活耳，愁半傷不盡滅亡也，此名為半急也。」（頁 43～44）

　　吃飯、穿衣為維持人的生存，男女相得延續子孫後代是當世急務。正因為如此，飲食、男女、衣服三件事是人類生存與延續中最重要及最急迫的問題，所以君王治國理民，當以解決此三事為首務，《太平經》稱為「守三急」或「守三實」，卷三十六〈守三實法〉中云：「上古所以無為而治，得道意，得天心意者，以其守本不失三急。」（頁 46）又「守三實平氣來邪偽去奸猾絕」（頁 46）〈三急吉凶法〉中說：「古者聖人守三實，治致太平，得天心而長吉，竟天年。」（頁 48）又「萬物守本，得三急而吉，失三急而有害。」（頁 48）

　　君王治國之道，當「守三急」。因此，《太平經》強調天下事雖萬端，但真正迫切亟需之事唯有飲食、男女、衣服三項，其餘之事項皆為不急之事。所以《太平經》主張君王治國應當「抑絕浮華」，即抑制乃至杜絕奢侈、浮華之事。「天下大急有二，小急有一，其餘悉不急，反厭人耳目，當前善而長，為人召禍。」（頁 43）「過此三者，其餘奇偽之物不必須之而活，傳類相生也。反多以致偽姦，使治不平，皇氣不得至，天道乖錯，為君子重憂，六情所好，人人嬉之，而不自禁止，意轉樂之，因以致禍，君子失其政令，小人盜劫刺，皆由此不急之物為召之也。天下貧困愁苦，災變連起，下極欺其上，皆以此為大害。」（頁 44～45）又「日就浮華，因而愁苦，不竟天年。復使後生趨走

不止，山川爲空竭，元氣斷絕，地氣衰弱，生養萬物不成，天災變改，生民稍耗，姦僞復生。不急之物，爲害若此。而欲悅耳目之娛，而不悟深深巨害矣。」（頁46）

這就是說，「不急之物」對人民之生存及人類之延續皆無實際必要，反而對於國家人民皆有所危害，故當加以抑制，進而禁絕之。據此，《太平經》提出「反對厚葬」、「反對大興土木」與「主張禁酒」等訴求，因爲在《太平經》看來，這些事項無疑皆爲不急之物與奇僞之事。

在「反對厚葬」方面，東漢時期厚葬的風俗，原本就是一個相當嚴重的社會問題。安帝永初元年詔曰：「三公明申舊令，禁奢侈，無作浮巧之物，殫財厚葬。」（《後漢書》卷五〈安帝紀〉，北京：中華書局，1997年第一版，頁72）又元初五年詔曰：「比年雖獲豐穰，尚乏儲積，而小人無慮，不圖久長，嫁娶送終，紛華靡麗，至有走卒奴隸被綺縠，著珠璣。京師尚若斯，何以示四遠？」（同上，頁77）而王符在《潛夫論・浮侈》中亦對東漢時期「重喪熾祀」的情形，作過陳述：「今京師貴戚，郡縣豪家，生不極養，死乃崇喪。或至刻金鏤玉，木需梓楩柟，良田造塋，黃壤致藏，多埋珍寶偶人車馬，造起大冢，廣種松柏，廬舍祠堂，崇侈上僭。寵臣貴戚，州郡世家，每有喪葬，都官屬縣，各當遣吏齎奉，車馬帷帳，貸假待客之具，競爲華觀。此無益於奉終，無增於孝行，但作煩擾擾，傷害吏民。」（《潛夫論箋校正》，北京：中華書局，1997年10月，頁137）

針對當時「重喪熾祀」的厚葬情形，《太平經》批評其爲「竭資財爲送終之具」與「事鬼神而害生民」：

> 卷三十六〈事死不得過生法〉：「上古之人理喪，但心至而已，送終不過生時，人心純朴，少疾病。中古理漸失法度，流就浮華，竭資財爲送終之具，而盛於祭祀，而鬼神益盛，民多疾疫，鬼物爲祟，不可止。下古更熾祀他鬼而興陰，事鬼神而害生民，臣秉君權，女子專家，兵革暴起，奸邪成黨，諂諛日興，政令日廢，君道不行，此皆興陰過陽，天道所惡，致此災咎，可不愼哉？」（頁52～53）

除此之外，還斥責那些無故埋藏財物與爲自己修築陵墓的人：「無故埋逃此財物，使國家貧，少財用，不能救全其民命；使有德之君，其治空虛。」（頁248）及「爭置死地名爲塚，修之治之以待死，預作死約及凶服，求死得死，有何可冤哉？」（頁341）

　　因此，《太平經》要求人們「其葬送，其衣物，所齎持治喪，不當過生時。」
（頁 51）並提出反對厚葬的理論依據：

> 卷三十六〈事死不得過生法〉：「人生象天屬天，人卒象地屬地。天，
> 父也。地，母也。事母不得過父。生，陽也。卒，陰也。事陰不得
> 過陽。陽，君道也。陰，臣道也。事臣不得過於君。事陰過陽，即
> 致陰陽氣逆而生災。事小過大，即致政逆而禍大。陰氣勝陽，下欺
> 上，鬼神邪物大興，而晝行人道，疾疫不絕，而陽氣不通。君道衰，
> 臣道強盛。是以古之有道帝王，興陽爲至，降陰爲事。夫日，陽也。
> 夜，陰也。日長即夜短，夜長即日短。日盛即生人盛，夜盛即鬼神
> 盛。夫人以日俱，鬼以星俱。日，陽也。星，陰也。故日見即星逃，
> 星見即日入。故陰勝則鬼神爲害，與陰所致，爲害如此也（頁 50～
> 51）。又「天道制法也，陰職常當弱於陽。比若臣當弱於其君也，迺
> 後臣事君順之；子弱於其父母，迺子事父母致孝也。如強不可動移
> 者，爲害甚深劇。故孝子雖恩愛，不能忘其親者，事之不得過生時
> 也。……子欲事死過於生，迺得過於天，是何乎？迺爲不敬其陽，
> 反敬其陰，名爲背上向下，故有過於天也。」（頁 51）又「陰強陽
> 弱，厭生人，臣下欺上，子欺父，王治爲其不平，而民不覺悟，故
> 邪日甚劇，不復拘制也。……夫天道，當興陽也而衰陰，則致順，
> 令反興陰而厭衰陽，故爲逆也。反爲敬凶事，致凶氣，令使治亂失
> 其政位，此非小過也。」（頁 52）

> 卷四十九〈急學眞法〉：「治死喪過生，生乃屬天也，死乃屬地也，
> 事地反過其天，是大害也。」（頁 164）

此處所謂「事死」，指爲去世的雙親治喪及守孝而言。「過生」，指治喪及守孝
所投入的人力、物力、財力、心力和精力，遠遠超過生前事奉父母的實際程
度。將人之生，定爲「陽」；以人之死，定爲「陰」。《太平經》認爲「事死過
生」，將造成「陰強陽弱」、「敬陰欺陽」、「興陰衰陽」等現象，如此將招致凶
氣、逆氣，造成奸鬼物大興，而傷害生人，進而產生「子欺父」、「臣欺君」、
「王治不平」等社會、政治上的動亂，所以《太平經》極力的反對「事死過
生」。由此可知，《太平經》反對厚葬的理由，乃是結合了神學與宇宙論中的
「陰陽」學說來立論的。

　　除了反對厚葬外，《太平經》對於穿鑿土地太深之「大興土木」亦提出

反對。

> 卷四十五〈起土出書訣〉:「天者養人命,地者養人形。……以地爲
> 母,得衣食養育,不共愛利之,反賊害之。人甚無狀,不用道理,
> 穿鑿地,大興土功,其深者下及黃泉,淺者數丈。獨母愁患諸子大
> 不謹孝,常苦忿忿悒悒,而無從得道其言。……母復怒,不養萬物。」
> (頁 115)又「今有一家有興功起土,數家被其疾,或得死亡,或
> 致盜賊縣官,或致兵革鬥訟,或致蛇蜂虎狼惡禽害人。大起土有大
> 凶惡,小起土有小凶惡,是即地忿忿,使神靈生此災也。」(頁 116)
> 又「穿地皆下得水,水乃地之血脈也。今穿子身,得其血脈,寧疾
> 不邪?今是一億井者,廣從凡幾何里?……今天下大屋丘陵冢,及
> 穿鑿山阜,采取金石,陶瓦豎柱,妄掘鑿溝瀆,或閉塞壅淤,當通
> 而不得通有幾何乎?今是水泉,或當流,或當通,又言閉塞穿鑿之
> 幾何也?今水泉當通,利之乃宣,因天地之利瀆,以高就下。今或
> 有不然,妄鑿地形,皆爲瘡瘍;或有塞絕,當通不通。王治不和,
> 地大病之,無肯言其爲疾病痛者。地之精神,上天告愬不通,日無
> 止也。天地因而俱不說喜,是以太和純氣難致也。」(頁 119)又「穿
> 地見泉,地之血也;見石,地之骨也;土,地之肉也。取血、破骨、
> 穿肉,復投瓦石堅木於地中,爲瘡。地者,萬物之母也,而患省若
> 此,豈得安乎?……凡鑿地動土,入地不過三尺爲法;一尺者,陽
> 所照,氣屬天也;二尺者,物所生,氣屬中和也;三尺者及地身,
> 氣爲陰。過此而下者,傷地形,皆爲凶也。古者依山谷巖穴,不興
> 梁柱,所以其人少病也,後世賊土過多,故多病也。」(頁 121)

以「陰陽」來解釋爲何不可以「大興土木」、「鑿地動土」的原因。更以地爲
「人之母」,「泉」、「石」兩者分別爲母之血、母之骨,如果人鑿地太深(三
尺以下),就會傷母之血與骨,而使母病愁苦。母病愁苦,身爲地之子的人,
自然因此多病而不壽。「天不惡人有廬室也,乃惡人穿鑿地太深,皆爲創傷,
或得地骨,或得地血者,泉是地之血,石爲地之骨也。地是人之母,妄鑿其
母,母既病愁苦,所以人固多病不壽也。」(卷四十五〈起土出書訣〉,頁
121)

此外,《太平經》亦提出「主張斷酒」的訴求。它認爲酒對人有百弊而無
一利,「推酒之害萬端,不可勝記。」(頁 214)緊接著《太平經》將酒的害處

歸納爲三點：其一，飲酒傷人，「凡一人飲酒令醉，狂脈便作，買賣失職，更相鬥死，或傷賊；或早到市，反宜乃歸；或爲奸人所得，或緣高墜，或爲車馬所剋賊。」（頁214）其二，浪費五穀糧食，「念四海之內，有幾何市，一月之間，消五穀數億萬斗斛。」（頁214）其三，危害君王治國，「從太古以降，中古以來，人君好縱酒者，皆不能太平，其治反亂，其官職多戰鬥，而致盜賊，是明效也。」（頁269）

綜合上述，酒的害處計有：「無故殺傷人，日日有之，或孤獨因以絕嗣，或結怨父母置害，或流災子孫。縣官長吏，不得推理，叩胸呼天，感動皇零，使陰陽四時五行之氣乖錯，復旱上皇太平之君之治，令太和氣逆行。蓋無故發民令作酒，損廢五穀，復致如此之禍患。」（頁214～215）

《太平經》主張斷酒的原因是：(1)反對君王無故發民令作酒，大量損廢五穀糧食；(2)君王長吏縱酒，將使國家政治混亂，人民受其冤苦；(3)平民酒醉發狂，將會滋生事端，使國家社會治安敗壞。除此之外，《太平經》又結合了神學與宇宙論中的「陰陽」、「五行」學說，來主張斷酒。

卷五十六至六十四〈闕題〉：「天下興作善酒以相飲，市道尤極，名爲水令火行，爲傷於陽化。……水，太陰也，民也，反使興王，傷損陽精，爲害深矣。」（頁214～215）

卷六十九〈天讖支干相配法〉：「天之讖格法，太陽雖爲君者，反大畏太陰，水之行也。水之甘良者，酒也。酒者，水之王也，長也，漿飲之最善者也，氣屬坎位，在夜主偷盜賊。故從酒名爲好縱，水之王長也，水王則衰太陽。眞人欲樂知天讖之審實也，……是故太平德君方治，火精當明，不宜從太陰，令使水德王，以厭害其治也，故當斷酒也。」（頁268～269）又「酒者，水之王。水王當剋火。火者，君德也，急斷酒以全火德。」（頁269）又「夫水者，北方玄武之行也，故貪，數劫奪人財物。夫市亦五方流聚而相貫利，致盜賊狡猾之屬，皆起於市，以水主坎。天之法，以類遙相應，故市迺爲水行。縱其酒，大與之，復名爲水王。市人亦得酒而喜王，名爲二水重王。其咎六。厭衰太陽之火氣，使君治衰，反致訞臣。」（頁269）又「天之讖也，縱酒者，水之類也。市者水行，大聚人王處也，而縱酒於市，名爲水酒大王。水王則火少氣，火少氣則化成灰，化成灰則變成土，便名爲火，付氣於土也。土得王起地，與金水屬西

北。太陰屬於民，臣反得王。後生訞臣，巳氣復得作，後宮犯事，

復動而起，其災致偷，盜賊無解時。各在縱水，令傷陽德。」（頁

270）

「水令火行」，水指五行中的水行。這裏將「酒」定義爲水之王，氣屬太陰，
爲臣民。而火行，代表太陽之氣，象徵君王。因爲東漢盛行漢爲火德說，而
按照五行相克的順序，水克火，所以這裏將縱酒名爲「水令火行」，水令火行
有傷陽化。而如果「縱酒」，將使陰氣大盛、臣民大興。陰氣大盛、臣民大興
將使陽氣衰弱而王治不太平。因此，《太平經》認爲如果希望君王治國太平，
火大行，就應該「斷酒」，以防水行克火行，而使陰氣勝於陽氣。

　　鑑於上述的原因，《太平經》堅決主張斷酒，並製訂了具體的懲罰措施，
卷五十六至六十四〈闕題〉中云：「但使有德之君，有教敕明令，謂吏民言，
從今已往，敢有市無故飲一斗者，笞三十，謫三日；飲二斗者，笞六十，謫
六日；飲三斗者，笞九十，謫九日。各隨其酒斛爲謫。酒家亦然，皆使修郭
道路官舍，所以謫修郭道路官舍，爲大土功也；土乃勝水，以厭固絕滅，令
水不過度傷陽也。水，太陰也，民也，反使興王，傷損陽精，爲害深矣。修
道路，取興大道，以類相占，漸置太平。」（頁 215）此處可看出根據五行生
剋說中之土行剋水行原理，而提出徭役刑與笞杖刑並用的禁斷措施，來實施
「斷酒」的目的。

（四）知人善任──任用賢能與署置官職

　　東漢中晚期在政治上幼主繼位，外戚、宦官交替擅權，舉官、科考失當，
貴族豪門操縱、把持朝政的弊害日益嚴重。順帝時，左雄揭露當時政治腐敗
的情形，在《後漢書・左周黃列傳》云：「言善不稱德，論功不據實，虛誕者
獲譽，拘撿者離毀。」（《後漢書》卷六十一，北京：中華書局，1997 年，頁
528）而李固在《後漢書・李杜列傳》亦云：「古之進者，有德有命；今之進
者，唯財與力。」（《後漢書》卷六十三，頁 542）及王符也說：「世主之於貴
戚也，愛其孌媚之美，不量其材而授之官，不使立功自託於民，而苟務高其
爵位，崇其賞賜，令結怨於下民。」（《潛夫論箋校正・思賢第八》，北京：中
華書局，1997 年 10 月，頁 85）這些言論是說，當時爲官者，不是憑藉自己
的才德，而是仰賴錢財與勢力，當謀得了官位之後，不是因功勳而晉升，而
是由虛譽而升遷。在《太平經》中，對於當時這種惡劣的政治、社會亂象也
加以反映、揭露：

卷九十二〈火氣正神道訣〉：「邪人多居位，共亂帝王之治。今使正
人不得其處，天地為其邪氣失正。」（頁377～378）

卷九十八〈為道敗成戒〉：「或既得入經道，又用心不專一，常欲妄
語，辯於口辭，以害人為職，不尊重上，不利愛下。其行與經道實
空虛，未足以為帝王之臣，反行守長者。旁人以財貨自助，欲得大
官，以起名譽，因而盜採財利，以公趣私，背上利下，是即亂敗正
治，天地之害，國家之賊也。民之虎狼，父母之惡子也，天地憎之，
鬼神惡之。故其罪泄見者，時時見誅於帝王，以稱天心，以解民之
大害也。是其工欺而得官者也。」（頁442）

此處是說，當時有一種人以經學為獵取功名、利祿的手段，成功的謀得官為
後，並不實在地從事經學研究，卻時常利用職務而胡言亂語，動則以害人為
事。他們的所作所為惡劣、貪穢，既不尊重長上，又不愛利下屬，只是靠他
人的財貨幫助，虛邀名譽；更進而假公濟私，背上害下，盜取公眾財物，敗
壞了政治風氣。這種「工欺而得官」者，行為如此惡劣、荒誕，的確是「民
之虎狼」，因而應該被誅殺，「以解民之大害」。

基於上述的原因，《太平經》提出「知人善任」的重要性。首先，《太平
經》認為任何一個人都有其長短得失處，且其所擁有的知識與才能，皆不是
完整、完備的，都只能「各通達于一面」、「各異其德」，所以每個人的「所作
所為，各異不同」，從來就沒有所謂全知全能者存在。

卷十八至三十四〈解承負訣〉：「初天地開闢，自太聖人各通達于一
面，誠真知之，不復有疑也。故能各作一大業，今後世修之，無有
過誤也。故聖人尚各長于一大業，不能必知天道，故各異其德。比
若天，而況及人乎？天地各長于一，故天長于高而清明，地長于下
而重濁，中和長養萬物也。猶不能兼，而況凡人乎？」（頁23～24）

卷九十一〈拘校三古文法〉：「天地出生凡事，人民聖賢跂行萬物之
屬，各有短長，各有所不及，各有所失。故所為所作，各異不同。」
（頁353）

每個人都各自有其長短得失處這一說法，正是《太平經》提出「知人善任」
這一問題的出發點與理論依據。因此，《太平經》便認為在任用一個人時，首
先就應該了解這個人的長短得失處，宜任其所長，任其所能為之事；而不宜
任其所短，任其所不能為之事。「天地之性，萬物各自有宜。當任其所長，所

能爲，所不能爲者，而不可強也。」（頁 203）既然「知人善任」是有如此的重要性，那麼要如何推行「知人善任」？對此，《太平經》提出一個原則，那即是「因其天性而任之」：

> 卷五十四〈使能無爭訟法〉：「其任之云何乎？」「必各問其能所及，使各自疏記所能爲，所能分解，所能長，因其天性而任之，所治無失者也。」（頁 206）

所謂「因其天性而任之」，是指凡事依其「能所及」、「所能爲」及「所能長」，以其本身所具有的才能任用之。而爲什麼要以其所具有的才能、專長任用？《太平經》的解釋是：

> 卷四十八〈三合相通訣〉：「其仕之云何，各問其才能所長，以筋力所及署其職。何必署其筋力所能及乎？天之事人，各因其能，不因其才能，名爲故冤人，則復爲結氣增災。所以然者，人所不及，雖生之死，猶不能爲也。……今爲人父母君，將署臣子之職，不以其所長，正交殺之，猶不能理其職事，但空亂其官職，愁苦其民耳；官職亂，民臣愁，則復仰呼天，自言冤，上動天，復增災怪。」（頁 152～153）

「不因其才能而任之」，將會危害個人與國家，造成社會、國家嚴重的損失。「故不擇選人而妄事署其職，則名爲愁人而危其國也，則名爲亂治政敗也。」（頁 452）「因其天性而任之」的原則，除了說明在任用、署置官職時當以才能、專長爲主要考量外，還包括了要求在被任用的人發生過失之時，不應該馬上「責而罪之」，而必須對產生這種過失的原因進行具體的分析，看他所任的職事是否是其才能、專長與能力所及。如果確屬任人不當，就應當原諒其過失，唯有如此，才能得天下人之心。反之，如果是屬任人不當，待被任用者犯了過錯後又加以罪責，就會因此失天下人之心，而招致「天下之大敗」。

> 卷五十四〈使能無爭訟法〉：「自古者諸侯太平之君，無有奇神道也，皆因任心能所及，故能致其太平之氣，而無冤結民也。禍亂之將起，皆坐任非其能，作非其事職而重責之，其刑罰雖坐之而死，猶不能理其職務也。災變連起，不可禁止，因以爲亂敗，吉凶安危，正起於此。是以古者將爲帝王選士，皆先問視，試其能。……故治樂欲安國者，審其署置。」（頁 204～205）

> 卷九十六〈守一入室知神戒〉：「夫中古以來，人半愚，以爲選舉爲

小事也，不詳察之，半得非其人，半亂天官，政半凶也。下古復承
負中古輕事，復令自易，不詳察之，選舉多不俱得其人；⋯⋯故天
乃親自謁，遣吾下爲德君，更制作法也。選舉署人官職，不可不審
且詳也。」（頁 418）

如何才算「審其署置」（署置得當）？《太平經》指出必須做到「上至神人，
下至小微賤，凡此九人。神、眞、仙、道、聖、賢、凡民、奴、婢，⋯⋯悉
問其能而仕之，愼無署非其職也，亦無逆去之也。⋯⋯但因據而任之，而各
問其所能長，則無所不治矣。」（頁 417）此處是說，無論是「神、眞、仙、
道、聖、賢」，還是「凡民、奴、婢」，都應該平等對待，在任用時一律以其
自身的才能爲依據來署置，既不能「署非其職」，也不能有才不用而輕易「逆
去」。因此，《太平經》特別強調「選舉」與「任用賢能」的重要。

卷五十〈諸樂古文是非訣〉：「故凡事者，當得其人，若神；不得其
人，若妄言；得其人，事無難易，皆可行矣；不得其人，事無大小，
皆不可爲也。是故古聖賢重舉措求賢，無幽隱，得爲古。得其人則
理，不得其人則亂矣。」（頁 184）

卷一〇九〈兩手策字要記〉：「選舉當得其人，不得其人者，⋯⋯安
有能成功成事哉？」（頁 520）又〈四吉四凶訣〉：「今凡人舉士，以
貢帝王，付國家，得其人幾吉，不得其人幾凶，得其人何所能成，
不得其人，何所能傾，諸眞人自精且對。」「然，得其人有四吉，不
得其人有四凶。得其人，天地六方八遠安；不得其人，天地六方八
遠不安。」「願聞其要意」「然，貢士得其人，上得以理，有成功而
常安，日有益於上，一大吉也。所舉人可任，得成器，二吉也。得
成器，能彰明其師道，恩及其師，三吉也。所舉者信事有效，復令
上信任用之，四吉也。共并力同心，所爲者日有成功，月益彰明，
歲益興盛，天地悦喜，善應悉出，惡物藏去，天地悦則群神喜。守
而不失，上可以度世，中可以平理，下可以全完，竟其天年，舉士
得其人，善如斯矣，天上明此續命之符。」（頁 520～521）

「選舉當得其人」，可得四大吉，又名爲「續命之符」。之所以稱爲「續命之
符」乃是因爲「然所以續命符者，舉士得人，乃危更安，亂更理，敗更成，
凶更吉，死更生。上至於度世，中得理於平，下得竟其天年，全其身形。」（頁
521）「選舉」與「任用賢能」的問題既然如此的重要，因此《太平經》繼而

強調賢才的寶貴，並指出人君應該爲國珍惜、重用「賢才」。

> 卷四十六〈道無價卻夷狄法〉：「故賜國千金，不若與其一要言可以
> 治者也；與國家萬雙璧玉，不若進二大賢也。夫要言大賢珍道，乃
> 能使帝王安枕而治，大樂而致太平，除去災變，安天下，此致大賢
> 要言珍道，價直多少乎哉？故古者聖賢帝王，未嘗貧於財貨也，乃
> 常苦貧於士，愁大賢不至，人民不聚，皆欲外附，日以疏少，以是
> 不稱皇天心，而常愁苦。」（頁 128）

> 卷七十三至八十五〈闕題〉：「古者聖人在位，常力求隱士賢柔，可
> 以共理。」（頁 304）又「古者帝王得賢明乃道興，不敢以下愚不肖
> 爲近輔。」（頁 305）

君王重「選舉」，並珍惜、重用「賢才」，不僅對自身的國家治理有幫助，又
可因而合於天地之心意。但是如果不「重愼署置」，「選舉」、「任臣」不合天
心地意，政治、社會將無法清明太平。

> 卷四十八〈三合相通訣〉：「古聖賢欲得天心，重愼署置，皆得人心，
> 故能稱天心也。」（頁 153）

> 卷五十四〈使能無爭訟法〉：「上古聖帝王將任臣者，謹選其有道有
> 德，不好殺害傷者，非爲民計也，迺自爲身深計也。故得天地心意，
> 舉措如與神俱，此之謂審舉得其人，而得人力之君也。」（頁 207）

> 卷一二〇至一三六〈太平經鈔〉辛部：「帝王將任臣，必詳其選舉，
> 當以天心。列宿合，乃敢任之。日者，君德也。月者，臣德也。若
> 列宿不合，必不能致太平。」（頁 697～698）

此處可看出，《太平經》將君王「任用賢能」與「署置官職」——「知人善任」
的問題，利用「天人一體」、「天人感應」的方式進行陳述，其中神學與宇宙
論的「天」，是其「知人善任」問題所依據的標準與準則。

（五）廣開言路，溝通聲氣——集議、上書與太平來善宅

《太平經》在卷四十三〈大小諫正法〉中強調「人有相諫正，天亦有相
諫正」的問題，意思是說：天地、三光、四時、五行、六方、鬼神精等常以
大小不同的「災異」來表示其對世人，特別是君王的諫正，這就稱作「上革
諫其下」；而臣民有忠善誠信而諫正其君，就稱作爲「下革諫其上」。（見於頁
98～102）

　　君王爲什麼必須接受天地神祇與臣民的諫正？《太平經》的解釋是：「故天地之性，下亦革諫其上，上亦革諫其下，各有所長短，因以相補，然后天道凡萬事，各得其所。是故皇天雖神聖，有所短，不若地之所長，故萬物受命於天，反養體於地。三光所短，不若火所長；三光雖神且明，不能照幽寢之內，火反照其中。大聖所短，不若賢者所長。人之所短，不若萬物之所長。故相諫及下，極小微，則不失道，得天心。故天生凡事，使其時有變革，悉皆以諫正人君，以明至德之符，不可不大愼也。」（頁 102）但是實際上在東漢中晚期時，君王不知民間疾苦，人民有冤情無處可申訴的情形相當嚴重。對此，《太平經》揭露說：

　　卷四十三〈大小諫正法〉：「臣有忠善誠信而諫正其上也，君不聽用，反欲害之，臣駭因結舌爲瘖，六方閉不通。賢儒又畏事，因而蔽藏，忠信伏匿，眞道不得見。君雖聖賢，無所得聞，因而聾盲，無可見奇異也。日以暗昧，君聾臣瘖，其禍不禁；臣昧君盲，姦邪橫行；臣瘖君聾，天下不通，善與惡不分別，天災合同，六極戰亂，天下並凶。」（頁 102）

　　卷四十八〈三合相通訣〉：「夫君乃一人耳，又可處深隱，四遠冤結，實閉不通，治不得天心，災變怪異，委積而不除。天地所欲言，人君不得知之，大咎在此，不三并力，聰明絕，邪氣結不理。上爲皇天大仇，下爲地大咎，爲帝王大憂，災紛紛不解，爲民大害。」（頁 151）

　　卷八十六〈來善集三道文書訣〉：「今帝王雖神聖，一人之源，乃處百重人之內，萬里之外。百重之內，雖欲往通言，迫脅於比近，不得往達也。……天獨久病苦冤，辭語不得通，雖爲帝王作萬萬怪變以爲談，下會閉絕，不得上達獨悒悒積久。」（頁 316）又「夫皇天有災怪變，非必常當處帝王之宅，縣官之庭，長吏之前也。災變異之見，常於曠野民間，庶賤反先知之也。各爲其部吏諱，不敢言；吏復各爲其君諱，而不敢言，反共斷絕天地談。人人欲譽其長吏，使其名善，而高功疾遷，共作無道，互天地之災異變怪，令閉塞不得通達帝王之前，使帝王無故斷絕，無聰明，不得天地心意，其治危亂難安，得愁苦焉。」（頁 320～321）

　　卷八十八〈作來善宅法〉：「今帝王乃居百重之內，去其四境萬萬餘

里，大遠者多冤結，善惡不得上通達也；奇方殊文異策斷絕，不得
到其帝王前也；民臣冤結，不得自訟通也。為此積久，四方蔽塞，
賢儒因而伏藏，久懷道德，悒悒而到死亡。帝王不得其奇策異辭，
以安天下，大咎在四面八方遠界閉不通。」（頁 335）

針對上述所談到的東漢中晚期時之政治、社會問題，《太平經》提出「通氣以
達上下之情」的對治方法。何謂「通氣」？《太平經》的看法是：

卷十八至三十四〈和三氣興帝王法〉：「人君，天也，其恩施不下，
至物無由生，人不得延年。人君之心不暢達，天心不得通於下，……
臣氣不得達，地氣不得成，忠臣何從得助明王為治哉？……民氣不
上達，和氣何從得興？……今三氣不善相通，太平安得成哉？」（頁
20）

卷四十八〈三合相通訣〉：「君導天氣而下通，臣導地氣而上通，民
導中和氣而上通。」（頁 152）

卷八十六〈來善集三道文書訣〉：「夫氣者，所以通天地萬物之命也；
天地者，乃以氣風化萬物之命也；而氣口節不通者，是天道閉，不
得通達之明效也。」（頁 317）

所謂「通氣」，就是「君、臣、民」三氣相通，如一氣不和、閉塞，將影響其
他二氣的運行、流通。「通氣」的目的是要傳達上下之情。換言之，《太平經》
認為天、地、人三者都是可以感應相通。其中人扮演中介、傳播的角色，主
要的功用在傳達天地之情。而一切人世的紊亂、賊傷，往往來自彼此的溝通
不良，所以主張應當「力通其言」。「天者，以三光為書文記，則一興一衰，
以風為人君。地者，以山川阡陌為文理，山者吐氣，水通經脈，衰盛動移崩
合，以風異為人臣。人者，以音言語相傳，書記文相推移。萬物者，以衰盛
而談語，使人想而知之。人者，在陰陽之中央，為萬物之師長，所能作最眾
多。象神而有形，變化前卻，主當疏記此變異，為其主言。故一言不通，則
有冤結；二言不通，輒有杜塞；三言不通，轉有隔絕；四言不通，和時不應，
其生物無常；五言不通，行氣道戰；六言不通，六方惡生；七言不通而破敗；
八言不通而難處為數家；九言不通，更相賊傷；十言不通，更相變革。故當
力通其言也。」（頁 205）力通其言的關鍵在於「通氣」，而文書即為通氣而設。
「故上下外內，尊卑遠近，俱收其文與要語，而集其長短，以類相從，因以
相補，則俱矣。然後文書及辭言壹都通具也。」（頁 352～353）所以《太平經》

主張爲了要「通氣以達上下之情」及「廣開言路」，就應當鼓勵臣民上書言事，以溝通聲氣。但是，當時實際的狀況卻是：

> 卷八十六〈來善集三道文書訣〉：「今天下所畏，口閉爲其不敢妄誕。……夫四境之內，有嚴帝王，天下驚駭，雖去京師大遠者，畏詔書不敢語也；一州界有彊長吏，一州不敢語也；一郡界有彊長吏，一郡不敢語也；一縣有剛強長吏，一縣不敢語也；一閭亭有剛彊亭長，尚乃一亭部爲不敢語。此亭長，尚但吏之最小者也，何況其臣者哉？皆恐見害焉，各取其解免而已，雖有善心意，不敢自達於上也，使道斷絕於此。」（頁314）又「今太上中古以來，多失道德，反多以威武相治，威相迫協，有不聽者，後會大得其害，爲傷甚深，流子孫。故人民雖見天災怪咎，駭畏其比近所屬，而不敢妄言，爲是獨積久，更相承負。到下古尤益劇，小有欲上書言事，自達於帝王者，比近持其命者輒殺之；不即時害傷，後會更相屬託而傷害之。故民臣悉結舌杜口爲喑，雖見愁冤，睹惡不敢上通。」（頁315）

爲了要解決這種下情不能上達與辭語不得通暢的弊病，《太平經》提出具體的對應措施──「集議」與「上書」！

「集議」法的提出，目的是要使全國各地的臣民能將其所見睹的各地災異現象、政治社會情形，藉著集合眾人之議論的方式而得到整合。「記變怪災異疾病，大小多少，風雨非常，人民萬物所病苦大小，皆集議而記之。所以使其共記之者，吏自相知長短，民民自相知長短；迫進山阜而居者，知山阜變；近市城郭而居者，知市城郭變；近平土而居者，知平土變；近水下田而居者，知水下田變。高下外內，悉得知之，故無失也，是立致太平之術也。而帝王所宜用，不失大心之法也。」（頁324）又「所以悉記其災異變怪，大小善惡，外內遠近者，欲令上有德之君，與眾賢原其災異所起。夫天下變怪災異，皆象其事，法其行，緣類而生，眾賢共集議，思之曠然如其意，以其事類考問之，則得之矣。……是故使眾人老小，賢不肖男女，下及奴婢者，大小集議。」（頁326～327）而之所以要使用集合眾人之議論的方式是因爲「大集議，無敢欺者，一兩人欲欺，餘人會不從之也。」（頁319）爲了要避免地方官吏刻意地隱匿不報，《太平經》所採取的對應方式是：「爲畏其州郡長吏不敢言者，一州中諸善士賢明相索，共集議於他州上之；畏其郡，集議於他郡上之；畏其縣，集議於他縣上之；畏其鄉亭，集議於他鄉亭上之；畏其里，

集議於他里上之。」（頁317）可以看出「集議」法的設計，就是爲了使「辭語得以通暢」及「下情可以上達」的「立致太平之術」！

集議後就要「上書」，「君宜善開導其下，爲作明令示敕，教使民各居其處而上書，悉道其所聞善惡。」（頁152）君王根據臣民所上書的眞僞、虛實來定賞罰，「從今以往，吏民宜各居其處，力上書，悉道善惡，以明帝王治，以通天氣，勿得相止，止者坐其事三年。獨上書盡信，無欺文者，言且召而仕之。」（頁152）又「三年上書而盡信誠者，求其人而任之。此人迺國家之良臣，聰明善耳目，因以視聆，不失四方候也。帝王得之，日安而明，故當任之。」（頁206）《太平經》之所以強調臣民須上書言事，乃是爲了使君王能得知民間的實際狀況，以作爲施政時的參考依據。「天地開闢已來，承負之厄會大積，悉起於是，故使民間上書也。」（頁321）又「今故悉使民間言事，乃不失天心絲髮之間，乃治可安也。民間自力集上書，部諸長吏，亦且恐後民言事，且力遣吏問民間所睹，疾復上之，則變災無有失也。如是皇天后土，爲其大喜，愛其帝王。」（頁322）

綜合上述，可看出「集議」與「上書」這兩項措施，其主要的功用在於協助君王瞭解全國民間的實際狀況，以防備被邪言、孤辭所蒙蔽，而不知民間疾苦。「德君見文，皆令敕上書者，使其大口口有功者，德賜之也。如此則天下莫不歡喜，樂盡其力，共上書言事也，勿得獨有孤一人言也，皆令集議。」（頁318）及「一人邪言邪文邪辭，天地今以是爲大怨，是帝王大賊也。本治不安，悉亂於是也。故今斷之，皆使集言集說集上書，定安事，迺天氣且壹悉得其所，邪言邪辭迺且壹悉絕也，滅亡也。」（頁357）

爲了要解決因爲國家疆域廣闊、路途遙遠，臣民集議、上書不便的困擾，《太平經》提出在各交通要道上設立「太平來善宅」的辦法，以方便全國各地臣民、群眾，特別是邊疆地區的人民上書反應民間意見。

> 卷八十六〈來善集三道文書訣〉：「所集議人，當於何期乎？」「善哉，子之言，悉記於太平來善之宅下。」「何必於此？」「然，其有奇方殊文，可使投於太平來善宅中，因集議善惡於其下，而四方共上事也。」（頁328～329）

> 卷八十八〈作來善宅法〉：「今不知當以何來，致此奇方殊策善字，……敕州郡下及四境遠方，縣邑鄉部，宜各作一善好宅於都市四達大道之上也。高三丈，其中廣縱亦三丈，爲四方作善疏，使與人面等；

其疏間使可容手往來，善庇其戶也，勿令人得妄開入也。懸書於其外而大明其文，使其□□書其宅四面亦可也。其文書帝王來索善人奇文殊異之方，及善策辭口中訣事，人胸心常所懷，所能言，各悉書記之，投於此宅中，自記姓字。已且微索之，各以其道德能大小署其職也。所言多少，其能不可微者，且悉敕所屬縣邑長吏以職仕之也。其老弱婦女有善言者，且敕主者賜之，其有大功而不可仕者，且復之也。四境之外，其有所貢進善奇異策，用之有大效者，且重賞賜之也。如此四境外內，一旦而同計大興，俱喜思為帝王盡力，從上到下，從內到外，遠方無有餘遺策善字奇殊方也，人皆一旦轉樂為善也。隱士穴處人中，出遊於都市，觀帝王太平來善之宅，無有自藏匿者也。風雨為其時節，三光為其大明，是天大喜之效也。四夷八十一域中，善人賢聖，聞中國有大德之君治如此，莫不樂來降服。」（頁 332～333）

卷九十一〈拘校三古文法〉：「為其遠煩而不通，故各就其為作，求善太平之宅於其所屬邑鄉，主備其遠，不能自致。故為其立宅道中，使其投異辭善奇策殊方於其中也。因取中事傳持往付於上有德之君，令其群臣臣共定案之，以類相求。」（頁 348）

卷一二〇至一三六〈太平經鈔〉辛部：「故天下州縣鄉里置封，仰萬民各隨材作書，直言疾苦利害可否，致書投於封中。長吏更撰上天子，令知民好惡賢不肖利害，可集議而理之，即太平之氣至矣，而福國君萬民，萬二千物各得所矣。」（頁 687）

「太平來善宅」的功用主要有兩項：一是廣開言路，使君王能夠得到來自全國四面八方的資訊，以明瞭民間疾苦，並作為施政的參考依據，從而獲得「奇辭殊策」以安國定天下。二是可求索天下賢德者與善辭殊策，並以其善言、道德進行封官行賞，從而達到教化及勸善的目的，使社會國家能收到移風化俗的功效。因此，「太平來善宅」的最主要功效與目標就「助帝王治，以致太平」！

（六）提倡忠孝誠信，主張彼此相愛與要求君王斷金兵

《太平經》強調天地自然之法──「陽尊陰卑」、「陽盛陰弱」，相對應於人間之道，則應以君父為尊，臣民為卑。「陽，君道也。陰，臣道也。事臣不

得過於君。」（頁 50）及「夫帝王，天下心也；群臣，股肱也；百姓手足也。」
（頁 726）此外，《太平經》還運用「王、相、休、囚、廢」五氣說（頁 232），
或加上「微、刑死」而成為七氣說（頁 17）及「微、老、衰、病、死、亡」
六氣說（頁 274～275），來論證人間的等級制度符合自然之道。

　　天地之道既然陽尊而陰卑，臣民就應當忠君、孝親、敬長，《太平經》於
是提出「忠、孝、誠、信」的道德觀念，認為倡導這些德目，乃是治理天下
的首要任務。

　　　　卷六十七〈六罪十治訣〉：「夫為子乃不孝，為民臣迺不忠信，其罪
　　　　過不可名字也。」（頁 257）

　　　　卷九十六〈六極六竟孝順忠訣〉：「子不孝，則不能盡力養其親；弟
　　　　子不順，則不能盡力修明其師道；臣不忠，則不能盡力共敬事其君。
　　　　為此三行而不善，罪名不可除也。天地憎之，鬼神害之，人共惡之，
　　　　死尚有餘責於地下。」（頁 405～406）又「子不孝，弟子不順，臣
　　　　不忠，罪皆不與於赦。」（頁 406）又「人生之時，為子當孝，為臣
　　　　當忠，為弟子當順；孝忠順不離其身。」（頁 408）

　　　　卷一一○〈大功益年書出歲月戒〉：「天下之事，孝忠誠信為大，故
　　　　勿得自放恣。」（頁 543）

「忠、孝、誠、信」是良臣、順民的基本條件，因此，《太平經》例舉了臣子
在君王所處的不同狀況下所應持有的態度，並以之作為判斷身為人臣的功過
標準。它說：「臣見君父之衰，救之，使其更興盛，是大功也；深知其衰也，
不救之，或反言而去，名為倡訧，罪不除也。三事，臣知其君有失，將睹凶
害而救之，使其更無凶害，是大功也；知而不救，名倡凶，其罪不除也。四
事，知君理失其要意，災害連起，而救助其理之，是其宜也；為曉事之臣，
知而不救，其罪不除也。五事，臣知其君年少，其賢未能及事而救之，助其
為知，是其宜也；知而不助為賢，反言不及，名為不忠，弱其上，其罪不除
也。六事，臣知其君老，有天期而憂之，為其索殊方大賢之助，異策內文，
令君更得延年，是大功也；知而不能，反言吉凶者，其過大也。七事，為人
下知上有危，有失理，或失忘，而共救之案之，是為大功；知而不救，自解
避而去，為不順忠孝之人，罪皆及其後。」（頁 685～686）

　　《太平經》還特別強調君王應該處理好同臣下的關係，認為這是社會治
亂的重要原因。它把君王與臣下的關係，分成四種情況，稱之為「治者四

法」。一爲君王尊重有道德的老臣，事之如父、師，並與其合策而平天下，此之謂「天治」。二是君王友事其臣，與其同心同志，以其德而和平，此之謂「地治」。三是君王卑用其臣，臣闇少學淺，未能爲君謀略，其治小亂，此之謂「人治」。四是君王視其臣子若狗、若草木，不善擇臣而仕，臣不爲君計，只知爭奪取勝，故致亂敗，此之謂「跂行萬物治」。（見卷五十三〈分別四治法〉，頁196）

所以《太平經》認爲，君王尊重老臣，與臣下同心同志，相好共事，對於維護政權，實現太平之治是很重要的。因此，「君、臣、民」三者當并力同心，相須而立，共成一事。「故君者須臣，臣須民，民須臣臣須君，迺後成一事，不足一，使三不成也。故君而無民臣，無以名爲君；有臣民而無君，亦不成臣民；臣民無君，亦亂，不能自治理，亦不能成善臣民也；此三相須而立，相得迺成，故君臣民當應天法，三合相通，并力同心，共爲一家也。」（頁150）又「君者應天而行，臣者應地而行，順承其上；爲民者屬臣，轉相事。凡是三氣共一治，然後能成功。故上之安者，其臣良也。臣職理者，其民順常。民臣俱善，其君明，其治長。」（頁730）

相對於此，《太平經》反對以智欺愚、以強欺弱、後生欺老者，「智者當苞養愚者，反欺之，一逆也。力強當養力弱者，反欺之，二逆也。後生者當養老者，反欺之，三逆也。與天心不同，故後必凶也。」（頁695）並主張君、臣、民三者應當彼此相愛利。

卷四十七〈服人以道不以威訣〉：「天之命人君也，本以治強助劣弱爲職。」（頁145）

卷五十六至六十四〈闕題〉：「上下相愛相治，立功成名，使心治一家，使人不復相憎惡，常樂合心同志。」（頁216）

卷九十六〈守一入室知神戒〉：「天下共一心，無敢復相憎惡者。皆且相愛利，若同父母而生，故德君深得天心，樂乎無事也。」（頁422）

君、臣、民彼此相愛利，其實就是所謂「敬上愛下」。所謂「上」，係指「君、父、師」，「君父及師，天下命門，能敬事此三人，道乃大陳。」（頁403）爲何要「敬上」？因爲「父母者，生之根也；君者，授榮尊之門也；師者，智之所出，不窮之業也。此三者，道德之門戶也。」（頁311）而在上位者，則需「愛下」，「君者當以道德化萬物，令各得其所也。」（頁20）因爲「無民，

君與臣無可治，無可理也。」（頁 151）可以看出，敬上愛下，君、臣、民彼此相愛利，就是所謂「三名同心」、「三合相通」，「父母子三人同心，共成一家，君臣民三人共成一國。」（頁 149）

根據君、臣、民三者彼此相愛利、三名同心的說法，《太平經》要求君王「斷金兵」。斷金兵，即是斷除、杜絕兵器、軍備、戰爭。因爲兵器五行屬金，兵主肅殺亦屬金，故曰斷金兵。卷一至十七〈太平經鈔〉甲部中云：「大惡有四：兵、病、水、火。」（頁 3）「兵」爲何被列爲四惡之首？《太平經》中的解釋是：

第一，帝王興金兵、重兵，尙武治，則天下人亦隨之好兵，兵興金王，則社會肅殺之氣就旺盛；天下樂兵好殺，生氣必黯淡，盜賊必四起，社會便會發生動亂。這是從社會的治亂方面，來說明應「斷金兵」。

卷六十五〈王者賜下法〉：「兵興金王，狡猾作，盜賊起，金用事，賊傷木行，而亂火氣，是天自然格法。」（頁 230）

卷六十九〈天讖支干相配法〉：「王者從兵法，興金氣，武部則致君之象無氣。火者大衰，其治凶亂。眞人欲樂知天讖之審實也，從上古中古到于下古，人君棄道德，興用金氣兵法，其治悉凶，多盜賊不祥也。是故上古聖人深知天固法象，故不敢從兵革武部以治也。帝王欲樂長安而吉者，宜按此天讖，急凶斷金兵武備，而急興用道與至德，以象天法，以稱皇天之心，以長厭絕諸姦猾不祥之屬也，立應不疑也。」（頁 268）

第二，認爲東漢五行屬「火德」，「火」旺則漢室才會興旺。如何才能使「火」旺？答案是要使「木」旺，欲使「木」旺，就要先斷絕用金兵，因爲五行中興「金」則傷「木」，「木」衰則「土」旺，土旺則「金」旺。這是運用五行相生、相剋的原理，來說明應「斷金兵」。

卷六十五〈斷金兵法〉：「欲使陽氣日興，火大明，不知衰時者，但急絕由金氣，勿使其王也。金氣斷，則木氣得王，火氣大明，無有衰時也。」「何謂也？」「然人君當急絕兵，兵者，金類也，故當急絕之故也。今反時時王者賜人臣以刀兵，兵，金類也，迺帝王賜之王者。王之名爲金王，金王則厭木而衰火，金王則令甲乙木行無氣，木斷乙氣，則火不明。木王則土不得生，火不明則土氣日興，地氣數動，有祅祥，故當急絕滅云。兵類勿賜金物兵類，以厭絕不祥此

也。」「天厭固與神無異。願聞金興厭木，何故反使火衰也？」「善哉，子之難問，可謂入道矣。真人欲樂知其大效，是故春從興金兵，則賊傷甲乙木行，令天青帝不悅，天赤帝大怒，丙丁巳午不順。欲報父母之怨，令使火行，多災怪變，生不祥祅害姦猾。……故從賜金兵，厭傷木也，火治不可平也。」（頁 224～226）又「帝王戒賜兵器與諸侯，是王金氣也。金氣王則木衰，木衰則火不明，火不明則兵起之象。火者君象，能變四時，熒惑為變最效，天法不失銖分。……故金氣都滅絕斷，迺木氣得大王，下厭土位，黃氣不得起，故春木王土死也。故惟春則天激絕金氣於戊，故木得遂興火氣，則明日盛，則金氣囚，猾人斷絕。金囚則水氣休，陰不敢害陽則生下，慎無災變。木氣王無金，則得興用事，則土氣死。……今天下從兵，金氣也。又王者或以歲始賜刀兵，或四面巡狩止居，反賜金兵。王者，王也，以金兵賜人，名為王金。金王則水相，金王則害木，水相則害火。西北，陰也；東南，陽也；少陰得王，太陰得相也。名為二氣，俱得勝其陽。其災生下，狡猾為非，陰氣動則多妄言而生盜賊，是天格法也。」（頁 226～227）又「王者大興兵，則使木行大驚駭無氣，則土得王起。土得王則金大相，金大相則使兵革數動，乾兌之氣作，西北夷狄猾盜賊數起，是者自然法也。天地神靈，不能禁止也。故當務由厭斷金物，無令得興行也。……然，天以是為常格法。雖然，木行火行，無妄從興，金嶽使錢得數王盜行，以為大害，使治難平也。反使金氣得大王，為害甚甚，能應吾天法，斷之者立吉矣。治興，祅臣絕，天法不欺人也。」（頁 227）

（七）周窮救急、勿奪人財與自食其力

《太平經》指出社會的財富是由天、地、人三統的相互共生下所形成的，卷七十三至八十五〈闕題〉中云：「元氣恍惚自然，共凝成一（天），名為天（一）也；分而生陰而成地，名為二也；因為上天下地，陰陽相合施生人，名為三也。三統共生，長養凡物名為財。」（頁 305）而天、地、人三者在共同造就社會財富過程中的主次關係是：「夫天地中和凡三氣，內相與共為一家，反共治生，共養萬物。天者主生，稱父；地者主養，稱母；人者主治理之，稱子。」（頁 113）可以看出，在這生成財富的過程中「天」、「地」的作用是主要的，「人」在其中僅扮演治理的角色。這就是《太平經》所認為的「財

富生成論」！

根據此項財富生成論的說法，《太平經》提出社會財富爲天下所共有，必須與眾人分享的原則，卷六十七〈六罪十治訣〉中云：「此財物迺天地中和所有，以共養人也。」（頁 247）因爲社會財富主要是由天地施化而成，所以人就必須遵循天地的意志，將財富用來養育芸芸眾生。因此，《太平經》認爲社會的財富是由「天」、「地」委託於「人」來管理的，人如果有幸能聚集財富，就應當「周窮救急」：

> 卷六十七〈六罪十治訣〉：「夫天地生凡財物，已屬於人，使其無根，亦不上著於天，亦不下著於地。物者，中和之有，使可推行，浮而往來，職當主周窮救急也。」（頁 246）

不但如此，《太平經》還鼓勵君王必須「周窮救急」，因爲如此將使臣民感恩戴德，從此全心全意效忠於君王。卷六十五〈興衰由人訣〉中云：「賜飢者以食，寒者以衣意。然夫飢者思食，寒者思衣，得此心結，念其帝王矣，至老不忘也。思自效盡力，不敢有二心也。恩愛洽著民間，如有所得奇異殊方善道文，不敢匿也。悉思付歸其君，使其老壽，是故當以此賜之也，此名爲周窮救急。夫賢者好文，飢者好食，寒者好衣，爲人君賜其臣子，務當各得其所欲，則天下厭服矣。」（頁 230～231）

相對於此，《太平經》譴責那些聚斂財富卻見死不救，爲富不仁，不肯周窮救急的富豪、地主。認爲錢財是流通之物，富有者本應當周窮救急，使其流通；可是富豪、地主們卻偏不如此，他們把錢財封藏起來，見窮困不肯周濟，或者借貸給貧民一些錢，也要索取很高的貸利。他們爲富不仁，使國家貧乏，使人民饑寒，他們是天地人共同憎惡的對象。

> 卷六十七〈六罪十治訣〉：「或積財億萬，不肯救急周窮，使人飢寒而死，罪不除也。或身即坐，或流後生。所以然者，乃此中和之財物也，天地所以行仁也，以相推通周足，令人不窮。今反聚而斷絕之，使不得偏也，與天地和氣爲仇。」（頁 242）又「或有遇得善富地，并得天地中和之財，積之迺億億萬種，珍物金銀億萬，反封藏逃匿於幽室，令皆腐塗。見人窮困往求，罵詈不予；既予不即許，必求取增倍也；而或但一增，或四五迺止。賜予富人，絕去貧子，令使其飢寒而死，不以道理，反就笑之。與天爲怨，與地爲咎，與人爲大仇，百神憎之。」（頁 246～247）又「此財物迺天地中和所

有，以共養人也。此家但遇得其聚處，比若倉中之鼠，常獨足食，此大倉之粟，本非獨鼠有也；少内之錢財，本非獨以給一人也；其有不足者，悉當從其取也。愚人無知，以爲終古獨當有之，不知迺萬尸（戶）之委輸，皆當得衣食於是也。愛之反常怒喜，不肯力以周窮救急，令使萬家之絕，春無以種，秋無以收，其冤結悉仰呼天。天爲之感，地爲之動，不助君子周窮救急，爲天地之間大不仁人。……百神惡之，欲使無世；鄉里祝固，欲使其死；盜賊聞之，舉兵往趨，攻擊其門戶，家困且死而盡，……無故絕天下財物，乏地上之用，反爲大壯於地下，天大惡之，地大病之，以爲大咎。中和之物隔絕日少，因而坐之不足，飢寒而死者眾多，與人爲重仇。」（頁 247）

又「無故埋逃此財物，使國家貧，少財用，不能救全其民命；使有德之君，其治空虛。夫金銀珍寶財貨作之用，人功積多，誠若且勞，當爲國家之用，無故棄捐，去之上下，地又不樂得之，以爲大病。」（頁 248）

除此之外，《太平經》對於那些「求非其有，奪非其物」（頁 252），奪取人民財物的「將軍上君」、「長吏」、「小吏」亦提出譴責，認爲「非其有，不可強取」（頁 210），《太平經》中云：

卷四十七〈服人以道不以威訣〉：「寇盜賊奪人衣物也，人明知其非而不敢言，反善名字爲將軍上君。」（頁 144）

卷一一四〈某訣〉：「父母之年，不可豫知。爲作儲待，減省小費，歲歲有餘，藏不見之處，勿使長吏及小吏聞知。因緣微發，盡人財產，爲孝心未盡，更無所有。父母年盡，無以餉送。」（頁 592）

針對上述，對於富豪地主、貪官汙吏不勞而獲，壓榨勒索人民的強盜行爲，《太平經》表示強烈的義憤，並提出「人各自衣食其力」的主張。

卷三十五〈分別貧富法〉：「各當隨其力而求衣食」（頁 34），又「夫人各自衣食其力」（頁 36）

卷六十七〈六罪十治訣〉：「天生人，幸使其人人自有筋力，可以自衣食者。而不肯力爲之，反致飢寒，負其先人之體。而輕休其力不爲力可得衣食，反常自言愁苦飢寒。但常仰多財家，須而後生，罪不除也。」（頁 242～243）又「天地乃生凡財物可以養人者，各當隨力聚之，取足而不窮。反休力而不作之自輕，或所求索不和，皆

爲強取人物，與中和爲仇，其罪當死明矣。」（頁 243）又「夫力本
以自動舉，當隨而衣食。是故常力之人，日夜爲之不懈，聚之不止，
無大無小物，得者愛之。……君子力而不息，因爲委積財物之長，
家遂富而無不有。先祖則得善食，子孫得肥澤，舉家共利。爲力而
不止，四方貧虛，莫不來受其功，因本已大成。」（頁 251）又「人
人或有力反自易，不以爲事，可以致富，反以行鬥訟，妄輕爲不祥
之事。自見力伏人，遂爲而不止，反成大惡之子。家之空虛，起爲
盜賊，則飢寒並至，不能自禁爲姦，其中頓不肖子即飢寒而死。勇
力則行害人，求非其有，奪非其物，又數害傷人，與天爲怨，與地
爲咎，與君子爲仇，帝王得愁焉。遂爲之不止，百神憎之，不復利
祐人。」（頁 252）

《太平經》認爲天賦人以筋力，如努力工作便可獲得衣食，不懈地努力，便
可聚集財富；如果怠惰偷安，輕休其力，便會遭致飢寒愁苦。有筋力而輕休
其力，是有負於先人之體；不肯力作，仗著勇力去作盜賊，強奪人財，便是
與天地、人民爲仇，其罪當死。

「治國」思想的具體操作方式計有：（一）無爲而治與帝、師並置，（二）
尊道、重德、行仁與減省刑罰，（三）以民爲本、守三急與杜絕浮華——反對
殘殺女嬰、厚葬及大興土木與主張禁酒，（四）知人善任——任用賢能與署置
官職，（五）廣開言路，溝通聲氣——集議、上書與太平來善宅，（六）提倡
忠孝誠信，主張彼此相愛與要求君王斷金兵，（七）周窮救急、勿奪人財與自
食其力。可以看出《太平經》中的「治國」思想，在「神學」及「宇宙論」
的基本原則、條件下，提出一系列有關治國之道的具體操作方法。易言之，
在解決「治國」思想之政治、社會方面的問題時，《太平經》是尋求聯結「神
學」及「宇宙論」的方式來解決「治國」思想方面所面臨的問題！

第四節　本章小結

實現「太平」理想的條件（欲「致太平」的先決條件），在於「中和之氣」
的至與不至？而中和之氣的降臨又取決於「陰陽合和」及「三氣相通」；因而
《太平經》強調凡事必須「三合相通」與「三統共生」，如此太和平氣才會降
臨；當太和平氣至時，才會出現「天下太平」的條件。「天下太平」除了取決
於「中和氣至」的先決條件外，尚需配合具體的運作方法——「實現太平的

具體措施」。在這些具體措施中，可歸納成「治身」思想與「治國」思想兩大類。

　　實現太平的具體措施，可歸納成「治身」與「治國」思想兩大類，在這些具體的運作方法中，是遵循著「三合相通」與「三統共生」的原則及「法天」、「守道」、「守元氣」等三點基本條件。換言之，《太平經》中的「治身」與「治國」思想是與神學的「天」及宇宙系統論的基本範疇之內容——「天」、「道」、「元氣」和宇宙系統論的結構模式——「三合相通」等有關。易言之，致太平的「治身」與「治國」思想是在「神學」及「宇宙論」的基本原則、條件下，提出一系列有關治身（成神仙）及治國（致太平）之道的具體操作方法！

第七章　結　論

　　本論文研究目的有三：（一）即試圖對《太平經》的「寫作動機」與產生之歷史背景做出說明；（二）藉著對《太平經》文獻之考辨，以期能對《太平經》之性質問題、成書過程、造經方式、作者與時間等問題做出釐清與說明；（三）本論文研究的終極目的，在闡發《太平經》自身所蘊含之「思想內涵」，並依此建構《太平經》思想內在之「整體結構」。

　　本論文所採取之研究步驟，乃先對兩岸三地中國學者往昔《太平經》研究成果做出檢討，由這些檢討中逐步歸納其所使用的研究方法，並依此而疏理出其中屬於一致性的主題與寫作動機。其次，從《太平經》「文本」（text）中疏理出經文所呈現之「寫作動機」，並以此批判與修正往昔《太平經》研究成果之說法，如此而確立《太平經》真正的「寫作動機」（解除帝王凡民承負之責）。在確認「解除帝王、凡民承負之責」應該就是《太平經》的中心主旨與寫作動機後，本論文就以此動機作為論文的研究路徑與切入點；並配合到目前為止最能完整、真實地代表百七十卷《太平經》的著作——《太平經合校》一書，作為研究時的徵引依據。最後將研究範圍設定在探討《太平經》的「文本」（text）上，以期能對《太平經》的「思想內涵」及「整體結構」作出具體釐清與說明，是屬於對《太平經》思想本身的專題性研究。故本文論述流程如下：

一、《太平經》思想之「整體結構」

　　第一章：緒論。首先對兩岸三地中國學者往昔《太平經》研究成果（1935～1999）做出檢討；並說明本論文的研究方法及研究範圍之設定。

第二章：《太平經》文獻考辨。此章著重在探討與釐清《太平經》一書的「性質」、作者及造經方式、有無「底本」與「定本」及「成書時間」問題。

第三章：《太平經》產生的歷史背景與思想總覽。透過《後漢書》與《太平經》中東漢中晚期之歷史記載，來說明《太平經》的「寫作動機」是：救治當時危亂災異的東漢社會，以期能解除帝王、凡民的承負之責；並綜合史書與道書中有關《太平經》內容主旨的看法，再結合六十餘年來中國學者關於《太平經》整體思想的概括說法，並結合筆者對《太平經合校》一書的疏理，《太平經》百七十卷的內容主旨可歸納成三個方面：神學思想、宇宙論思想及致太平的治國與治身思想。

第四章：神學思想研究——天人一體的神學思想。本章首先論述《太平經》神仙世界的建立這個論題，包括：「神」之定義與種類、神仙體系的建立及天君與諸神人之職掌與工作；其次說明「天人一體」與「天人感應」思想在《太平經》中開展及運用情形；最後則陳述《太平經》中承負報應思想。

第五章：宇宙論思想研究——三合相通的宇宙論思想。本章主要論述《太平經》中宇宙系統論的基本範疇之內容（天、道、元氣、一、陰陽、五行）的性質與功用；並以宇宙系統論的基本範疇為基礎，分析、歸納而構成宇宙系統論的結構模式，包括：八卦、陰陽、五行及建除結構模式；最後以三合相通的宇宙模式（三統共生的宇宙生成說）來說明《太平經》對宇宙系統論的結構模式之獨到見解。

第六章：致太平的「治身」與「治國」思想。本章論述的重心著重在：太平思想、治身思想與治國思想三部份。實現太平的具體措施，可歸納成「治身」與「治國」思想兩大類，在這些具體的運作方法中，是遵循著「三合相通」與「三統共生」的原則及「法天」、「守道」、「守元氣」等三點基本條件。換言之，致太平的「治身」與「治國」思想是在「神學」及「宇宙論」的基本原則、條件下，提出一系列有關治身（成神仙）及治國（致太平）之道的具體操作方法。

筆者認為，既然「解除帝王、凡民承負之責」是《太平經》成書的動機，接著我們便要問：要如何解除帝王、凡民的承負之責？有什麼具體的解除辦法嗎？關於這個問題，我們試著從《太平經》中所包涵的思想內容作回答。

綜合史書與道書中有關《太平經》內容主旨的看法，再結合六十餘年來中國
學者關於《太平經》整體思想的概括說法，並結合筆者對《太平經合校》一
書的疏理（詳細內容見於：本論文第四章、五章、六章之內容探討），《太平
經》百七十卷的內容主旨可歸納成三個方面：

（一）神學思想

主要是說明天地間存在著無數的「神靈」，且形成一個「神仙世界」（天
君、無形委氣神人、大神人、真人、仙人、道人）。神仙世界的諸神靈們主宰
整個人間世界，因此強調人人必須「法天、順地」，合天心、順陰陽。而天透
過「天人一體」、「天人感應」的方式，以「陰陽災異」與「承負報應思想」
的方法來進行對人們的譴告與賞罰。（見於第四章）

（二）宇宙論思想

主要是闡述老子「道」生萬物的思想，運用《周易》的「陰陽」之道和
漢代流行的「元氣」說，來闡述其「宇宙生成理論」。並提出天、地、人「三
合相通」、「三一為宗」的宇宙觀，來作為彼此相互協力的共生法則。（見於第
五章）

（三）致太平的治國與治身思想

認為實現「太平」理想，除了需「法天效地、合氣、順陰陽」、「中和氣
至、并力同心、三統共生」及「遵行真道與《太平經》」這三個基本的先決
條件外條件，尚需配合具體的運作方法。這些運作方法，可稱為「實現太平
的具體措施」。在這些具體措施中，可歸納成「治身」思想與「治國」思想
兩大類。在治身長生思想中，認為人人都具有成仙的可能性，因此以神學與
宇宙論思想為理論基礎，提出長生成仙的理論與眾方術、道術，以期能「治
身長生」。（見於第六章第二節）在治國太平思想中，以「太平世界」為理
想，以「致太平」思想為出發點，將神學與宇宙論思想作為理論基礎，而提
出一系列政治改良的主張及方法，以期達到「治國太平」。（見於第六章第
三節）

由本論文的論述，不難看出天人一體的「神學」思想與三合相通之「宇
宙論」思想是「治國太平」及「治身長生」兩思想的理論基礎。易言之，政
治思想之「治國太平」與長生成仙思想之「治身長生」，可以說是百七十卷《太
平經》內容的兩大主旨。所以在《太平經》中所有多樣性與多層性的思想，

均可被歸屬於這兩大主旨之內。

總結上述，既然《太平經》中所包含的思想內容可被歸屬於兩大類。那我們便可以說：「治國太平」的政治思想與「治身長生」的長生成仙思想，正是《太平經》的作者所提出「解除帝王、凡民承負之責」的具體方法，而「神學」思想與「宇宙論」思想便是這些具體解除方法的理論基礎！換言之，「政治思想」與「長生成仙思想」，便是《太平經》的作者，針對「解除帝王、凡民承負之責」這一「寫作動機」，所提出的具體解除方法。

二、「身國治同」（身國並治）

「治國太平」的政治思想與「治身長生」的長生成仙思想，是「解除帝王、凡民承負之責」的具體方法，這兩項具體的方法，可合稱為「致太平」的治身與治國思想，它所呈現的思考路徑及解決方向是——「身國治同」（身國並治）這一主題！

在〈《太平經》著錄考〉中引晉葛洪《神仙傳》之說云：「書多論陰陽否泰災眚之事，有天道，有地道，有人道，云治國者用之，可以長生，此其旨也。」（王明《太平經合校》，頁747～748）筆者認為，此處所說的「長生」，包含兩層意義。一為「治國太平」，長生指國家社會的長治久安；另一為「治身長生」，長生指個體生命的延年益壽。所以，「致太平」的治身與治國思想中貫串著「身國治同」的思想。

首先，在宇宙論的基礎上，將「治身長生」與「治國太平」視為一體，認為人體疾病的治療與國家衰亂的治理可以相互類比借鑑，二者都遵循一個共通的原則——「道」。

> 卷一五四至一七○〈通神度世厄法〉：「上士學道，輔佐帝王，當好生積功乃久長。中上士學道，欲度其家。下士學道，纔脫其軀。」
> （頁724）〈七事解迷法〉：「治身安國致太平，乃當深得其訣，御此者道也。」（頁730）

在《太平經》看來，治理國家，為國家祛弊除患同治療疾病的治身之術在本質上是一致的，都要遵循「道」這個天地常法。

其次，從神學的角度分析，《太平經》運用了「天人一體」、「天人感應」的思惟模式來看待人體疾病與天地災異的關聯性。

> 卷十八至三十四〈解承負訣〉：「多頭疾者，天氣不悅也。多足疾者，

地氣不悅也。多五內疾者,是五行氣戰也。多病四肢者,四時氣不和也。多病聾盲者,三光失度也。多病寒熱者,陰陽氣忿爭也。……今天地陰陽,內獨盡失其所,故病害萬物。」(頁23)

卷三十五〈分別貧富法〉:「人生皆含懷天氣具迺出,頭圓,天也;足方,地也;四支,四時也;五藏,五行也;耳目口鼻,七政三光也;此不可勝記,獨聖人知之耳。」(頁36)又「人之數當與天地相應,不相應力而不及,故得凶害也。」(頁38)

卷九十一〈拘校三古文法〉:「天地病之,故使人亦病之,人無病,即天無病也;人半病之,即天半病之,人悉大小有病,即天悉病之矣。故使人病者,迺樂覺之也;而不覺,故死無數也。……夫人有病,皆願速較為善,天地之病,亦願速較為善矣。」(頁355)

這些經文表明,《太平經》把天人關係視為一一對應的反映關係,人間疾病是天地災病的兆示、反映。天地生病,就會感應使人也生病;反之,人無病,則天地亦無病。此處把天地當作一個大宇宙,而人身則是一個小宇宙,代表天、地、人三者同源同構、互感互應、相互關聯,共成一體的「天人觀」!

再者,從「三合相通」的宇宙模式(三統共生的宇宙生成說)為觀點,《太平經》的天人觀認為人和天地萬物都是由「元氣」所化生,因此便進一步提出人的生命系統是由「神、精、氣」三個要素所構成。

卷一五四至一七〇〈令人壽治平法〉:「三氣共一,為神根也。一為精、一為神、一為氣。此三者,共一位也,本天地人之氣。神者受之於天,精者受之於地,氣者受之於中和,相與共為一道。故神者乘氣而行,精者居其中也。三者相助為治。故人欲壽者,乃當愛氣尊神重精也。欲正大事者,當以無事正之。夫無事乃生無事,此天地常法,自然之術也,若影響。上士用之以平國,中士用之以延年,下士用之以治家。此可謂不為而成,不理而治。大道坦坦,去身不遠,內愛無身,其治自反也。」(頁728)

「天、地、人」三者都是由「元氣」所化生,欲「治國太平」,當先「治身長生」;而欲治身長生,就必須「神、精、氣」三者合一;因此,治身長生是治國太平的先決條件與基礎。此處可看出,《太平經》運用三合相通之「三一結構模式」來說明「天、地、人」與「神、精、氣」之間的關聯。易言之,此處《太平經》是以「三一結構模式」來說明「身國治同」的思想。

　　《太平經》中「三一」結構模式之組成內容要素包括：「太陽、太陰、中和」、「天、地、人」、「君、臣、民」、「父、母、子」、「道、德、仁」、「生、養、施」、「一、二、三」與「神、氣、精」等項，茲列表如下：

組成內容	三　　一　　結　　構　　模　　式						
	太陽	天	君	父	道	生	一	神
	太陰	地	臣	母	德	養	二	精
	中和	人	民	子	仁	施	三	氣

　　可以看出「三一」結構模式之組成內容可分成八個項目，每個項目皆獨立形成「三一」結構模式。且凡屬於同一大類別的「組成內容」，儘管在形態和表現性質上有所差異，但仍具有共同的功能屬性而可彼此連結，例如：太陽、天、君、父、道、生、一、神等，原屬於完全不同形態的事物與現象，但由於它們同屬於「陽」這一大類別，因而其彼此間便可以相互連結而產生對應性，於是便具有了統一性及匯通性。

　　《太平經》強調欲「治國太平」，就需「天、地、人」三者合一；而欲「治身長生」，先必須「神、精、氣」三者合一。根據「三一結構模式」中同一大類別的「組成內容」，其彼此間便可以相互連結而產生對應性與具備統一性及匯通性的說法。因此，「天／神」、「地／精」、「人／氣」三項便具有共同的功能屬性而可彼此相連結下，「治身」與「治國」思想便可相互連結而達至「身國治同」（身國並治）的目的。

　　綜合上述，從「宇宙論」（道）、「神學思想」（天人一體、天人感應）到「三一結構模式」（「天、地、人」／「神、精、氣」）三項可看出，「身國治同」是《太平經》欲「解除帝王、凡民承負之責」的具體方法之思考路徑及解決方向。而「神學」與「宇宙論」思想便是支撐「身國治同」這個思考路徑的理論基礎！

　　《太平經》「解除帝王、凡民承負之責」的具體方法與這些具體解除方法的理論基礎！圖示如下：

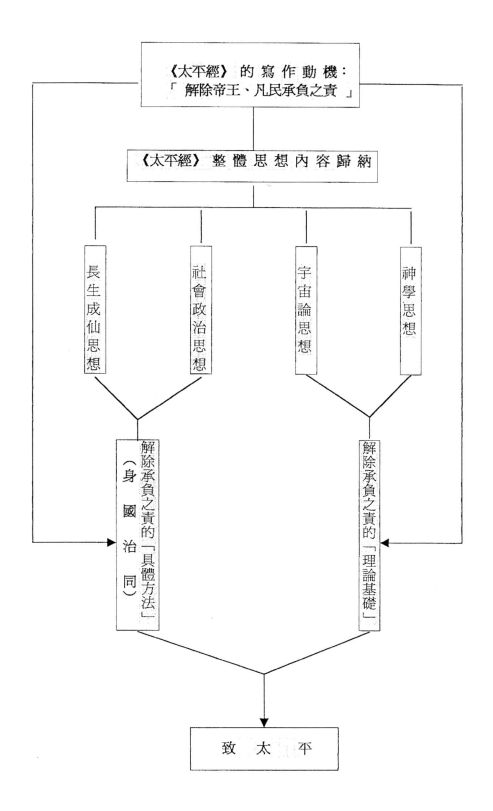

附錄：海峽兩岸中國學者
《太平經》研究論著目錄一覽表
（1935～1999）

序號	作　者	文章名或書名	出　版　資　料
1	湯用彤	〈讀《太平經》書所見〉	《國學季刊》五卷一號，1935 年，頁 7～33；另載於：《湯用彤選集》，天津人民出版社，1995 年 12 月，頁 183～212
2	湯用彤	〈《太平經》與化胡說〉	收載於：湯用彤，《漢魏兩晉南北朝佛教史‧上冊》，商務印書館，1938 年 6 月，頁 57～61
3	湯用彤	〈《太平經》與佛教〉	收載於：湯用彤，《漢魏兩晉南北朝佛教史‧上冊》，商務印書館，1938 年 6 月，頁 104～114
4	王　明	〈論《太平經》甲部之偽〉	《中央研究院歷史語言研究所集刊》第十八本，1947 年，頁 375～384；另收載於：王明，《道家和道教思想研究》，北京：中國社會科學出版社，1984 年，頁 201～214
5	吳振羽	〈在《太平清領書》中所表現的農民的政治教條〉	收載於：吳振羽，《中國政治思想史‧下冊》，北京：三聯書店，1955 年，頁 343～346
6	饒宗頤	〈《想爾注》與《太平經》〉	收載於：饒宗頤，《老子想爾注校箋》，香港：Tong Nam printers & publishers，1956 年，頁 98～101；另載於：饒宗頤，《老子想爾注校證》，上海古籍出版社，1991 年 11 月，頁 88～91
7	楊　寬	〈論《太平經》——我國第一部農民革命的理論著作〉	《學術月刊》，1959 年 9 月號，頁 26～34
8	侯外廬	〈中國封建社會前後期的農	《歷史研究》，1959 年四期，頁 45～59

		民戰爭及其綱領口號的發展〉	
9	王戎笙	〈試論《太平經》〉	《歷史研究》，1959 年十一期，頁 47～59
10	王　明	《太平經合校》	北京：中華書局，1960 年 2 月第一版
11	中華書局哲學組	〈史學界討論《太平經》的性質及其與太平道和黃巾起義的關係〉	《人民日報》，1960 年 12 月 15 日
12	*喻松青	〈老子道家與《太平經》〉	《光明日報》，1961 年 6 月 4 日
13	王　明	〈從墨子到《太平經》的思想演變〉	《光明日報》，1961 年 12 月 1 日；另收於：《道家和道教思想研究》，頁 99～107
14	陳攖寧	〈《太平經》的前因後果〉	《道協會刊》，1962 年一期；另收載於：陳攖寧，《道教與養生》，北京：華文出版社，1989 年 7 月，頁 42～62
15	熊德基	〈《太平經》的作者和思想及其與黃巾和天師道的關係〉	《歷史研究》，1962 年四期，頁 8～25
16	熊德基	〈關於《太平經》及其同黃巾等關係的研究〉	《人民日報》，1962 年 9 月 4 日
17	楊榮國主編	〈農民道教《太平經》的均貧富、等貴賤的大同思想〉	收於：《簡明中國思想史》，北京：中國青年出版社，1962 年，頁 61～65
18	巨　贊	〈湯著《佛教史》關於《太平經》與佛教的商兌〉	《現代佛教》，1962 年六期，頁 13～16
19	湯用彤巨　贊	〈關於東漢佛教幾個問題的討論〉	《現代佛教》，1963 年二期，頁 8～10
20	喻松清	〈《太平經》與黃巾的關係——與熊德基同志商榷〉	《新建社》，1963 年 2 月號，頁 75～81
21	喻松清	〈道教的起源與形成〉	《歷史研究》，1963 年五期，頁 147～164
22	陳國符	〈《太平經》考證〉	收載於：陳國符，《道藏源流考・上》，北京：中華書局，1963 年，頁 81～89
23	饒宗頤	〈想爾九戒與三合義——兼評新刊《太平經合校》〉	《清華學報》新四卷二期，1964 年 2 月，頁 76～83；另載於：《老子想爾注校證》，頁 103～113
24	王　明	〈敦煌古寫本《太平經》文字殘頁〉	《文物》，1964 年八期；另收載於：《道家和道教思想研究》，頁 238～240
25	王　明	〈《太平經》目錄考〉	《文史》第四輯，1965 年；另收載於：《道家和道教思想研究》，頁 215～237
26	傅勤家	〈《太平清領書》與《太平經》之關係〉	收載於：傅勤家，《中國道教史》，台灣商務印書館，1966 年 3 月，頁 57～76

27	饒宗頤	〈《太平經》與說文解字〉	《大陸雜誌》四十五卷六期，1972 年；另收載於：《饒宗頤史學論著選》，上海古籍出版社，1993 年，頁 258～265
28	卿希泰	〈《太平經》的知人善任思想淺析〉	《思想戰線》，1979 年二期，頁 43～47；另收載於：卿希泰，《中國道教思想史綱·第一卷》，成都：四川人民出版社，1980 年 9 月，頁 54～65
29	卿希泰	〈《太平清領書》的出現及其意義〉	收載於：卿希泰，《中國道教思想史綱·第一卷》，成都：四川人民出版社，1980 年 9 月，頁 31～94
30	卿希泰	〈《太平經》的哲學思想〉	《四川師院學報》，1980 年一期，頁 9～18；另收載於：卿希泰，《中國道教思想史綱·第一卷》，成都：四川人民出版社，1980 年 9 月，頁 37～54
31	卿希泰	〈試論太平經的烏托邦思想〉	《社會科學研究》，1980 年二期，頁 94～99；另收載於：《中國道教思想史綱·第一卷》，頁 72～80
32	馮達文	〈太平經剖析——兼談《太平經》與東漢末年農民起義的若干思想聯繫〉	《中山大學學報》，1980 年三期，頁 1～12
33	楊曾文	〈道教的創立和《太平經》〉	《世界宗教研究》，1980 年八期，頁 115～122
34	孫達人	〈《太平清領書》及其思想〉	收載於：孫達人，《中國古代農民戰爭史·一卷》，陝西人民出版社，1980 年 9 月，頁 167～177
35	孫達人	〈《太平清領書》和太平道〉	收載於：《中國古代農民戰爭史·一卷》，1980 年 9 月，頁 177～188
36	孫達人	〈《太平清領書》和太平道〉	收於：《中國農民戰爭史論叢·第二輯》，河南人民出版社，1980 年 11 月，頁 112～137
37	黃永武主編	〈斯 4226 號·道經太平部卷第二〉	收於：黃永武主編，《敦煌寶藏·第三十四冊·斯 4106～4245 號》，台北：新文豐出版社，1981 年，頁 563～573
38	魏啓鵬	〈《太平經》與東漢醫學〉	《世界宗教研究》，1981 年一期，頁 101～109
39	鍾肇鵬	〈論《太平經》和太平道〉	《文史哲》，1981 年二期，頁 79～85
40	吳樹明	〈試論《太平經》〉	《河北師範大學學報》，1981 年三期，頁 9～34
41	劉　琳	〈論《太平經》的政治傾向——兼與卿希泰同志商榷〉	《社會科學研究》，1981 年四期，頁 90～96
42	卿希泰	〈《太平經》中反映農民願望的思想不能抹殺——答劉琳同志〉	《社會科學研究》，1981 年五期，頁 101～110

43	王　明	〈論《太平經》的成書時代和作者〉	《世界宗教研究》，1982 年一期，頁 17～26；另收載於：《道家和道教思想研究》，頁 183～200
44	李養正	〈從《太平經》看早期道教的信仰與特點〉	《道協會刊》，1982 年十期；另收載於：李養正，《道教經史論稿》，北京：華夏出版社，1995 年 10 月，頁 42～65
45	劉　琳	〈再談《太平經》的政治傾向——答卿希泰同志〉	《社會科學研究》，1982 年二期，頁 101～104
46	金春峰	〈讀《太平經》〉	《齊魯學刊》，1982 年二期，頁 22～28
47	*李養正	〈《太平經》與早期道教〉	《道協會刊》，1982 年九期
48	*李養正	〈試論《太平經》的產生與演變〉	《道協會刊》，1983 年十二期
49	劉序琦	〈略論《太平經》思想的幾個問題〉	《江西師院學報》，1983 年三期，頁 37～44
50	朱伯昆	〈張角與《太平經》〉	《中國哲學·第九輯》，1983 年四期，頁 169～190
51	李家彥	〈《太平經》的元氣論〉	《宗教哲學》，1983 年四期，頁 11～16；及《中國哲學史研究》，1984 年二期，頁 52～58
52	*楊以漢	〈《太平經》的守一養生法〉	《氣功與科學》，1983 年四期
53	李養正	〈從《太平經》看太平道的社會政治思想〉	《道協會刊》，1984 年十三期；另收載於：《道教經史論稿》，頁 66～89
54	*李養正	〈《太平經》與陰陽五行說、道教及讖緯之關係〉	《道協會刊》，1984 年十五期
55	湯一介	〈關於《太平經》成書問題〉	《中國文化研究集刊》第一期，1984 年，頁 168～186；另收載於：湯一介，《中國傳統文化中的儒釋道》，北京：中國和平出版社，1988 年 10 月，頁 139～160；及湯一介，《魏晉南北朝時期的道教》，台北：東大圖書公司，1991 年，頁 19～44
56	王　明	〈論《太平經》的思想〉	收載於：《道家和道教思想研究》，1984 年，頁 108～138
57	李家彥	《太平經》的三合相通說〉	《宗教學研究》，1985 年一期，頁 27～31
58	劉國梁	〈略論《周易》三才思想對早期道教的影響〉	《世界宗教研究》，1985 年一期，頁 98～106
59	李養正	〈論《太平經》的人民性〉	《中國哲學史研究》，1985 年二期，頁 68～74；另收載於：《道教經史論稿》，頁 90～99
60	任繼愈	〈早期道教在社會上層的傳佈與興國廣嗣之術的《太平	收載於：任繼愈，《中國哲學發展史·秦漢》，北京人民出版社，1985 年 2 月，頁 656～682

		經》〉	
61	沈善洪 王風賢	〈《太平經》中反映農民勞動者的道德觀念〉	收載於：《中國倫理學說史・上》，浙江人民出版社，1985 年 4 月，頁 504～525
62	陳瑛等著	〈《太平經》中記載的農民的倫理思想〉	收載於：《中國倫理思想史》，貴州人民出版社，1985 年 4 月，頁 305～310
63	*趙克堯	〈論《太平經》的性質〉	《溫州師專學報》，1985 年三期
64	*李養正	〈《太平經》中的醫學理論〉	《道協會刊》，1985 年十六期
65	*李養正	〈《太平經》中的音樂理論〉	《道協會刊》，1985 年十七期
66	李養正	〈《太平經》與《老子想爾注》〉	收載於：李養正，《道教基本知識》，中國道教協會編印，1985 年 10 月，頁 125～129；及李養正，《道教概論》，北京：中華書局，1989 年，頁 337～344
67	王成竹	〈《太平經》〉	收載於：商聚德、石悼英主編，《中國哲學名著簡介》，河北人民出版社，1985 年 10 月，頁 185～190
68	陳　靜	〈《太平經》中的承負報應思想〉	《宗教學研究》，1986 年二期，頁 35～39
69	丁貽庄 劉冬梅	〈《太平經》中守一淺釋〉	《宗教學研究》，1986 年二期，頁 67～74
70	陳正炎 林其錟	〈萬年太平的理想與實踐〉	收載於：《中國古代大同思想研究》，上海人民出版社，1986 年，頁 140～154
71	王　明	〈《太平經》和《抱朴子》在文化史上的價值〉	《文史知識》，1987 年五期，頁 256～262；另收載於：《儒佛道與傳統文化》，北京：中華書局，1990 年 3 月，頁 285～290；另載於：王明，《道家與傳統文化研究》，北京：中國社會科學出版社，1995 年，頁 256～262
72	丁貽庄	〈試論《太平經》中的道教醫學思想〉	《宗教學研究》，1987 年三期，頁 1～6
73	李家彥	〈《太平經》中以十概全的思想〉	《宗教學研究》，1987 年三期，頁 6～9
74	金春峰	〈《太平經》的思想特點及其與道教的關係〉	收載於：《漢代思想史》，北京：中國社會科學出版社，1987 年，頁 526～558
75	伍偉民	〈《太平經》與《周易》〉	《華東師範大學學報》，1988 年六期，頁 18～35
76	金　棹	〈試論道教的起源〉	《哲學研究》，1988 年十一期，頁 53～58
77	牟鍾鑒	〈早期道教的道德信條〉	收載於：《宗教・道德・文化》，寧夏人民出版社，1988 年 4 月，頁 221～235；另載於：牟鍾鑒，《中國宗教與文化》，四川：巴蜀書社，1989

			年 9 月，頁 248～261
78	李守庸 主編	〈《太平經》〉	收載於：《中國古代經濟思想史》，武漢：大學出版社，1988 年，7 月，頁 264～267
79	湯一介	〈《太平經》中"氣"的概念分析〉	收載於：《中國傳統文化中的儒釋道》，1988 年 10 月，頁 161～170；另載於：《魏晉南北朝時期的道教》，1991 年 4 月，頁 46～59
80	湯一介	〈略論早期道教關於生死、神形問題的理論〉	收載於：《中國傳統文化中的儒釋道》，1988 年 10 月，頁 171～192
81	卿希泰	〈《天官歷包元太平經》的宗教神學特徵〉．〈《太平清領書》的來歷及其主要思想〉	收載於：《中國道教史・第一卷》，四川人民出版社，1988 年，頁 85～123
82	金 棹	〈東漢道教的救世學說與醫學〉	《世界宗教研究》，1989 年一期，頁 106～118；另載於：金正耀，《道教與科學》，〈救世的宗教學說與醫學〉，台北：曉園出版社，1994 年 9 月，頁 53～74
83	劉序琦	〈再論《太平經》思想的幾個問題〉	《江西師範大學學報》（哲社），1989 年一期，頁 51～57
84	杜洪義	〈《太平經》社會政治思想淺論〉	《遼寧師範大學學報》，1989 年一期，頁 65～71
85	辛玉璞	〈關於《太平經》的民主思想〉	《西北大學學報》，1989 年二期，頁 63～67
86	李家彥	〈《太平經》與《聖經》倫理思想之比較〉	《宗教學研究》，1989 年三至四期，頁 1～6
87	*伍偉民	〈《太平經》與七言詩的雛形〉	《上海道教》，1989 年三至四期
88	李 剛	〈漢代道教哲學簡論〉	《求索》，1989 年六期，頁 66～72
89	謝松齡	〈符籙道派和《太平清領書》〉	收載於：《天人象：陰陽五行學說史導論》，山東文藝出版社，1989 年 1 月，頁 96～98
90	牟鍾鑒	〈《太平經》與《周易參同契》〉	收載於：《中國宗教與文化》，1989 年，頁 223～236；另載於：任繼愈主編，《中國道教史・上》，台北：桂冠圖書公司，1991 年，頁 21～34
91	張豈之	〈道教的起源〉	收載於：張豈之，《中國思想史》，陝西：西北大學出版社，1989 年，頁 428～433
92	祝瑞開	〈《太平經》的三統神學和太平理想〉	收載於：祝瑞開，《兩漢思想史》，上海古籍出版社，1989 年，頁 333～353
93	張立文	〈《太平經》關於真道的思	收載於：張立文，《道》，北京：中國人民大學

		想〉	出版社，1989 年，頁 92～96
94	李養正	〈甘忠可與《包元太平經》〉	收載於：李養正，《道教概論》，1989 年 2 月，頁 15～18
95	李養正	〈于吉與《太平青領書》之出現〉	收載於：李養正，《道教概論》，1989 年 2 月，頁 18～22
96	冷鵬飛	〈論《太平經》的元氣思想〉	收載於：《秦漢史論叢・第四輯》，西北大學出版社，1989 年 4 月，頁 30～42
97	孟祥才	〈道教的廣泛流傳和《太平清領書》〉	收載於：孫祚民主編，《中國農民戰爭史（一）秦漢卷》，1989 年 6 月，頁 266～272
98	陳攖寧	〈《太平經》〉	收載於：陳攖寧，《道教與養生》，1989 年 7 月，頁 139～143
99	郭樹森	〈《太平經》與天師道的關係〉	收載於：郭樹森主編，《天師道》，上海：社會科學院，1990 年 2 月，頁 36～47
100	郭樹森	〈《想爾注》對《太平經》的繼承和發展〉	收載於：郭樹森主編，《天師道》，上海：社會科學院，1990 年 2 月，頁 48～52
101	劉仲宇	〈農民的政治理想和道教〉	收載於：劉仲宇主編，《中國道教文化透視》，上海：學林出版，1990 年 3 月，頁 188～197
102	楊萬全	〈《太平經》〉	收載於：《道教》，北京：中國大百科全書出版社，1990 年 5 月，頁 45
103	蕭登福	〈干吉、宮崇、襄楷、張角與太平道〉	收載於：蕭登福，《先秦兩漢冥界及神仙思想探原》，台北：文津出版社，1990 年 8 月，頁 336～342
104	朱越利	〈《太平清領書》的內容是什麼？《天官歷包元太平經》的內容是什麼？《太平經》與前兩種書是什麼關係？主要內容是什麼？〉	收載於：朱越利，《道教答問》，台北：貫雅文化，1990 年 10 月，頁 38～40
105	張立文	〈《太平經》太平之氣的思想〉	收載於：張立文，《氣》，北京：中國人民大學出版社，1990 年，頁 83～88
106	龔鵬程	〈《太平經》政治理論述評〉	收載於：鄭樑生主編：《第二屆中國政教關係國際學術研討會論文集》，台北：淡江大學，1990 年，頁 105～134
107	*郭　武	〈從《太平經》和《老子想爾注》看道教神學的創立〉	收載於：《四川大學研究生論壇》，1990 號；另載於：《上海道教》，1993 年 4 月
108	冷鵬飛	〈論《太平經》中的經濟思想〉	《湖南師範大學社會科學學報》十九卷二期，1990 年 3 月，頁 69～74
109	石　磊	〈試論《太平經》中的經濟思想〉	《宗教學研究》，1990 年三至四期，頁 51～56

110	朱永齡	〈《太平經》倫理思想管窺〉	《江西社會科學》，1990 年四期，頁 77～78
111	劉序琦	〈關於《太平經》與黃巾的關係問題〉	《江西師範大學學報》（哲社），1991 年二期，頁 83～87
112	郭　武	〈論《太平經》的神學思想〉	《中國道教》，1991 年二期，頁 25～27
113	*柴文華	〈《太平經》具有神學特色的倫理觀〉	《南京社會科學》，1995 年五期
114	陳吉山	〈《太平經》中的承負報應思想〉	《道教學探索》五號，1991 年，頁 90～105
115	龔鵬程	〈《太平經》釋義〉	《中國學術年刊》，1991 年十二期，頁 143～196
116	劉國梁	〈《太平經》的成書時代與主要思想〉	載於：《道教精粹》，吉林文史出版社，1991 年 2 月，頁 52～60
117	盧國龍	〈《太平經》提出了哪些社會政治思想〉	收載於：盧國龍，《道教知識百問》，台灣：佛光出版社，1991 年 6 月，頁 5～7
118	任繼愈主編	〈《太平經鈔》、《太平經》、《太平經複文序》、《太平經聖君祕旨》〉	收載：任繼愈主編，《道藏提要》，北京：中國社會科學出版社，1991 年 7 月，頁 843～853
119	龔鵬程	〈受天神書以興太平——《太平經》釋義〉	收載於：龔鵬程，《道教新論》，台北：學生書局，1991 年 8 月，頁 79～262
120	李豐楙	〈當前《太平經》研究的成果及展望〉	收載於：龔鵬程，《道教新論》，1991 年 8 月，頁 325～334；另收載於：李豐楙，〈當前《道藏》研究的成果及其展望〉、〈道藏中道書研究舉隅——以《太平經》為例〉，《書目季刊》二十五卷三期，1991 年 12 月，頁 14～20
121	范橋主編	〈《太平經》有什麼思想特色〉	收載於：范橋主編，《世界四大宗教三百題》，北京：中國廣播電視出版社，1991 年 8 月，頁 214～216
122	劉　釗	〈《太平經》及其把道家思想宗教化〉	收載於：劉釗，《道家思想史綱》，湖南師範大學，1991 年，頁 251～259
123	王友三	〈《太平經》與太平道〉	收載於：王友三，《中國宗教史·上》，齊魯書社，1991 年 11 月，頁 225～238
124	朱越利	〈太平道經〉	收載於：朱越利，《道經總論》，遼寧教育出版社，1991 年 12 月，頁 51～55
125	冷鵬飛	〈釋"氣"——早期道教思想研究〉	《中國哲學·十五輯》，1991 年，頁 156～176
126	嚴耀中	〈長生與神仙〉	收載於：嚴耀中，《中國宗教與生存哲學》，上海學林出版社，1991 年，頁 111～115
127	嚴耀中	〈天下太平與延年長壽〉	收載於：嚴耀中，《中國宗教與生存哲學》，1991

			年，頁 144～147
128	馮達文	〈早期道教的科學追求與神學迷失〉	收載於：蕭萐父、羅熾主編，《眾妙之門——道教文化之謎探微》，湖南教育出版社，1991 年，頁 265～276
129	于民雄	〈《太平清領書》的出現〉	收載於：于民雄，《道教文化概說》，貴州人民出版社，1991 年，頁 54～56
130	于民雄	〈《太平經》〉	收載於：于民雄，《道教文化概說》，1991 年，頁 154～156
131	劉仲宇	〈《太平經》與《周易參同契》〉	收載於：牟鍾鑒等著，《道教通論——兼論道家學說》，山東齊魯書社，1991 年，頁 340～371
132	侯外廬	〈《太平經》中所反應的均平思想〉	收載於：侯外廬主編，《中國思想史綱·上冊》，北京：中國青年出版社，1991 年，頁 173～175
133	湯一介	〈《太平經》——道教產生的思想準備〉	收載於：《魏晉南北朝時期的道教》，1991 年 4 月，頁 19～76
134	湯一介	〈「承負」說與「輪迴」說〉	收載於：《魏晉南北朝時期的道教》，1991 年 4 月，頁 361～373
135	馮友蘭	〈東漢末農民大起義和《太平經》〉	收載於：馮友蘭，《中國哲學史新編·第三冊》，台北：藍燈文化，1991 年 12 月，頁 341～356
136	劉昭瑞	〈《太平經》與考古發現的東漢鎮墓文〉	《世界宗教研究》，1992 年四期，頁 111～119
137	蘇抱陽	〈《太平經》成書的幾個問題〉	《世界宗教研究》，1992 年四期，頁 14～21
138	陳吉山	〈《太平經》初研〉	《道教學探索》六號，1992 年，頁 168～186
139	刑義田	〈《太平經》對善惡報應的再肯定——承負說〉	《國文天地》八卷三期，1992 年 8 月，頁 12～16
140	詹石窗	〈《太平經》的由來與文體·《太平經》的文學價值〉	收載於：詹石窗，《道教文學史》，上海：文藝出版社，1992 年 5 月，頁 20～28
141	杜洪義	〈《太平經》中的善惡觀與太平理想〉	收載於：劉澤華主編，《中國古代政治思想史》，天津：南開大學出版社，1992 年 1 月，頁 381～395
142	李　剛	〈漢代道教哲學〉	收載於：卿希泰主編，《道教與中國傳統文化》，福建人民出版社，1992 年 6 月，頁 61～85
143	郝　勤	〈道教養生思想〉	收載於：《道教與中國傳統文化》，1992 年 6 月，頁 384～398
144	張錫勤等主編	〈《太平經》的倫理思想〉	收載於：《中國倫理思想通史·上冊》，黑龍江教育出版社，1992 年，頁 335～347
145	陳耀庭	〈道畫溯源——《太平經》	收載於：陳耀庭、劉仲宇，《道·仙·人——中

	劉仲宇	中圖畫的意義〉	國道教縱橫》，上海：社會科學出版社，1992年12月，頁208～209
146	陳耀庭 劉仲宇	〈曲陽神書——《太平經》的問世及影響〉	收於：《道・仙・人——中國道教縱橫》，1992年12月，頁290～291
147	王宗昱	〈《太平經》中的人身中之神〉	《中國文化月刊》一五九期，1993年1月，頁70～84
148	楊寄林	〈《太平經釋讀》前言〉	《河北師院學報》，1993年二期，頁131～132
149	郭 武	〈論道教初創時期的神學思想〉	《四川大學學報》，1993年二期，頁51～56
150	華 頤	〈《太平經》〉	《中國道教》，1993年二期，頁58～59
151	李 剛	〈論《太平經》爲漢代道書之合集——兼與金春峰先生商榷〉	《社會科學研究》，1993年3月，頁63～68
152	周高德	〈讀《太平經》有感〉	《中國道教》，1993年三期，頁53～55
153	林富士	〈試論《太平經》的疾病觀〉	《中央研究院歷史語言研究所集刊》第六十二本第二分，1993年4月，頁225～263
154	王玉德 等著	〈太平道的綱領——《太平經》〉	收載於：王玉德等著，《中華神秘文化》，湖南出版社，1993年6月，頁273～274
155	劉精誠	〈《太平經》與太平道〉	收載於：劉精誠，《中國道教史》，台北：文津出版社，1993年7月，頁31～44
156	李養正	〈《太平經》〉	收載於：李養正，《道教手冊》，北京：中州古籍出版社，1993年8月，頁317～318
157	金正耀	〈《太平經》的成書及其宗教學說〉	收載於：金正耀，《中國的道教》，台灣商務印書館，1993年11月，頁6～11
158	張立文	〈《太平經》的天地中和同心〉	收載於：張立文，《心》，北京中國人民大學出版社，1993年11月，頁92～99
159	李養正	〈《太平經》與《墨子》〉	收載於：李養正，《道教與諸子百家》，北京：燕山出版社，1993年11月，頁103～114
160	郭 武	〈論道教的長生成仙信仰〉	《世界宗教研究》，1994年一期，頁27～37
161	連鎭標 詹石窗	〈《太平經》易學思想考〉	《福建師範大學學報》，1994年二期，頁41～47
162	俞理明	〈從《太平經》看道教稱謂對佛教稱謂的影響〉	《四川大學學報》，1994年二期，頁55～58
163	陳增岳	〈《太平經合校》拾遺〉	《中國道教》，1994年三期，頁25～28
164	陳增岳	〈《太平經合校》補記〉	《文獻》，1994年四期，頁219～228

165	卿希泰	〈《太平經》〉	收載於：卿希泰主編，《中國道教‧第二卷》，上海：知識出版社，1994 年 1 月，頁 56～59
166	李　剛	〈論《太平經》的生命倫理觀〉	《道教研究》第一輯，四川人民出版社，1994 年 2 月，頁 65～74
167	李　剛	〈也論《太平經鈔》甲部及其與道教上清派之關係〉	收載於：陳鼓應主編，《道家文化研究‧第四輯》，1994 年 3 月，頁 284～299
168	袁濟喜	〈太平世界的幻影〉	收載於：袁濟喜，《兩漢精神世界》，北京：中國人民出版社，1994 年 3 月，頁 260～265
169	楊寄林	〈《太平經》釋讀〉	收載於：吳楓主編，《中華道學通典》，海口：南海出版公司，1994 年 4 月第一版，頁 267～656
170	黎家勇 壽桂演	〈《太平經》與太平道〉	收載於：黎家勇、壽桂演，《中國秦漢宗教史》，北京人民出版社，1994 年 4 月，頁 61～79
171	劉　鋒	〈早期道教經書的出現〉	收載於：劉鋒，《道教的起源與形成》，台北：文津出版社，1994 年 4 月，頁 73～88；另收載於：劉鋒、臧知非，《中國道教發展史綱》，台北：文津出版社，1997 年 1 月，頁 57～74
172	馮佐哲 李富華	〈從《太平經》的問世到民間道教的初傳〉	收載於：馮佐哲、李富華，《中國民間宗教史》，台北：文津出版社，1994 年 4 月，頁 124～132
173	中國道教協會、蘇州道教協會	〈《太平經》〉	收載於：中國道教協會、蘇州道教協會，《道教大辭典》，北京：華夏出版社，1994 年 6 月一版，頁 242～243
174	李　剛	〈《太平經》的生命倫理觀〉	收載於：李剛，《勸善成仙──道教生命倫理》，四川人民出版社，1994 年 7 月，頁 13～29
175	金正耀	〈道教的起源〉	收載於：金正耀，《道教與科學》，台北：曉園出版社，1994 年 9 月，頁 17～33
176	金正耀	〈東漢道教的特徵〉	收載於：金正耀，《道教與科學》，1994 年 9 月，頁 34～52
176	郭　朋	〈早期道教的產生〉	收載於：《中國佛教思想史‧上卷》，福建人民出版社，1994 年 9 月，頁 13～32
177	湯其領	〈《太平經》的成書及其思想〉	收載於：湯其領，《漢魏兩晉南北朝道教史研究》，河南大學出版社，1994 年 10 月，頁 66～86
178	湯其領	〈太平道與《太平經》〉	收載於：湯其領，《漢魏兩晉南北朝道教史研究》，1994 年 10 月，頁 86～90
179	馬良懷	〈兩漢宇宙期與道教的產生〉	收載於：陳鼓應，《道家文化研究‧第五輯》，上海古籍出版社，1994 年，頁 343～352

180	尹飛舟等著	〈《太平經》〉	收載於：尹飛舟等著，《中國古代鬼神文化大觀》，南昌：百花洲文藝出版社，1994 年 11 月，頁 525～526
181	李養正	〈《太平經》是否抄襲《四十二章經》議〉	《中國道教》，1995 年一期，頁 20～25
183	王云路	〈《太平經》釋詞〉	《古漢語研究》，1995 年一期，頁 46～52
184	陳麗桂	〈從《太平經》看道教對黃老理論的附會與轉化〉	《中國學術年刊》十六期，1995 年 3 月，頁 27～52；另載於：陳麗桂，《秦漢時期的黃老思想》，台北：文津出版社，1997 年 2 月，頁 209～243
185	蔡仲德	〈《太平經》中的道教音樂美學思想〉	收載於：《中國音樂美學史》，北京：中國社會科學院，1995 年 1 月，頁 438～443
186	趙靖主編	〈早期道教的經濟觀點〉	收載於：趙靖主編，《中國經濟思想通史·第二卷》，北京大學出版社，1995 年 2 月，頁 134～161
187	方立夫	〈《太平經》的「元氣」與「三統共生」說〉	收載於：《中國古代哲學問題發展史·（上冊）》，台北：洪葉文化，1995 年 4 月，頁 29～32
188	方立夫	〈《太平經》的「形神常合」和「守氣」「守神」說〉	收載於：《中國古代哲學問題發展史·（上冊）》，台北：洪葉文化，1995 年 4 月，頁 342～344
189	許淑惠	〈兩漢思想研究──《太平經》元氣試探〉	《輔大中研所學刊》第四期，1995 年 3 月，頁 39～49
190	劉昭瑞	〈"承負說"的緣起〉	《世界宗教研究》，1995 年四期，頁 100～107
191	李剛	〈漢代道教哲學的發端──《太平經》〉	收載於：李剛，《漢代道教哲學》，四川：巴蜀書社，1995 年 5 月，頁 55～196
192	龍晦	〈《太平經注》序〉	收載於：陳鼓應主編，《道家文化研究·第七輯》，上海古籍出版社，1995 年 6 月，頁 165～174
193	陳德安	〈《太平經》的教育思想〉	收載於：李裕民主編，《道教文化研究·第一輯》，北京：書目文獻出版社，1995 年 9 月，頁 224～251
194	田誠陽	〈太平道與《太平經》〉	收載於：田誠陽，《道經知識寶典》，四川人民出版社，1995 年 9 月，頁 36～39
195	田誠陽	〈《太平經》簡介〉	收載於：田誠陽，《道經知識寶典》，1995 年 9 月，頁 168～177
196	王平	《太平經研究》	台北：文津出版社，1995 年 10 月
197	郭武	〈《太平經》《老子想爾注》是怎樣確立道教的宗教理論〉	收載於：郭武，《道教歷史百問》，北京：今日中國出版社，1995 年，頁 23～25

		的〉	
198	詹石窗 連鎮標	〈易學與原始符籙派道教〉	收載於：詹石窗、連鎮標，《易學與道教文化》，福建人民出版社，1995 年 12 月，頁 176～195
199	王 鐵	〈《太平經》〉	收載於：王鐵，《漢代學術史》，上海：華東師範大學出版社，1995 年 12 月，頁 148～153
200	何宗旺	〈《老子想爾注》與《太平經》〉	收載於：何宗旺，《中華煉丹術》，台北：文津出版社，1995 年 12 月，頁 184～191
201	*俞理明	〈《太平經》文字校讀〉	《古籍研究》，1996 年一期
202	康 怡	〈淺析《太平經》中的政治倫理思想〉	《中國道教》，1996 年四期，頁 21～23
203	黎志添	〈試評中國學者關於《太平經》的研究〉	香港：《中國文化研究所學報》新第五期，1996年，頁 297～317
204	曹本冶 主編	〈《太平經》中的音樂理論〉	收載於：《中國道教音樂史略》，台北：新文豐出版公司，1996 年 1 月，頁 48～53
205	張松輝	〈道教與詩歌〉	收載於：《漢魏六朝道教與文學》，湖南：師範大學出版社，1996 年 1 月，頁 89～93
206	卿希泰 主編	〈民間道教在漢代的興起〉	收載於：卿希泰主編，《中華道教簡史》，台北：中華道統出版社，1996 年 2 月，頁 33～45
207	張偉國	〈《太平經》的民眾政治思想〉	收載於：陳鼓應主編，《道家文化研究·第九輯》，上海古籍出版社，1996 年 6 月，頁 41～53
208	龍 晦	〈論《太平經》中的儒家思想〉	收載於：陳鼓應主編，《道家文化研究·第九輯》，1996 年 6 月，頁 54～65
209	鍾肇鵬	〈《太平經》等早期道教經典中的精氣神論〉	收載於：鍾肇鵬，〈論精氣神〉，《道家文化研究·第九輯》，1996 年 6 月，頁 206～211
210	羅熾主編	《太平經注譯·上·中·下》	重慶：西南師範大學出版社，1996 年 8 月第一版
211	卿希泰 主編	〈《太平經》是怎樣形成的？其主要內容有哪些？〉	收載於：卿希泰主編，《道教常識答問》，江蘇古籍出版社，1996 年 8 月，頁 19～22
212	卿希泰 主編	〈請介紹一下《太平經》中的承負說〉	收載於：《道教常識答問》，1996 年 8 月，頁 195～197
213	卿希泰 主編	〈救己·濟人——道教醫藥學源流追蹤〉	收載於：卿希泰主編，《道教文化新典·上》，台北：中華道統出版社，1996 年 9 月，頁 348～358
214	丁培仁	〈最早的道經是哪一部〉	收載於：丁培仁，《道教典籍百問》，北京：今日中國出版社，1996 年 9 月，頁 4～7
215	林惠勝	〈《太平經》中的承負說〉	載於：龔鵬程主編，《海峽兩岸道教文化學術研

			討會論文・上冊》，〈承負與輪迴——報應理論建立的考索〉，台灣：學生書局，1996 年 10 月，頁 263～293
216	李　剛	〈《太平經》致太平的政治哲學〉	收載於：龔鵬程主編，《海峽兩岸道教文化學術研討會論文・上冊》，1996 年 10 月，頁 295～337
217	劉澤華主編	〈早期道教和《太平經》的政治思想〉	收載於：劉澤華主編，《中國政治思想史・秦漢魏晉南北朝卷》，浙江人民出版社，1996 年 11 月，頁 410～434
218	俞理明	〈道教典籍《太平經》中的漢代字例與字義〉	《宗教學研究》，1997 年一期，頁 49～53
219	李　剛	〈《太平經》論人與自然的關係〉	《道教文化》第六卷第一期，1997 年 1 月，頁 13～16
220	蕭公彥	〈從《太平經》思想體系的分析看東漢末宗教活動的一些特點〉	《史原》第二十期，1997 年 5 月，頁 33～66
221	尹志華	〈道教易學的發端——《太平經》述要〉	《宗教哲學》第三卷第三期，1997 年 7 月，頁 150～156
222	張廣保	〈關於《太平經》的研究〉	收載於：〈大陸新道家崛起之分析——近年來道家、道教思想研究綜述〉，《宗教哲學》第三卷第二期，1997 年 4 月，頁 92～98
223	張建群	〈《太平經》與漢代儒、法思想關係研究〉	《孔孟月刊》第三十五卷第十一期，1997 年 7 月，頁 34～41
224	劉見成	〈《太平經》中的氣論思想〉	收載於：劉見成，〈形神與生死——魏晉南北朝時期的形神之爭〉，《中國文化月刊》第二○八期，1997 年 7 月，頁 37～41
225	段致成	〈《太平經》中的承負說〉	《宗教哲學》第三卷第四期，1997 年 10 月，頁 94～103；另載於：《中國文化月刊》第二一二期，1997 年 11 月，頁 91～102
226	吳根友	〈民間道教思想的興盛——《太平經》的社會思想〉	收載於：吳根友，《中國社會思想史》，武漢大學出版社，1997 年 1 月，頁 145～148
227	劉長林 滕守堯	〈《太平經》精、氣、神「三合以一」的養生思想〉	收載於：劉長林、滕守堯，《易學與養生》，遼寧：沈陽出版社，1997 年 5 月，頁 205～208
228	韓建斌 韓廷傑	〈道教的最初經典《太平經》〉	收載於：韓建斌、韓廷傑著，《道教與養生》，台北：文津出版社，1997 年 8 月，頁 21～27
229	胡衛國 宋天彬	〈《太平經》中的醫藥養生學內容〉	收載於：胡衛國、宋天彬著，《道教與中醫》，台北：文津出版社，1997 年 8 月，頁 55～58
230	俞理明	〈《太平經》通用字求正〉	《宗教學研究》，1998 年一期，頁 37～40

231	段致成	〈論《太平經》的長生成仙思想〉	《中國文化月刊》第二一六期，1998 年 3 月，頁 105～118
232	孫亦平	〈論《太平經》的婦女觀及其對道教發展的影響〉	《世界宗教研究》，1998 年二期，頁 111～117
233	林富士	〈試論《太平經》的主旨與性質〉	《中央研究院歷史語言研究所集刊》第六十九本第二分，1998 年 6 月，頁 205～244
234	蕭登福	〈《太平經》〉	收載於：蕭登福，《周秦兩漢早期道教》，台北：文津出版社，1998 年 6 月，頁 307～308
235	王昆吾	〈《太平經》和三張齋儀〉	收於：王昆吾，《中國早期藝術與宗教》，上海：東方出版社，1998 年 6 月，頁 445～447
236	潘顯一	〈論《太平經》的生命美學思想〉	《宗教哲學》第四卷第四期，1998 年 10 月，頁 143～149
237	段致成	〈《太平經》文獻考辨（上）——對《太平經》成書情形的一些看法〉	《孔孟月刊》第三十七卷第六期，1999 年 2 月，頁 36～45
238	段致成	〈《太平經》文獻考辨（下）——對《太平經》成書情形的一些看法〉	《孔孟月刊》第三十七卷第七期，1999 年 3 月
239	段致成	〈《太平經》的寫作動機與產生的歷史背景〉	《鵝湖月刊》第二十四卷第九期，1999 年 3 月，頁 33～43

參考書目

一、傳統文獻資料（依出版時間順序）

1. 《廣弘明集》，台灣：中華書局，1981 年 10 月。
2. 《弘明集》，台灣：中華書局，1983 年。
3. 《協紀辨方書》，台北：集文書局，1989 年 10 月。
4. 《神仙傳》，台北：廣文出版社，1989 年 12 月。
5. 《淮南鴻烈集解》，劉文典，台北：文津出版社，1992 年 10 月。
6. 《道藏》（三家本），上海書店，第五、十一、十八、二十四、二十五、三十二冊，1994 年 8 月。
7. 《開元占經・下》，湖南：岳麓書社，1994 年 12 月。
8. 《雲笈七籤》，北京：華夏出版社，1996 年 8 月。
9. 《潛夫論箋校正》，王符，北京：中華書局，1997 年 10 月。
10. 《漢書》，班固，北京：中華書局，1997 年 11 月第一版。
11. 《後漢書》，范曄，北京：中華書局，1997 年 11 月第一版。
12. 《三國志》，陳壽，北京：中華書局，1997 年 11 月第一版。

二、近世研究論著

（一）現代論著書籍（依作者筆劃順序）

1. 于民雄，《道教文化概說》，貴州人民出版社，1992 年 11 月。
2. 王明，《太平經合校》，北京：中華書局，1960 年 2 月第一版。
3. 王明，《道家和道教思想研究》，北京：中國社會科學出版社，1984 年。
4. 王明，《道家與傳統文化研究》，北京中國社會科學出版社，1995 年 4 月。

5. 王平，《太平經研究》，台北：文津出版社，1995 年 10 月。

6. 王志宇，《台灣的恩主公信仰──儒宗神教與飛鸞勸化》，台北：文津出版社，1997 年 11 月。

7. 王友三，《中國宗教史・上》，山東：齊魯書社，1991 年 11 月。

8. 王慶餘等著，《道醫窺秘──道教醫學康復術》，四川人民出版社，1994 年 7 月。

9. 王鐵，《漢代學術史》，上海：華東師範大學出版社，1995 年 12 月。

10. 中國社科院世界宗教研究所宗教學原理研究室編，《宗教・道德・文化》，寧夏人民出版社，1988 年 4 月。

11. 《文史知識》編輯部編，《儒・佛・道與傳統文化》，北京：中華書局，1996 年 10 月。

12. 方立夫，《中國古代哲學問題發展史・上冊》，台北：洪葉文化，1995 年 4 月。

13. 田昌五，《中國古代農民革命史・第一冊》，上海人民出版社，1979 年 6 月。

14. 田誠陽，《道經知識寶典》，四川人民出版社，1995 年 9 月。

15. 任繼愈，《中國哲學發展史・秦漢篇》，北京人民出版社，1985 年 2 月。

16. 任繼愈主編，《道藏提要》，北京：中國社會科學出版社，1991 年 7 月。

17. 任繼愈，《中國道教史・上》，台北：桂冠圖書公司，1991 年 10 月。

18. 朱越利，《道經總論》，遼寧：教育出版社，1995 年 6 月。

19. 朱越利，《道藏分類解題》，北京：華夏出版社，1996 年 1 月。

20. 朱伯崑，《易學哲學史・第一卷》，台北：藍燈文化，1991 年 9 月。

21. 李劍農，《先秦兩漢經濟史稿》，台北：華世出版社，1981 年。

22. 李養正，《道教基本知識》，中國道教協會，1985 年 10 月。

23. 李養正，《道教概論》，北京：中華書局，1990 年 12 月。

24. 李養正，《道教手冊》，中州古籍出版社，1993 年 8 月。

25. 李養正，《道教經史論稿》，北京：華夏出版社，1995 年 11 月。

26. 李剛，《勸善成仙──道教生命倫理》，四川人民出版社，1994 年 7 月。

27. 李剛，《漢代道教哲學》，四川：巴蜀書社，1995 年 5 月。

28. 李零主編，《中國方術概觀・選擇卷上》，北京：人民中國出版社，1993 年 6 月。

29. 何秀煌，《邏輯》，台北：東華書局，1995 年 11 月。

30. 何宗旺，《中華煉丹術》，台北：文津出版社，1995 年 12 月。

31. 牟鍾鑒，《中國宗教與文化》，四川：巴蜀書社，1989 年 9 月。

32. 牟鍾鑒等著,《道教通論——兼論道家學說》,山東:齊魯書社,1991 年 12 月。

33. 沈善洪、王風賢,《中國倫理學說史‧上》,浙江人民出版社,1985 年 4 月。

34. 吳振羽,《簡明中國通史》,北京人民出版社,1955 年 6 月。

35. 吳楓主編,《中華道學通典》,海口:南海出版公司,1994 年 4 月第一版。

36. 周桂鈿,《中國傳統哲學》,北京:師範大學出版社,1991 年 3 月。

37. 邱仁宗,《生命倫理學》,上海人民出版社,1987 年 5 月。

38. 邱仁宗,《生死之間——道德難題與生命倫理》,台灣:中華書局,1988 年 9 月。

39. 金春峰,《漢代思想史》,北京:中國社會科學出版社,1987 年 6 月。

40. 金正耀,《中國的道教》,台灣商務印書館,1993 年 11 月。

41. 金正耀,《道教與科學》,台北:曉園出版社,1994 年 9 月。

42. 林富士,《漢代的巫者》,台北:稻鄉出版社,1988 年 4 月。

43. 侯外廬,《中國思想通史‧第二卷》,北京人民出版社,1957 年 4 月。

44. 侯外廬,《中國思想史綱‧上冊》,北京:中國青年出版社,1980 年 5 月。

45. 唐君毅,《哲學概論(上)》,台北:學生書局,1991 年 10 月。

46. 范文瀾,《中國通史簡編》,北京人民出版社,1964 年 8 月第四版。

47. 徐復觀,《兩漢思想史‧卷二》,台北:學生書局,1993 年 9 月。

48. 韋政通,《中國哲學辭典》,台北:水牛出版社,1994 年 3 月。

49. 柴熙,《哲學邏輯》,台灣商務印書館,1992 年 8 月。

50. 孫達人,《中國古代農民戰爭史‧一卷》,陝西人民出版社,1980 年 9 月。

51. 孫達人,《中國農民戰爭史論叢‧第二輯》,河南人民出版社,1980 年 11 月。

52. 孫祚民主編,《中國農民戰爭史‧(一)秦漢卷》,湖北人民出版社,1989 年 6 月。

53. 祝瑞開,《兩漢思想史》,上海古籍出版社,1989 年 6 月。

54. 卿希泰,《中國道教思想史綱‧第一卷》,台北:木鐸出版社,1986 年 6 月。

55. 卿希泰,《中國道教史‧第一卷》,四川人民出版社,1988 年 4 月。

56. 卿希泰,《道教文化新探》,四川人民出版社,1988 年 10 月。

57. 卿希泰，《道教與中國傳統文化》，福建人民出版社，1992 年 6 月。

58. 卿希泰，《道教與中國傳統文化》，台北：中華道統出版社，1996 年 2 月。

59. 卿希泰，《道教文化新典（上）‧（下）》，台北：中華道統出版社，1996 年 9 月。

60. 黃永武主編，《敦煌寶藏》第三十四冊，台北：新文豐出版社，1981 年。

61. 黃釗，《道家思想史綱》，湖南：師範大學出版社，1991 年 4 月。

62. 梁方仲編著，《中國歷代戶口、田地、田賦統計》，上海人民出版社，1985 年 2 月。

63. 許地山先生《扶箕迷信的研究》，台灣商務印書館，1994 年 5 月。

64. 麥建寅、舒小鋒，《中國秦漢政治史》，北京人民出版社，1994 年 4 月。

65. 袁濟喜，《兩漢精神世界》，北京：中國人民出版社，1994 年 3 月。

66. 陳國符，《道藏源流考‧上冊》，北京：中華書局，1963 年 12 月第一版。

67. 陳瑛等著，《中國倫理思想史》，貴州人民出版社，1985 年 4 月。

68. 陳正炎、林其錟，《中國古代大同思想研究》，上海人民出版社，1986 年 5 月。

69. 陳攖寧，《道教與養生》，北京：華文出版社，1989 年 7 月。

70. 陳耀庭、劉仲宇，《道‧仙‧人》，上海社會科學院出版社，1992 年 12 月。

71. 陳鼓應主編，《道家文化研究‧第四輯》，上海古籍出版社，1994 年 3 月。

72. 陳鼓應主編，《道家文化研究‧第五輯》，上海古籍出版社，1994 年。

73. 陳鼓應主編，《道家文化研究‧第七輯》，上海古籍出版社，1995 年 6 月。

74. 陳鼓應主編，《道家文化研究‧第九輯》，上海古籍出版社，1996 年 6 月。

75. 陳麗桂，《秦漢時期的黃老思想》，台北：文津出版社，1997 年 2 月。

76. 張岱年，《中國古典哲學概念範疇要論》，北京：中國社會科學出版社，1989 年 12 月。

77. 張岱年，《中國哲學大綱》，北京：中國社會科學出版社，1997 年 4 月。

78. 張立文，《道》，北京：中國人民大學出版社，1989 年 3 月。

79. 張立文，《氣》，北京：中國人民大學出版社，1990 年 12 月。

80. 張立文，《心》，北京：中國人民大學出版社，1996 年 1 月。

81. 張豈之，《中國思想史》，西北大學出版社，1989 年 6 月。

82. 張其成主編，《易學大辭典》，北京：華夏出版社，1992 年 2 月。

83. 張錫勤等編，《中國倫理思想通史‧上冊》，黑龍江：教育出版社，1992 年 12 月。

84. 勞思光，《中國哲學史（二）》，台北：三民書局，1993 年 8 月。

85. 湯一介，《中國傳統文化中的儒釋道》，北京：中國和平出版社，1988 年 10 月。

86. 湯一介，《魏晉南北朝時期的道教》，台北：東大出版社，1991 年 4 月。

87. 湯其領，《漢魏兩晉南北朝道教史研究》，河南大學出版社，1994 年 10 月。

88. 曾召南、石衍丰，《道教基礎知識》，四川大學出版社，1988 年 3 月。

89. 馮佐哲等著，《中國民間宗教史》，台北：文津出版社，1994 年 4 月。

90. 傅勤家，《中國道教史》，台灣商務印書館，1992 年 9 月。

91. 逯耀東，《中共史學的發展與演變》，台北：時報文化，1979 年 11 月。

92. 楊榮國，《簡明中國思想史》，北京：中國青年出版社，1962 年。

93. 鄒紀萬，《兩漢土地問題研究》，台灣大學出版，1981 年。

94. 葛榮晉，《中國哲學範疇導論》，台北：萬卷樓圖書公司，1993 年 4 月。

95. 趙靖主編，《中國經濟思想通史‧第二卷》，北京大學出版社，1995 年 2 月。

96. 鄔昆如，《哲學概論》，台北：五南圖書公司，1995 年 2 月。

97. 詹石窗，《道教文學史》，上海文藝出版社，1992 年 5 月。

98. 詹石窗、連鎮標，《易學與道教文化》，福建人民出版社，1995 年 12 月。

99. 劉澤華等編著，《中國古代史（上）》，北京人民出版社，1979 年 7 月。

100. 劉澤華，《中國古代政治思想史》，天津：南開大學出版社，1994 年 6 月。

101. 劉澤華主編，《中國政治思想史‧秦漢魏晉南北朝卷》，浙江人民出版社，1996 年 11 月。

102. 劉仲宇，《中國道教文化透視》，上海：學林出版社，1990 年 3 月。

103. 劉仲宇，《道家與道教》，上海古籍出版社，1996 年 11 月。

104. 劉精誠，《中國道教史》，台北：文津出版社，1993 年 7 月。

105. 劉鋒，《道教的起源與形成》，台北：文津出版社，1994 年 4 月。

106. 劉樂賢，《睡虎地秦簡日書研究》，台北：文津出版社，1994 年 7 月。

107. 劉玉建，《兩漢象數易學研究‧上冊》，廣西：教育出版社，1996 年 9 月。

108. 劉鋒，《中國道教發展史綱》，台北：文津出版社，1997 年 1 月。

109. 劉長林，《中國系統思維》，北京：中國社會科學出版社，1997 年 4 月。

110. 鄧雲特，《中國救荒史》，台北：商務印書館，1966 年 6 月。

111. 鄭志明，《中國文學與宗教》，台灣：學生書局，1992 年 9 月。

112. 鄭志明，《中國善書與宗教》，台灣：學生書局，1993 年 9 月。

113. 謝天佑、簡修煒，《中國農民戰爭簡史》，上海人民出版社，1981 年 9 月。

114. 蕭黎主編，《中國歷史學四十年》，北京：書目文獻出版社，1989 年 9 月。

115. 蕭健父、羅熾，《眾妙之門——道教文化之謎探微》，湖南教育出版社，1991 年 3 月。

116. 蕭登福，《漢魏六朝佛道兩教之天堂地獄說》，台灣：學生書局，1989 年 11 月。

117. 蕭登福，《先秦兩漢冥界及神仙思想探原》，台北：文津出版社，1990 年 8 月。

118. 饒宗頤，《老子想爾注校證》，上海古籍出版社，1991 年 11 月。

119. 羅光，《中國哲學思想史·兩漢、南北朝篇》，台灣：學生書局，1985 年 8 月。

120. 羅彤華，《漢代的流民問題》，台灣：學生書局，1989 年。

121. 羅熾，《太平經注譯》（上·中·下），重慶：西南師範大學出版社，1996 年 8 月。

122. 嚴耀中，《中國宗教與生存哲學》，上海：學林出版社，1991 年 2 月。

123. 翦伯贊，《秦漢史》，北京大學出版社，1983 年。

124. 龔鵬程，《道教新論》，台北：學生書局，1991 年 8 月。

125. 龔鵬程主編，《海峽兩岸道教文化學術研討會論文上冊·下冊》，台北：學生書局，1996 年 10 月。

（二）期刊（依時間順序）

1. 湯用彤，〈讀《太平經》書所見〉，《國學季刊》五卷一號，1935 年，頁 7～37。

2. 楊寬，〈論《太平經》——我國第一部農民革命的理論著作〉，《學術月刊》，1959 年 9 月號，頁 26～34。

3. 侯外盧，〈中國封建社會前後期的農民戰爭及其綱領口號的發展〉，《歷史研究》，1959 年第四期，頁 45～59。

4. 王戎笙，〈試論《太平經》〉，《歷史研究》，1959 年第十一期，頁 47～59。

5. 中華書局哲學組，〈史學界討論《太平經》的性質及其與太平道和黃巾起義的關係〉，《人民日報》，1960 年 12 月 15 日。

6. 熊德基，〈關於《太平經》及其同黃巾等關係的研究〉，《人民日報》，1962 年 9 月 4 日。

7. 熊德基，〈《太平經》的作者和思想及其與黃巾和天師道的關係〉，《歷史研究》，1962 年第四期，頁 8～25。

8. 喻松清，〈《太平經》與黃巾的關係——與熊德基同志商榷〉，《新建社》，1963 年 2 月號，頁 75～81。

9. 喻松清，〈道教的起源與形成〉，《歷史研究》，1963 年第五期，頁 147～164。

10. 饒宗頤，〈想爾九戒與三合義——兼評新刊《太平經合校》〉，《清華學報》新四卷二期，1964 年 2 月，頁 76～83。

11. 饒宗頤，〈《太平經》與說文解字〉，《大陸雜誌》四十五卷六期，1972 年，頁 334。

12. 馮達文，〈太平經剖析——兼談《太平經》與東漢末年農民起義的若干思想聯繫〉，《中山大學學報》，1980 年第三期，頁 1～12。

13. 楊曾文，〈道教的創立和《太平經》〉，《世界宗教研究》，1980 年第八期，頁 115～122。

14. 魏啓鵬，〈《太平經》與東漢醫學〉，《世界宗教研究》，1981 年第一期，頁 101～109。

15. 鍾肇鵬，〈論《太平經》和太平道〉，《文史哲》，1981 年第二期，頁 79～85。

16. 吳樹明，〈試論《太平經》〉，《河北師範大學學報》，1981 年第三期，頁 9～34。

17. 劉琳，〈論《太平經》的政治傾向——兼與卿希泰同志商榷〉，《社會科學研究》，1981 年第四期，頁 90～96。

18. 卿希泰，〈《太平經》中反映農民願望的思想不能抹殺——答劉琳同志〉，《社會科學研究》，1981 年第五期，頁 101～110。

19. 劉琳，〈再談《太平經》的政治傾向——答卿希泰同志〉，《社會科學研究》，1982 年第二期，頁 101～104。

20. 金春峰，〈讀《太平經》〉，《齊魯學刊》，1982 年第二期，頁 22～28。

21. 劉序琦，〈略論《太平經》思想的幾個問題〉，《江西師院學報》，1983 年第三期，頁 37～44。

22. 李家彥，〈《太平經》的元氣論〉，《宗教哲學》，1983 年第四期，頁 11～16。

23. 李家彥，〈《太平經》的三合相通說〉，《宗教學研究》，1985 年第一期，頁 27～31。

24. 劉國梁，〈略論《周易》三才思想對早期道教的影響〉，《世界宗教研究》，1985 年第一期，頁 98～106。

25. 陳靜，〈《太平經》中的承負報應思想〉，《宗教學研究》，1986 年第二期，頁 35～39。

26. 丁貽庄、劉冬梅，〈《太平經》中守一淺釋〉，《宗教學研究》，1986 年第二期，頁 67～74。

27. 丁貽庄，〈試論《太平經》中的道教醫學思想〉，《宗教學研究》，1987 年第三期，頁 1～6。

28. 李家彥，〈《太平經》中以十概全的思想〉，《宗教學研究》，1987 年第三期，頁 6～9。

29. 伍偉民，〈《太平經》與《周易》〉《華東師範大學學報》，1988 年六期，頁 18～35。

30. 金棹，〈試論道教的起源〉，《哲學研究》，1988 年第十一期，頁 53～58。

31. 金棹，〈東漢道教的救世學說與醫學〉，《世界宗教研究》，1989 年第一期，頁 106～118。

32. 李剛，〈漢代道教哲學簡論〉，《求索》，1989 年第六期，頁 66～72。

33. 冷鵬飛，〈論《太平經》中的經濟思想〉，《湖南師範大學社會科學學報》十九卷二期，1990 年 3 月，頁 69～74。

34. 郭武，〈論《太平經》的神學思想〉，《中國道教》，1991 年第二期，頁 25～27。

35. 陳吉山，〈《太平經》中的承負報應思想〉，《道教學探索》五號，1991 年，頁 90～105。

36. 李零，〈「式圖」與中國古代的宇宙模式（上）〉，《九州學刊》四卷一期，1991 年 4 月，頁 30～52。

37. 李零，〈「式圖」與中國古代的宇宙模式（下）〉，《九州學刊》四卷二期，1991 年 7 月，頁 56～59。

38. 李零，〈「式」與中國古代的宇宙模式〉，《中國文化》，1991 年第四期，頁 6～19。

39. 龔鵬程，〈《太平經》釋義〉，《中國學術年刊》，1991 年第十二期，頁 143～196。

40. 李豐楙，〈當前《道藏》研究的成果及其展望〉、〈道藏中道書研究舉隅——以《太平經》為例〉，《書目季刊》二十五卷三期，1991 年 12 月，頁 14～20。

41. 冷鵬飛，〈釋 "氣" ——早期道教思想研究〉，《中國哲學》第十五輯，1991 年，頁 156～176。

42. 劉昭瑞，〈《太平經》與考古發現的東漢鎮墓文〉，《世界宗教研究》，1992 年第四期，頁 111～119。

43. 蘇抱陽，〈《太平經》成書的幾個問題〉，《世界宗教研究》，1992 年第四期，頁 14～21。

44. 陳吉山，〈《太平經》初研〉，《道教學探索》六號，1992 年，頁 168～186。

45. 王宗昱，〈《太平經》中的人身中之神〉，《中國文化月刊》一五九期，1993 年 1 月，頁 70～84。

46. 李剛，〈論《太平經》爲漢代道書之合集——兼與金春峰先生商榷〉，《社會科學研究》，1993 年 3 月，頁 63～68。

47. 林富士，〈試論《太平經》的疾病觀〉，《中央研究院歷史語言研究所集刊》第六十二本第二分，1993 年 4 月，頁 225～263。

48. 連鎮標、詹石窗，〈《太平經》易學思想考〉，《福建師範大學學報》，1994 年第二期，頁 41～47。

49. 陳增岳，〈《太平經合校》拾遺〉，《中國道教》，1994 年第三期，頁 25～28。

50. 陳增岳，〈《太平經合校》補記〉，《文獻》，1994 年第四期，頁 219～228。

51. 李零，〈《楚帛書》的再認識〉，《中國文化》，1994 年第十期，頁 51～53。

52. 王云路，〈《太平經》釋詞〉，《古漢語研究》，1995 年第一期，頁 46～52。

53. 劉昭瑞，〈"承負說" 的緣起〉，《世界宗教研究》，1995 年第四期，頁 100～107。

54. 劉昭瑞，〈承負說的緣起〉，《世界宗教研究》，1995 年第四期，頁 100～107。

55. 黎志添，〈試評中國學者關於《太平經》的研究〉，香港：《中國文化研究所學報》新第五期，1996 年，頁 297～317。

56. 俞理明，〈道教典籍《太平經》中的漢代字例與字義〉，《宗教學研究》，1997 年第一期，頁 49～53。

57. 蕭公彥，〈從《太平經》思想體系的分析看東漢末宗教活動的一些特點〉，《史原》第二十期，1997 年 5 月，頁 33～66。

58. 張建群，〈《太平經》與漢代儒、法思想關係研究〉，《孔孟月刊》第三十五卷第十一期，1997 年 7 月，頁 34～41。

59. 俞理明，〈《太平經》通用字求正〉，《宗教學研究》，1998 年第一期，頁

37～40。

60. 林富士，〈試論《太平經》的主旨與性質〉，《中央研究院歷史語言研究所集刊》第六十九本第二分，1998 年 6 月，頁 205～244。

（三）會議論文、學位論文（依時間順序）

1. 龔鵬程，〈《太平經》政治理論述評〉，收載於：鄭樑生主編：《第二屆中國政教關係國際學術研討會論文集》，台北：淡江大學，1990 年，頁 105～134。

2. 鄔昆如，〈漢代宇宙論之興起與發展及其在哲學上的意義〉，收載於：政大中文系所主編，《漢代文學與思想學術研討會論文集》，台北：文史哲出版社，1991 年 10 月，頁 89～114。

3. 許信昌，《秦簡日書數術的探討》，台灣大學歷史研究所碩士論文，1993 年 6 月。